航母来了

从珍珠港到东京湾

Dawn of the Aircraft Carrier

From Pearl Harbor to Tokyo Bay

科学普及出版社

·北　京·

序言

重新“发现”甘本祓

尹传红

长我整整30岁、如今旅居海外的甘本祓先生，是一位在学术、产业与科普三界都颇有建树和声名的老前辈。“遵命”为他的新著写序，于我是个莫大的荣耀，亦是我有生以来的“第一次”。受宠若惊、诚惶诚恐之类的话语说来虽俗，倒也贴合我此时的心境。确实，无论从哪个角度看，由我来做这事都不甚合适。

不过，事关本祓老师作品，鉴于一个特殊的缘由，作为一名有缘邂逅、有福受益并且跨越了30年岁月的旁观者与见证者，我又自信有“资格”借此机会，谈一谈我对本祓老师及其作品的印象和感受。

且让我从头道来——

2009年国庆前，在一个科普界人士聚会的宴席上，主持人汤寿根先生兴奋而又神秘地宣示：“给大家一个惊喜！我们的一位老朋友回来了，请他讲几句吧。”

这时，一位两鬓斑白、儒雅潇洒的古稀老人起身向大家鞠了一躬，一口四川口音也随之“流”出：“我是甘本祓，大家可能不记得我了。过去我也写过一些科普读物，20多年前去了美国。由于工作繁忙，封笔多年，也与老友们疏于联系，这次回国找到科普作协，今天又见到各位旧友新知，算是重新归队吧……”

掌声响起、老先生落座之时，我按捺不住激动的心情，端起酒杯，快步向坐在我对面的老前辈走去，不及自我介绍就急切地对他说道："甘老师，我还记得您！我小时候读过您写的书：《生活在电波之中》《今天的科学》；还有您发表在《知识就是力量》上的两篇很有影响的文章：《茫茫宇宙觅知音》《谁是电波报春人》。"

本祓老师睁大了眼睛，显得十分惊讶，也非常高兴："是吗？那时候你在哪里？多大年纪？"我告诉他，当时我在柳州，念小学五年级，11岁。《生活在电波之中》首版距今已有30年整，也正好是我们俩之间的"岁差"！我说，我还记得，《今天的科学》是分几辑出的，一个名叫练军的同学得知我只有第一辑，就表示愿意把他手头的第二辑送我。那天中午放学后，我竟迫不及待地跟着他回家去取。在他家门外边等着他拿书时的情形，至今我仍记忆犹新。

与本祓老师重续"前缘"，我备感亲切、温馨。几年来，我们鸿雁传书、沟通频繁，成了忘年交。其间，经我向担任"少儿科普名人名著书系"编委会主任的叶永烈先生推荐，本祓老师的《生活在电波之中》新版很快得以面世。这个新版本相较我在1979年读到、列入"少年百科丛书"的第一版，增厚足有两倍还多。作者"宝刀不老"、激情再现，不仅将原书的基本知识作了扩展和延伸，而且添加了许多这30年间发展起来的新领域所涉及的内容。

只可惜，我当年的珍藏如今已不知去向。然而，它朴实、简洁的封面形象，在我脑海里依旧留存着深刻的印记。更难忘，"开头的话"起始那几句散文诗般的话语：

我们的眼睛能看见东西，是光波的作用。

我们的耳朵能听见声音，是声波的作用。

有一种波，我们既看不见，也听不到，但是它像空气一样，弥漫在我们周围，无时无刻不在为我们服务。

……可以毫不夸张地说，我们虽然不熟悉它，但是我们生活在它之中。

在新版的“序曲”中，本祓老师写了这样一段话：“感谢尹传红先生，是他告诉我少时曾是《生活在电波之中》的小‘粉丝’，才鼓起了我续修该书的热情。”而我，则把这看作是对自己当年所受教益的一种自然“回报”。说来我该感谢、感激、感恩他老人家才是啊！

可以想见，这样的受益人、感怀者绝非我一个。在随后的日子里，我终于也有幸得以见证。

从2009年秋那个聚会开始，“甘本祓回来了”这句话就不断从科普界老人们的电话里、交谈中、聚会上传出，在科普界荡起了阵阵涟漪。中国科普作协原副理事长汤寿根在《大众科技报》上发表文章《咫尺天涯皆有缘》，赞扬他“再度耕耘于神州科苑”；中国科普作协的另一位副理事长陈芳烈评价他：“时隔20多年，挥毫再续科普前缘，是科普界之幸事”；世界华人科普作协理事长松鹰说：“甘本祓的大名依然是响当当的，当年的交情和印象难以忘怀。当时我拜读过您的好多作品，受益匪浅。”

直到2012年10月8日，本祓老师作为特邀代表参加中国科普作家协会第六次全国代表大会，又见到了诸多老朋友，还有好些过去未曾谋面，但是对他“仰慕已久”的科普界人士。我陪伴本祓老师身旁，听人跟他提得最多的，是他写于20世纪80年代初的两篇成名作《茫茫宇宙觅知音》和《谁是电波报春人》，以及他当年牵头组织编写、广有影响的《无线电爱好者丛书》《电子学基础知识丛书》和《电子应用技术丛书》。

“科普界好像是重新‘发现’了甘老师啊！”在会场上听到科普界一位老前辈说的一句话后，我心里不由地生发出这样的感慨。那位著名的科普作家跟本祓老师握手时十分激动，他说：“老甘呀，当年我可是读着你的科普作品学习科普创作，受你的影响很深哇！”在这次大会上他被授予了“荣誉理事”这个终身荣誉称号，表明科普界对他的热情和肯定。

谁言科普天地小？缘分相牵事不少！

话说本书交由科学普及出版社出版，又与一段奇缘有关：2012年2月3日，我参加《科技导报》杂志社新春联谊会时，邻座老友、科学普及出版社副总编杨虚杰随口问我最近在读什么书，我当即从提包里拿出新版《生活在电波之中》递过去。她扫了一眼封面，说："甘本祓，这个名字挺熟，这本书的初版我也有点儿印象。"然后她就很有兴致地翻开书看。

不多会儿，只听虚杰惊叹："哎呀，这位作者的女儿甘雯，是我的中学同学呢！"我说："不会是同名同姓吧？"虚杰道："北京二十中的，绝对不会错！当年她亲口跟我说过，她有个姐姐，叫甘露，书中'序曲'里也提到了。"

得知事情原委，同桌的科学普及出版社另一位副总编许英感慨："这个世界真小啊！"同样惊喜的我，随即写信向本祓老师报告此一新缘，两位"失散"了30年的老同学也得以重新联系。

大半年过后，本祓老师再度回国，带来《硅谷轶事：浪涌山景城》和《航母来了：从珍珠港到东京湾》两部书稿。当他就出版事宜与我商议时，我们不约而同想到了虚杰，想用此为那段缘分添彩。苏青社长看过经虚杰送呈的书稿，颇感兴趣，很快决策科学普及出版社全接，并指定虚杰做本书责任编辑，特邀我参与编辑工作，本祓老师也受聘为科学普及出版社"高级学术顾问"。

真的，在本祓老师封笔20多年又再度"出关"之后，科普界的确是在重新"发现"他！继《少儿科普名人名著书系》推出他的成名著《生活在电波之中》新版之后，《中国科普大奖图书典藏书系》又即将推出他的获奖著作《茫茫宇宙觅知音》新版。电子工业出版社也已规划推出他的系列丛书。

现在，该谈谈通过编辑本祓老师的这部新著，我的重新"发现"的感受了。

读者朋友或许会问：甘老先生这位微波技术专家，怎么写起事关航母、战机这类军事题材的纪实作品来了？

呵呵，又是说来话长。简而言之，老先生一生的经历，跟本书所涉及的几个"要素"，多少都有些干系。

他出生在一个"文武双全"的家庭，半岁不到，就赶上"七七事变"，抗日战争全面爆发。他的父亲是个军人，在成都黄埔军校分校工作（当时黄埔总校已由宁迁蓉与分校合并）。他的母亲是个小学校长，日本侵略者空袭时把她所在学校给炸了。父亲请缨出川抗战，他和母亲成了随军家属。

受家庭和环境的熏陶，少年本祓爱好文学，对军事也颇为关注。除了背诵中外诗词、浏览古今名著外，战争题材的小说、回忆录他也读了不少。大学里他念无线电通信专业，跟军事挨得更近了。毕业后，他留校任教20年。1979 年，他调电子工业部工作，先后担任微波处和卫星通信办公室负责人。还曾先后兼任中国电子学会和中国计算机学会普及工作委员会副主任。

这期间，他著有《微波传输线设计手册》《现代微波滤波器的结构与设计》等多部专业著作，也撰写过《“超级间谍”之谜》《茫茫宇宙觅知音》《信息社会向你招手》《给地球照相》《先进的电子对抗系统》《神秘的战争》《新武器的幽灵》等科普图书和大量的科普文章。其中，军事题材的科普作品所占分量不少。20世纪80年代中期以后，他赴美国硅谷工作20 余年，直至退休。

几十年间多个“工种”的磨砺，跨洋走世界的丰富阅历，纵横古今中外的博览精思，成就了本祓老师的深刻睿智与远见卓识，还有其作品别具一格的表达方式及内涵特质。诚如他所欣赏并力行做到的，要使作品“论之有物、看之有趣、听之有理、思之有获”。我读本书，对此感受尤深。

请看，书中“前言”寥寥几句话，就有“论”点题、有“趣”展现、有“理”道出，并提醒读者“思”之：

君不见，昔日冤家对头，今日却在热恋，这就是历史的浪漫。
难怪有人高呼：忘记过去就意味着背叛！
……
让我们歌颂中、美联手抗日的事迹，来唤醒痴迷；
让我们敲响历史的警钟，来抵制军国主义复辟。

开篇，则以细腻的笔触、纪实的手法，讲述了71年前“平静的珍珠港”之外，在日美和平的烟幕背后，日本人是怎么算计美国人的。只有了解这些鲜活的细节，你方能理解美国当时的国务卿赫尔，为何会在尽力压住怒气扫了一遍日本人点头哈腰递上的文件后，终于忍不住对两个日本使节吼出了下面一段话：

在我50年的从政生涯中，从未见过这样一篇牵强附会、充满虚伪和狡辩的文件。我至今难以想象，在这个星球上，竟然会有能如此厚颜无耻地说出这么多谎言的国家！

这一振聋发聩的呐喊，让我不由地回想起美国打油诗大师奥格登·纳什，在1938年写就的那首《日本人》：

日本人彬彬有礼/满口说着“对不起”/他爬进邻家花园/微笑说声“请包涵”/他鞠躬，很友善地咧嘴一笑/把他一群饥饿的家人招来了/他友好鞠躬咧嘴笑/“抱歉，现在花园归我了”/

本书分上、下两篇，其叙事脉络十分清晰：上篇详述日方如何施展阴谋偷袭珍珠港，使美方猝不及防，遭受重创；下篇细数美方怎样痛定思痛，决计采取特别行动，轰炸东京，又如何在完成任务之后得到中国军民的鼎力救助，谱写了一曲中美联手抗日的真挚颂歌（过去，由于可以理解的原因，我们对此所知不多）。

我觉得，本祓老师颇像旧时的说书先生，很会造悬念、讲故事，语言也非常生动、风趣；而主体事件的推进、相关背景的铺陈和人物关系的交代，于行文中穿插亦十分自然、得体。请看他笔下的战事：

当渊田和他的“武士”们临空鸟瞰之时，看到的是如此“美妙的”风景，希凯姆机场上几十架轰炸机，肩并肩地排列着，接受他们的“检阅”；更美妙的是，他们的“死敌”战斗机，竟然也像轰炸机“兄弟”一样，整齐划一地站在惠勒机场之中，一百多架呀，多么壮观的“受阅阵式”！

接下来，可想而知，伴随着战斗机“哒哒哒”的扫射声，响起了炸弹的轰鸣。所有陆军的、海军的机场，无一幸免。绝大部分飞机非毁即伤，而机场中的美军将士们，也在毫无思想准备的情况下，在惊慌中伤亡和躲藏。

读这样一些文字，如临其境，又像是在看栩栩如生的大片，纵然有历史与现实交错之感，丝毫也不会觉得枯燥、突兀。

不时地，作者也会“跳”出来，恰到好处地评说几句，其中不乏精妙之语，例如：

> 由此可见，中国军民并非被动、而是主动地在为营救美国战友而努力。但事出突然、又下落茫然、从而忙乱也就必然，而基层民众（特别是山区村民）更不知其所以然。即使这样，绝大多数空袭队员都安然，这也是一段令人欣然的中美友谊史话。

本书可以说是本祓老师积多年研究、思考和收集资料之功而凝成的心血之作。在我看来，其诠释之有力，无愧于史家；分析之精密，不亚于哲人；思考之深入，犹胜于政要。难能可贵的是，书中有不少内容、图片出自第一手素材，包括美国军方的原始档案、当事人的回忆录；有的还是作者自己考证或综合得来，且每一个事例都有案可查。

历史，常常耐人寻味、令人感慨；历史，也总是不断重复，并且惊人地相似。

罗素有云：“人类唯一的历史的教训就是忘记了历史的教训。”托夫勒也说过：“如果我们不向历史学习，我们就将被迫重演历史。”马基雅维利讲得更直白：“希望预见未来的人必须要研究历史，因为人类的事件都是与以前的时代相似的。它的依据在于这样一个事实：这些事件是由那些一直或即将被同样热情驱使的人们制造的，所以，它们必然会有同样的结果。”

据我所知，本祓老师创作包括本书在内的《中美联手抗日纪实三部曲》，确有警示世人之用意，恰如他在“前言”里的夫子自道：“让历史回放，也好过让历史重演。”

事实上，也早有论者指出，很多德国人从第一次世界大战战败的历史中总结的教训不是避免未来的战争，而是确保他们下一次赢得战争。有如此思想“主导”，再加上其他复杂的因素纠缠（经济困境以及民族尊严的丧失等），最终“迫使”德国人拥抱了恶魔希特勒，并把世界带入一场范围更广、危害更大的战争。而“二战”后的日本是否又在步德国的后尘呢?

本祓老师在与笔者交谈时曾坦言，写作本书也意在用讴歌中美联手抗日的功绩来提醒美国的某些人，不要好了伤疤忘了痛，特别要警惕日本的军国主义复辟。要注意日本军国主义不但是中国和亚洲人民的敌人，而且也绝不会是美国人民的朋友；它的复辟矛头，不仅是指向中国和亚洲，更是（甚至主要是）指向曾经用燃烧弹、原子弹惩罚过它，且与之殊死决战和占领过它的美国。

他不无忧虑地指出，对于日本军国主义发动的侵略战争，不少日本人实际上也并不真正承认战败，而只是视为“终战”。抱持这样的“意识”，他们真的会吸取教训、避免重蹈覆辙吗？用鲜血凝成的中美联手抗日的友谊，难道不应该在这样的背景下更加发扬光大吗?

正是基于此，让本祓老师顿生直抒胸臆之感，从而萌发了创作《中美联手抗日纪实三部曲》的冲动。而自2012年春以来中日钓鱼岛事件的升级，更直接加速了本书的创作。按照规划，他还将写出另外两部：《B-29来了：从成都到天宁岛》《飞虎队来了：从温泉城到昆明》。

据悉，同步进行中的《硅谷轶事》，也是一个系列书的框架。这些，似乎都已超越严格意义的科普图书了。

重新被“发现”的甘本祓，还会给大家带来怎样的惊喜呢？让我们拭目以待吧。

2012年12月29日于北京

（本文作者系《科技日报》主任编辑，中国科普作家协会副秘书长）

写在前面

有人说：历史是一记警钟，发人深省；

有人说：历史是一面镜子，前车之鉴；

我认为：历史是一折冷酷而浪漫的故事，让人……

君不见，昔日冤家对头，今日却在热恋，这就是历史的浪漫。

难怪有人高呼：忘记过去就意味着背叛！

20世纪，人类打了两次世界大战，

21世纪，谁还想再干？！

既然如此，不如让历史回放，也好过让历史重演……

现在请看：《航母来了：从珍珠港到东京湾》，

它把一段真实的历史呈现在你的面前。

让我们歌颂中、美联手抗日的事迹，来唤醒痴迷；

让我们敲响历史的警钟，来抵制军国主义复辟。

愿人民世代友好，

愿世界永享和平。

2012年9月2日

目录

前奏

2011年“五一国际劳动节”期间，美国热闹非凡，到处张灯结彩、狂欢庆祝。是庆祝“劳动节”吗？非也。美国人的“劳动节”不是“五一”，每年9月的第一个星期一，才是美国法定的“劳动节”（Labor Day，这里的中文媒体常译为“劳工节”）假期。

那这几天是庆祝什么呢？

是庆祝5月1日凌晨，美国海军的三栖特战精英部队——“海豹”突击队，在巴基斯坦境内，击毙了当今世界头号恐怖分子、全球最大的恐怖组织“基地组织”（al-Qaeda，又称“凯达组织”）的头目本·拉登（Osama Bin Laden）。美国总统奥巴马凌晨向全世界宣布了这一消息后，他说：

“正义得到伸张，‘9·11’死难者可以安息了。”

“911”，在美国是个很特殊的数字，当灾难发生时（天灾、人祸、生病、有难时）你都可以拨这个号码求助，类似于中国的“119”，但服务范围更广泛，常常你可以在住家附近看到救火车，不是来救火，而是来救急难病人。总之，这是美国人从小到老都非常熟悉而亲切的数字，只要有急事你就打“911”好了，它一定会来帮你。可是，2001年9月11日，这个“911”，却成了21世纪开始时，美国人心中的最痛！就是在这天，就是这个本·拉登策划和指挥了震惊世界的“9·11”事件，改变了美国前进的轨迹，把美国拖入了全球反恐战争的旋涡。

那是一个不可磨灭的记忆。那天是星期二，突然电话铃响了，我放下手中的工作，拿起话筒。

“爸爸，你们安全吧？！”电话那头传来大女儿甘露急促的话音，她正在北京出差。

“一切如常，怎么啦？”我一头雾水地回问。

“纽约世贸大厦被炸了，你不知道？”

“那是好莱坞的恐怖片，胡诌的，你也信？！”

“不！是真的！这里电视台都转播了，你们旧金山湾区没播？”

“真的？！谁白天有空看电视。”

“你们没事就好，我放电话了。你快打开电视看看吧。”

打开电视，一幅让我不能、也不愿相信的景象，出现在我的面前，我简直惊呆了！

所有的电视台都在滚动地、重复地播放着那段视频：一架飞机撞向一座大厦，又一架飞机撞向另一座大厦……双子座，这个纽约的地标，这个我同我的夫人十年前曾登高远眺的高楼，在浓烟中，带着人们的惊讶、惆怅、愤懑和无奈，缓缓地、缓缓地崩塌了、消失了……

我至今闭上眼睛，还能清晰地在脑海里回放那段视频……

关于它，我想读者还可以上网查到。现在，我想把两张照片放在这里与读者分享，因为我认为大多数读者已无缘亲自见到这些景象。

一张是1991年我和我的夫人同游纽约时照的。那时还没有数码相机，但因为是我们结婚30周年，所以我们仍然照了不少相。待把胶卷冲洗出来、放进相簿时，我们才惊异地发现：许多张在不同地点、从不同角度照的风景相片，背景中都有双子座的倩影。数一数，居然不下30张。看着那亭亭玉立的美景，我们笑着说：“看来双子座对我们情有独钟，总是依依不舍地望着我们……”

另一张是15年后，2005年，旧地重游，我们专门又去了那个地方。可是，看到的却是满目疮痍，带回的是无限惆怅……

“9・11”，改变了美国的一切，改变了每个美国人的生活。真的，每一个生活在这里的人，都深深地感到：大到政治经济、军事国策，小到日常生活、衣食住行，无所不包，其影响至今犹存。

难忘的双子座

这是1991年1月7日从自由女神岛上看到的双子座英姿（来源：作者摄于当地）

且不说这十年来美军在国外不停地打仗、劳民伤财。仅举一件小事：“9·11”前，如果乘坐美国国内航班，到机场送行的人，可以一直把人送进机舱，就像送上汽车、火车那么方便。可是如今，你到机场看看，唉……

这一笔笔的账都要算到本·拉登身上。

“十年磨一剑”，美国人终于报了这个仇。

“9·11事件”是指美国东部时间2001年9月11日，星期二早晨，19名基地组织成员劫持了4架美国客机，将其中2架撞向纽约的最高建筑——世界贸易中心的双子塔楼（其中，美国航空公司的11次航班，于上午8:46撞向北座，接着美国联合航空公司的175次航班，于上午9:03撞向南座）。双子座先后在被

双子座已成回忆

这是“9·11事件”5年后（2005年9月）经平整后的双子座遗址（别误会，后面那两座楼不是双子座，栏网与高墙间围着的这片平地才是它们的原址）。（来源：作者摄于当地）

撞后的2小时内坍塌。在世贸中心上班或来访的许多人员和两架飞机上的全部人员罹难。双子座的倒塌，摧毁或损坏了周边的许多建筑，也葬送了近在咫尺的纽约唐人街的百年繁荣。第三架飞机是美国航空公司的77次航班，于上午9:37撞伤了位于弗吉尼亚州阿灵顿市的五角大楼。第四架飞机是美国联合航空公司的93次航班，劫持者的目标（据事后资料显示）可能是国会大厦，因机上乘客的英勇反抗而未得逞，在飞往首都华盛顿的途中，于上午10:03坠毁在宾夕法尼亚州的仙克斯维尔（Shanksville）附近的田野中。罹难人数逐年有所修正，比较新的结论是：双子座2751人，五角大楼125人，4架飞机上的人员无一人幸免，共计256人。这是美国历史上第二次外国势力袭击美国本土造成重大伤亡的事件，也是21世纪伊始，美国人心中的最痛。2011年正好是十周年。

与此相映，在20世纪，美国人也有一个最痛，那就是1941年12月7日发生的事件，历史上不叫它“12·7事件”，因为“12·7”实在不是什么特殊的数字，而叫它“珍珠港事件”。这就是美国历史上，第一次外国势力袭击美国本土造成重大伤亡的事件。

2011年，又正好是“珍珠港事件”70周年。

“前事不忘，后事之师”，现在来讲这个事件就更有意义。因为，有些健忘的美国政客已经把日本当作“最可靠的盟友”，正在鼓吹重新武装日本，用“美日同盟”来控制亚洲、遏制中国。

2012年8月21日，美军派军舰亲自把“日本自卫队”（自卫队“杀出”国门，到外国去“自卫”了）接到美国的关岛和天宁岛（这是“二战”时日、美两军殊死拼杀的岛，也是美军用B-29超级空中堡垒火攻日本和用原子弹轰炸广岛、长崎的起飞地），去进行为期37天的联合“夺岛演习”。

日本的政客也正在积极策划修改“和平宪法”，修改“武器出口三原则”；它的“自卫队”，打着参加“演习”、参加“人道主义援助”的幌子正在向国外挺进；打着要成为所谓“正常国家”的幌子，来否定和挑战世界反法西斯战争的胜利成果。

如果日本军国主义这个“潘多拉魔盒”再度打开，亚洲和世界还会太平吗？至今对侵略战争尚不知反省的日本人，真的会与美国人“一笑泯恩仇”，不思报复了吗？

那么，就让我们来看看，70年前日本人是怎么算计美国人的吧。

聚精会神

这是海豹突击队追杀本·拉登时，白宫在同步监控的情景。你看，奥巴马多么专注，希拉里又是多么紧张。

（来源：白宫官方图片）

上　篇

日本的航母

来了

来干什么？

偷袭！

偷袭哪里？

美国的珍珠港。

平静的珍珠港

“那天黎明时，我们睡着了……”

美国人如此回味1941年12月7日那个黎明。这句沉重的警语，既是在抚摸美国人的伤痛，也是在发泄对日本人的仇恨。所以，我们开篇之时，还是得先从当年美国人为什么那么恨日本说起。

本来，美国人并不是太恨日本、也并不太急于对付日本。为什么？因为“二战”初期的美国，虽然它东临大西洋、西靠太平洋，但却离欧、亚两个“二战”战场都很遥远，只是在“隔岸观火”。他们当时既没有中国人、英国人那种生死存亡的危机感，也没有被日本强盗大肆烧杀欺凌的那种切肤之痛。那时候的德、意、日，既没有洲际导弹也没有远程战略轰炸机能威胁到美国，所以美国人的日子还是过得十分逍遥的。虽然也有不少人对侵略者的行为义愤填膺，但对于大多数正在20世纪30年代经济大萧条中挣扎的美国人说来，还是倾向于“自扫门前雪”的“孤立主义”。在政界像罗斯福那样头脑清醒的人暂时也还居于少数。更何况还有1937年通过的所谓《中立法》管着，说什么“禁止非参战国向参战国输出武器、提供财政援助”（当然更谈不上直接出兵了）。但是，在这东方、西方都硝烟弥漫的热闹时刻，美国的军火商又怎么愿意放过这大好商机呢？况且，大多数美国人的祖宗都来自欧洲，怎么能不支持一下“母国”呢？所以，美国早早地已经在“借”给英国武器了，只不过不那么公开罢了。但是，当1939年9月1日，德军入侵波兰，“二战”在欧洲“正式”开打之后，美国实在忍不住了，于11月宣布：废止《中立法》，在卖武器

1941年8月，罗斯福（前左）与丘吉尔（前右）在威尔士亲王号上

图中陪同站立于后的军官，从左到右依次为：美国海军上将金、美国陆军上将马歇尔、英国陆军元帅迪尔、美国海军上将斯塔克、英国海军上将庞德。后排站立者：左起为美国商务部部长霍普金斯和美国赴欧总统特使哈里曼（来源：wikipedia.org）

装备上实行所谓的“现款自运”政策（即拿现钱来买，用自己的船运，不管你是谁），大张旗鼓地做起军火生意来了。虽然用罗斯福的话来说是要当“民主国家的兵工厂”，但实际上德、意、日以及苏联也没少买它的军事物资。军火买卖，在使大萧条中的美国从负债国变为债权国的转变中，也是立了大功的。

面对欧、亚两个战场，当时美国的主要精力是放在欧洲战场，支持英国人对付德国人。至于对付日本，英国人真有点忙不过来，而美国人也还未拿定主意。要问到底怎么打算？最多，也只能说他们是打算干掉德国后，再来收拾日本。

1941年8月，“二战”已经打了一年，苏德也已开战。美国虽还未直接参

战，但罗斯福已深感美国不能再置身事外。于是，他与丘吉尔暗中商定：两人秘密前往纽芬兰岛的阿金夏湾（Placentia Bay）会晤，协调反法西斯战略，史称“大西洋会议”。丘吉尔乘英国最新的战列舰威尔士亲王号（HMS Prince of Wales，1941年1月服役）前往，罗斯福乘美国大西洋舰队的旗舰奥古斯塔号（USS Augusta）重型巡洋舰前往。

这也是“二战”以来，两国元首的第一次会晤，所以双方都很重视，随员也十分壮观。英方随行的主要官员有：英国帝国总参谋长、陆军元帅迪尔（Field Marshal Sir John Dill，Chief of the Imperial General Staff），英国第一海务大臣、海军上将庞德（Admiral Sir Dudley Pound，the First Sea Lord），英国空军副参谋长、空军元帅弗里曼（Air Chief Marshal Sir Wilfred Freeman, Vice Chief of the Air Staff）。美方随行的主要官员有：美国大西洋舰队司令、海军上将金（Admiral Ernest J. King），美国陆军参谋长、陆军上将马歇尔（General George Marshall），美国海军作战部长、海军上将斯塔克（Admiral Harold R. Stark），美国商务部部长、罗斯福的挚友、智囊霍普金斯（Harry Hopkins），美国赴欧洲总统特使哈里曼（William Averill Harriman）。

会议于8月9日至12日举行，8月13日双方签署了《罗斯福与丘吉尔联合宣言》，并于次日向全世界公布。后来，该宣言为同盟国普遍接受，遂成历史上有名的《大西洋宪章》（*Atlantic Charter*）。它促进了国际反法西斯统一战线的形成，也为战后联合国宪章的制定奠定了基础。

但即使在这时，美国想的也只是何时、向何处派兵去打对方（德国或日本）的问题，没有（起码暂时还没有）想过对方先来打自己的问题，因为在美国人的记忆中，除了建国初年，自不量力的墨西哥国王干过这种“蠢事”之外，再也没有谁来碰过美国。因此，1941年12月初的美国，基本上还是歌舞升平。这时，美国的领袖们想得更多的是帮助英国打德国。至于日本，那是一个在遥远的东方的威胁，交给驻扎在菲律宾的美国远征军司令麦克阿瑟上将去对付就可以了。一个国土还没有加州大的岛国，在自己家门附近耍耍威风也就罢了，还不至于妄想进犯美国本土吧？而且，日本人好像也还知趣，不是最近还

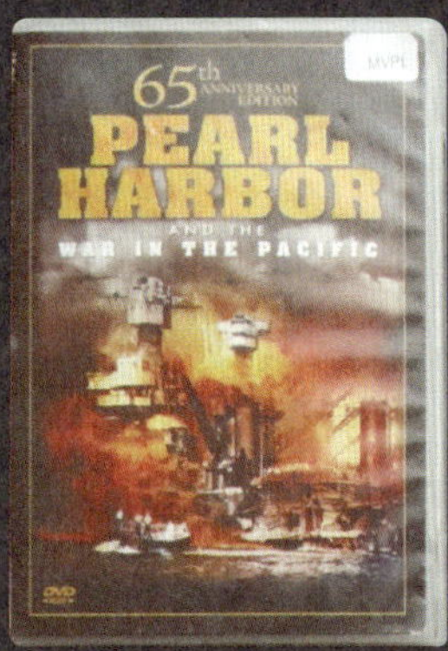

厚厚的书，长长的片，道不尽胸中的愤，述不完内心的酸，这是美国的国耻、忠烈的怨……

（来源：作者选拍）

专门派了来栖三郎特使到华盛顿高呼和平吗？总之，战火的硝烟离美国本土似乎依然十分遥远。

美国人做梦也未想到，就在这一片日、美和平的烟幕背后，一支庞大的日本航母舰队正绕着大弯、悄悄地向美国驶来……

1941年12月7日下午1点28分（华盛顿时间，夏威夷时间是早晨7点58分），这是一个晴朗明媚的星期天中午，美国首都华盛顿的海军部大楼内还是一片宁静，正在沉思的值班员却收到一份“莫名其妙”的急电：

“珍珠港遭空袭。这不是演习！”

震惊世界的“珍珠港事件”爆发了，它直接把美国拖进了“二战”的旋涡。12月8日，美、英对日宣战。接着，12月11日，德、意向美宣战，从此，一直在参战和不参战之间挣扎的美国，终于痛下决心、仓促上阵，正式而全面地投入“二战”之中。

珍珠港事件，这是一个太具戏剧性的事件。围绕它出了许多书，也拍了不少影片，那就让我们来看看它到底是个什么样的场面。

夏威夷群岛（Hawaii Islands），这个太平洋上的明珠，距旧金山2090海里[①]，距日本3270海里。1959年8月21日才正式成为美国的一个州（第50个州）。它由137个火山岛和珊瑚岛组成，其中8个较大岛宜人居住。大小顺序为：夏威夷岛、毛伊岛（Maui）、瓦胡岛（Oahu）、考爱岛（Kauai）、摩洛凯岛（Molokai）、尼华岛（Nihau）、拉奈岛（Lanai）和卡胡拉威岛（Kahoolawe）。州府设在瓦胡岛上。

在瓦胡岛的南部有个风景秀丽的滨海区域，当地人叫它“火奴鲁鲁”（Honolulu，这是夏威夷土语的音译，意为“屏蔽之湾”），而中国人却称其为“檀香山”（这是由于早年当地盛产檀香木，又大量运往中国之故），它就是州府所在地。瓦胡岛近似一个不等边的菱形，总面积608平方公里[②]，长约44公里、宽约30公里[③]，虽然大小仅在夏威夷群岛中排行老三，但却聚集着全夏威夷州的1/3的人口。夏威夷最大的机场——檀香山国际机场也在瓦胡岛

---

① 1海里 = 1.852千米

② 1平方公里 = 1平方千米

③ 1公里 = 1千米

上，如果从夏威夷入境美国，就是在这里通关。

瓦胡岛不仅是一个度假胜地，而且也是一个军事要地。早在1898年，美国就从西班牙手中夺得了这块宝地，并在檀香山西边13公里的珍珠港（Pearl Harbor，因早年盛产珍珠而得名）陆续修建了码头、船厂、干船坞、燃料库和其他海军设施。在经营10年后，1908年美国正式将珍珠港定为海军基地。后来，又于1919年和1922年在那里增设了潜艇基地和航空站。

瓦胡岛西面的怀厄奈山脉（Waianae Range）和东面的库劳山脉（Koolau Range）向中南方向延伸，造就了一个天然的陆抱良港——珍珠港。水深14~20米，适航水域约有26平方公里，有开阔的锚地，全港可容数百艘舰艇停泊。从高空鸟瞰，珍珠港就像一只鹰爪嵌在瓦胡岛的南端。蜿蜒曲折的半岛把珍珠港分成了西湾、中湾、东湾和东南湾。在最大的东湾和东南湾之间，一洼蔚蓝的海水托着一颗巨大的“珍珠”，那就是位于港湾中心的福特岛（Ford Island）。正南端一条狭窄的水道宽约160米、长约4.5公里、水深约14米，通往外海。怀皮奥半岛（Wapio Peninsula）南端，像一座“门神”，镇守着水道进口，其上建有一座乳白色的八角形水塔，高约56米，顶上装一个红色导航灯。港口东侧还有一座信号塔。根据“二战”形势的发展，美军于1941年2月1日将珍珠港定为美国太平洋舰队司令部所在地。

下面的三幅图，可以帮助读者较清楚地了解瓦胡岛和珍珠港的地理形势和港内布局。照片是“珍珠港事件”前一个多月，美国海军的航空照片；其余两幅则是作者用现成的地图进行内容标示，以助阅读。

如今，美国的战略重心已从大西洋转到了太平洋，太平洋舰队发展成为美国实力最强的、也是全球最大的舰队。根据太平洋舰队官方网站2010年10月1日资料显示：目前，该舰队约有180艘舰艇和潜艇、近2000架飞机和125000水兵、海军陆战队员和文职人员。辖区从美国西海岸一直延伸到印度洋，占地球海洋面积一半以上。因此，珍珠港也就成了美军在太平洋上的神经中枢和最大的补给中心，一个“货真价实”的战略母港。

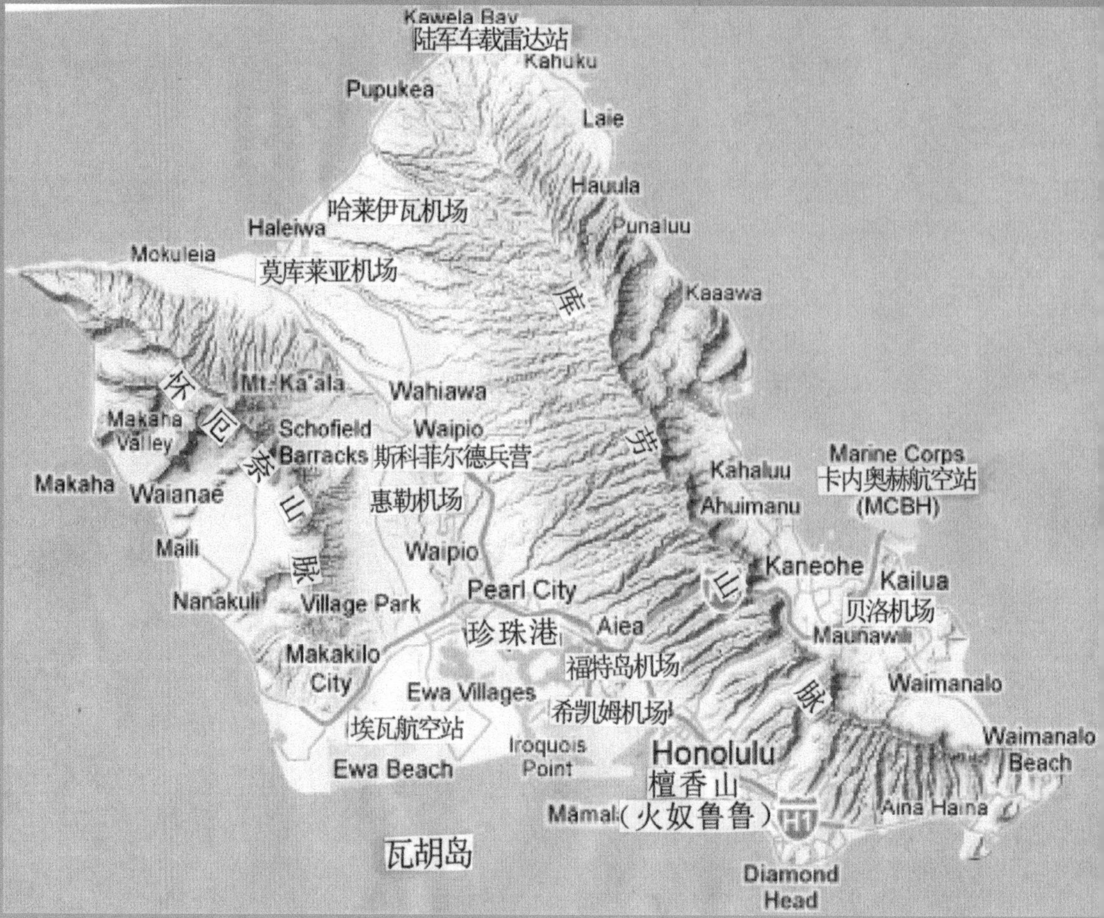

Kawela Bay
陆军车载雷达站
Kahuku
Pupukea
Laie
Hauula
哈莱伊瓦机场
Haleiwa
Punaluu
Mokuleia
莫库莱亚机场
Kaaawa
库劳山脉
Mt.Ka'ala
Wahiawa
怀厄奈山脉
Makaha Valley
Schofield Barracks
斯科菲尔德兵营
Waipio
Makaha
Waianae
惠勒机场
Kahaluu
Ahuimanu
Marine Corps
卡内奥赫航空站
(MCBH)
Maili
Waipio
Kaneohe
Kailua
Pearl City
Nanakuli
Village Park
贝洛机场
珍珠港
Aiea
Maunawili
Makakilo City
福特岛机场
Ewa Villages
Waimanalo
希凯姆机场
埃瓦航空站
Waimanalo Beach
Iroquois Point
Honolulu
Ewa Beach
檀香山
Mamala
（火奴鲁鲁）
Aina Haina
瓦胡岛
Diamond Head

瓦胡岛略图（来源：作者利用谷歌地图改制）

鸟瞰珍珠港

这是1941年10月30日从珍珠港上空拍的航空照片

（来源：美国国家档案馆）

珍珠港布局略图（来源：作者利用谷歌地图改制）

可是，70年前却不是如此，那时美国的战略重心在大西洋，太平洋是处于守势，太平洋舰队的实力也比不上日本。请看下表，那就是两者当时在太平洋上海军的实力对比（表中美军舰艇包括驻珍珠港的太平洋舰队和驻菲律宾的亚洲舰队）。

当时，美国的意图是挡住日军别跑到美国岸边来，而且也估计日本不大会来。因为，得到的消息是日本人正准备南下。美国认为“当务之急”应该是支援麦克阿瑟驻守的菲律宾。

1941年12月太平洋上日美海军力量对比

国家	战列舰	航空母舰	重巡洋舰	轻巡洋舰	驱逐舰	潜艇
日本	11	11	18	23	129	67
美国	9	3	13	11	80	56

（来源：哈珀·柯林斯《世界军事历史全书》）

“西线无战事”，连瓦胡岛的空防似乎也用不着担忧，你看，当海军部在11月26日发文，要求太平洋舰队司令、海军上将金梅尔（Husband E. Kimmel）考虑用航母运海军陆战队的飞机支援中途岛（Midway Island，距珍珠港约1100英里[①]）和威克岛（Wake Island，距珍珠港约2000英里）防卫时，他欣然同意，并立即安排，把他仅有的两个航母舰队都派出港去了。

11月28日，太平洋舰队司令金梅尔海军上将派哈尔西海军中将（William F. Halsey）率领第8特遣舰队（TF-8, 临时编组）出航。该舰队的组成是：1艘航空母舰：企业号（Enterprise CV-6），3艘重型巡洋舰：盐湖城号（Salt Lake City CA-24）、北汉普顿号（Northampton CA-26）、切斯特号（Chester CA-27）和9艘驱逐舰。其任务是驶往威克岛，运去海军陆战队的211战斗机中队（VMF-211）的一半兵力，计12架F4F-3型野猫式战斗机和13位机组人员，为的是保护B-17轰炸机队

> 由此可见，不论是海军部还是太平洋舰队都认为珍珠港近期无战争、瓦胡岛空防无虑，要不然为什么把飞机运走，而且航母的舰载机也跟着出差去了

① 1英里＝1.609344千米

在美国西海岸与亚洲基地间的穿梭飞行。例如，几天后（12月7日）就将有一批B-17要从美国西海岸飞来，经珍珠港中转加油后途经威克岛，再飞往菲律宾。

接着，12月5日，他又派牛顿海军少将（John H. Newton）率领第12特遣舰队（TF-12，也是临时编成），该舰队的组成是：1艘航空母舰：列克星敦号（Lexington CV-2），3艘重型巡洋舰：芝加哥号（Chicago CA-29）、波特兰号（Portland CA-33）、阿斯特利亚号（Astoria CA-34）和5艘驱逐舰，任务也是载运海军陆战队的231侦察轰炸机中队（VMSB-231）的18架SB2U-3型侦察轰炸机及中队人员去中途岛。

于是，司令大人就把他的航空母舰都放出去了。因为，当时美军在太平洋舰队这边，一共只配备了3艘航母。除了已经提到的企业号和列克星敦号两艘之外，第三艘叫萨拉托加号（Saratoga CV-3），前些日子就被他派往华盛顿州的普吉湾海军船厂进行检修去了；而后，12月7日那天正好抵加州的圣地亚哥港，去搭载它的舰载机组和海军的221战斗机中队（VMF-221）以及其他装备，准备返回珍珠港。

不过，话又说回来，如果12月7日那天它们都在珍珠港内的话，历史又不知该怎么写了。这点看了后面的描述，读者自会有想象空间。

介绍一下美军军舰的命名。军舰名称后的大写字母是美军军舰的“分类代号”。例如，“CV”代表“多功能航母”，“BB”代表“战列舰”，“CA”代表“重型巡洋舰”，“CL”代表“轻型巡洋舰”，“DD”代表“驱逐舰”，“DDD”代表“导弹驱逐舰”……后面的数字是军舰的“舷号”。

分类代号和舷号是一艘现代舰艇必有的标志，就像人的护照（或身份证）号码一样。舷号比较好理解，它是代表服役先后的序号。分类代号就复杂一点，常随时代有所变迁。

以美军航母为例，最初就是“CV”：“C”来源于巡洋舰（Cruiser）的字头；“V”来源于法语“Voler”（飞行）的字头。当时人们也就把它理解为“运载舰只”（Carrier Vessel）。事实上，美国的第一艘航母兰利号（Langley

CV-1，1922年3月20日服役。后改为水上飞机母舰，代号改为AV-3）也就是用运煤舰朱庇特号（Jupiter AC-3）改造而成。1935年美军才为“CV”正名，规定它是正式的军舰分类代号，它代表“航空母舰”（Aircraft Carrier）。后来，随着航母的类型增多，又在代号中加第三个字母表示其类型。例如，“CVA”为攻击型航母、“CVE”为护航航母、“CVH”为直升机航母、“CVN”为核动力航母、“CVS”为反潜航母、“CVT”为运输航母等。

一艘军舰，除了有名称、分类代号和舷号外，通常还会说它属于哪个“级”别，所谓“级”（Class）是指同一类型，一般以该类型首舰名称为该级的“级”名，同级舰大同小异，但后面的比前面的都会有所改进。例如，“约克城级”共有三艘：首舰为约克城号（Yorktown CV-5）；前面提到的企业号（Enterprise CV-6）是约克城级的2号舰；而该级的3号舰，则是我们后面会谈到的大黄蜂号（Hornet CV-8）。级别在名称中并不标明，而是在介绍其规格和性能时予以说明。有的舰名称相同但却不是同一“级”别。例如企业号：这里提到的舷号为“CV-6”的是“约克城级”常规动力航母；而舷号为“CVN-65”的则是“企业级”核动力航母。

还有，美国还在其军舰全名前，加一个缩写“USS”，它表示“美国舰”之意，英文是“United States Ship”。

1941年12月6日，这是当年最后一个月的第一个周末。瓦胡岛也和美国本土的其他城市一样，都已进入从感恩节到圣诞节的假期欢乐之中。

太平洋舰队的上百艘大大小小的舰艇都安静地停在港中，最显眼的是那些战列舰，它们甚至成双成对地系在珍珠港中心福特岛南边的系缆桩上，小船在舰艇和码头之间来回穿梭，把一批批水兵运送上岸，檀香山滨海区的酒吧、舞厅、咖啡店和弹子房都在忙碌地接待客人。

在陆军航空队的惠勒机场（Wheeler Field）上，哨兵望着在跑道上的战斗机（以P-40为主和少量P-36）出神，他觉得自己好像是一位统帅，正在检阅这些排列整齐的队伍。

与此同时，在陆军航空队的希凯姆机场（Hickam Field）上，哨兵也有同

欢乐的周末

1941年12月6日陆、海军的官兵们挤满了檀香山闹市区的大街小巷（来源：Harbor ,Pearl. *A Day of Infamy*）

感，只不过他面对的是一排排轰炸机（包括B-17飞行堡垒以及其他型号）；在各个防空阵地上，100多门高射炮和100多挺高射机枪也都仰望着蓝天发呆，似乎有点想不通：为什么把炮弹都锁在中心弹药库里，却让它们在那里晒太阳？

在海军的福特岛指挥中心和陆军的谢夫特要塞（Fort Shafter，这是驻夏威夷陆军司令部所在地，在珍珠港以东4英里处）情报中心，都只有一名军官和一名电话员在值班。岛上的6个雷达站，只在早上4点到7点之间开机搜索，按常规在日出后半小时关机（12月时，根据气象资料统计，规定为早晨7点）。这是因为，在那个年头，雷达还是一种很新鲜的玩艺儿，虽然，它在英国的不列颠空战中已崭露头角，但在当时的美国，人们对它在搜索上的重要性还体会不深，也未寄予多高的期望。

人们更信任的是飞机的巡逻。然而，在福特岛和卡内奥赫机场的停机坪

上，海军第1、第2巡逻机联队的上百架巡逻机（包括PBY-3、PBY-5以及SBD等各种型号）和水上飞机，也同陆军的飞机一样，整齐地排列着。其中只有3架是准备黎明时沿瓦胡岛南岸进行例行的反潜巡逻。

傍晚，在珍珠港的军官俱乐部，金梅尔海军上将出席了一个军官们的小型宴会后，9点半钟就回到寓所，他想早点就寝，因为他已同驻夏威夷的陆军司令肖特中将（Walter C. Short）约好，明天一早去打高尔夫球。

布洛克娱乐中心（Bloch Recreation Center）正热闹地进行着舰队乐队锦标赛，有人还在惋惜：3艘航空母舰都不在港内，要不然会更加精彩。

夏威夷广播电台，正欢快地播放着流行音乐：

“摇滚吧宝贝，近期无战事……”

午夜，曲终人散，官兵们在欢愉和香槟的余兴中进入梦乡，美军在太平洋上最大的战斗堡垒一片安闲、恬静……

太平洋舰队司令金梅尔上将

驻夏威夷陆军司令肖特中将

夏威夷的两位司令（来源：美国国家档案馆）

忙碌的佐伯湾

可是，孙子曰："兵者，诡道也"。日本人在这个时候却异常紧张忙碌：

在美国首都华盛顿，日本野村大使刚给美国国务院打了电话，要去就"一件非常紧急的事情"拜会赫尔国务卿。本来约好是12月7日中午1点（华盛顿时间），但后来野村又要求推迟到1点45分。同时，他已命令部属销毁一切机密文件和密码机。

他们要溜了！

东京的日军大本营正在焦急地等候东南亚各地的战报。因为，日军要在同一天（东京时间12月8日，夏威夷时间12月7日）南下，对马来亚、香港、菲律宾、关岛、荷属东印度（即现在的印度尼西亚广大地区，例如爪哇、婆罗洲、苏门答腊）等地发动进攻。

在夏威夷这边，一支由日本海军中将南云忠一率领的庞大突击舰队已在瓦胡岛北面700英里处集结。他们要干什么？

当然是偷袭珍珠港！

本来，日本并不打算过早地招惹美国。日军军部的打算是抓紧时间向南挺进。这样既可夺取石油、橡胶等战略资源丰富的东南亚地区，将美、英、荷兰势力逐出远东；又可断绝外部对中国的支援通道，迫使中国屈服，以实现日本独霸亚洲的黄粱美梦。

当时，中国从西方得到少量的军需品支援，是通过昆明与外界的两条供应线：一条是崎岖狭窄的滇缅公路，另一条是从法属印度支那（也就是现在的越南的广大地区）的海防到昆明的窄轨铁路。

为了取得南进的桥头堡，日本早在1939年2月就侵占了中国的海南岛，同年3月还吞并了中国的南沙群岛。接着，又向维希法国施压，并于1941年7月24日进驻法属印度支那南部，从而切断了从海防到昆明的供应线；英国也“迫于”日本的压力关闭了滇缅公路，这样一来中国与外界联系都断了。在随后的一年中，日本不但继续扩展在印度支那的地盘，甚至在靠近中国的印度支那北部建立空军基地和派地面部队，从那里进入云南。

本来，美国也不打算过早地跟日本闹翻。因为，一来美国和日本还有生意往来，而且是日本战略物资的主要供应商（更广泛地说来，日本80%的物资都来源于英美的势力范围，这点真是颇具讽刺意味）；二来美国还未准备好，为了应付日本高喊的“南进”，美国正加紧给驻守在菲律宾的麦克阿瑟补充实力。所以，一开始只是对日本发出警告：如果日本继续入侵印度支那，美国不会袖手旁观。但日本哪里肯听。

1937年7月7日，日寇发动“七七事变”，中日全面开战了，美国的罗斯福总统也只不过发表了个“隔离”演说，比喻要把日寇像瘟疫一样加以隔离。可是，执行起来却并不坚决。美国仍然是日本战略物资的主要供应国。有资料显示：就在1938年，日本购自美国的几种主要战略物资占日本总进口量的情况是：

机床占60%，废铁占74%，燃油占80%，航油占90%，铜占93%……

而“隔离”，也就是以“禁运”的形式实施“制裁”，却进展缓慢。打个形象的比喻，禁运令就像“挤牙膏”那样、一点点地发布。例如：

到1939年春天，日本已侵占了中国的半壁河山，连海南岛和西沙群岛也已落入日寇之手，罗斯福才又宣布对铝、钼、钨、镍等稀有金属禁运（1939年7月26日）；

两个月后，1939年9月27日宣布：1940年1月26日到期的《日美通商航海条约》将不再续约；

又过了10个月，1940年7月2日宣布：对武器、军需物资和飞机零件实行输出许可制；

又过了半年，日本人已经扶植汪精卫在南京成立了汉奸政府（1940年3月30日），还于同年8月1日宣布要建立所谓的“大东亚共荣圈”之后，美国才宣布对日实行航空汽油和润滑油禁运（1940年8月6日）；

又过了2个月，直到德、意、日三国缔结了军事同盟之后（1940年9月27日），美国才宣布对日废铁禁运（1940年10月16日）；

又过了10个月，1941年7月日寇已占领法属印度支那全境之后，罗斯福才下决心，冻结所有日本在美资产（1941年7月26日），对日实行全面石油禁运（1941年8月1日）……

你看，就这么慢吞吞地干着。为什么？因为仗还未打到自己头上，生意还是要做的。

也就是说，在珍珠港事变之前，虽然中国已艰苦抗战了4年。但美、日却还是“友好国家”。而日本人，就用从美国买来的机床，把从美国买来的铜、铁制成枪炮、子弹，再用从美国买来的汽油，开着坦克和飞机来侵略中国。

而美国的主要精力是放在帮助英国打德国上，对于日本则是用“文攻”——谈判。日美间所谓“和平谈判”的主题就是围绕“撤军”和“开禁”，双方都选择了一个对方不可能接受的目标：日本要求美国全面解除对日禁运，美国则要日本全部撤出中国和印度支那。日本除了让驻美大使野村吉三郎与美国政府进行谈判之外，还于1941年11月15日，专门派来栖三郎为“和平特使”前往华盛顿。表面上颇有“诚意”，让两位“三郎”去与美国国务卿赫尔（Cordell Hull）周旋。而实际上日方却已打算对美开战，秘密制订了偷袭珍珠港和大举南进的计划。美国呢，也已意识到与日本难免一战。只不过，一个是真的想打、而且是想早打；另一个则是认为他未必敢打、要打也没有那么快，按麦克阿瑟将军和华盛顿方面的估计：大约在明年（1942年）3月以后。

双方就这样讨价还价地谈着，一直谈到了1941年12月7日当天，日本人猴急地跳了出来，主动争取代替德国，成了美国的头号敌人。美国这才在极端愤怒中，仓皇应战。从那以后，日本才成了中、美共同的敌人。

在日本军方，力主偷袭美国珍珠港的代表人物，是有“帝国海军之魂”之称的山本五十六海军上将（死后追认为大将）。这位曾在哈佛大学就读又当过驻美武官的美国通，本不是个“好战派”，特别是不主张打美国，而且也不认为日本能打赢美国。他曾经这样对首相表态：“如果日美难免一战，在开战的半年或一年中，日本海军可以奋战，并有信心夺取胜利。但如果战争持续以至拖上三年两载，那我就毫无把握了。”但日本的政局和“忠于皇国”的武士道精神，却使他走上了与美军较量的不归路。他认为：既然日美终需一战，早打就比迟打好，要打速决战，趁着美国的主要注意力还放在大西洋，而太平洋舰队相对较弱之时，用突袭一举将它消灭，解除太平洋舰队对日本海军的威胁，从而方可放心地南下。

1939年9月1日，对东、西方都是个不平常的日子。这一天，在欧洲，希特勒派出了160万将士，在2000架飞机和2800辆坦克的壮威下，入侵波兰；而同一天，在亚洲，山本五十六登上了长门号旗舰，开始了他的联合舰队司令长官生涯。踌躇满志的他，上任后想到的第一要务就是：等待时机，实现他称霸西太平洋的梦想。

在这里特别值得一提的是，山本在运用航空母舰上的前瞻性。想当初，海军在大洋上决战都是排开阵势用大型舰艇的舰炮轰、鱼雷打，或者像纳粹那样用潜艇进行“狼群”战。航空母舰还真没有找到“露脸”大战一场的机会。甚至可以说，正是偷袭珍珠港让日本的航母露了脸，也逼得美国（由于太平洋舰队的战列舰几乎“全军覆没”）改用以舰母为主力的海战，一直发展到今天用航母称霸大洋。

当年，山本认为，日本海军航空队已有相当的实力，应当让它成为舰队作战的主力。所以他一上任就大抓舰母战队的训练，特别是在1940年上半年他亲自主持的、紧锣密鼓的军事演习中，眼看着他的舰载机武士们的精彩演练，更认为航母在战争中发挥作用的时刻到了。他思考着：为什么不能用舰载机奇袭珍珠港呢？

1941年1月，他秘密召见他的心腹、海军少将大西泷治郎（时任第11航空母舰战队参谋长），授意他研究用舰载机空袭珍珠港的可行性。3个月后，大西交卷，提出了一整套用航母的舰载机奇袭珍珠港的作战方案。

1941年5月，山本召集联合舰队高级将领集会，将经过他本人修订的方案，作为大家的研讨课题，集思广益，从而形成了一个以偷袭珍珠港为基础的、在太平洋上全面出击的计划。山本称之为“Z计划”，但人们以及后来的史学家们均称之为“山本计划”。因为，这一计划虽然并非出自山本一人之手，但他是领头者，而且为了使之实现，山本使出了他这个战争赌徒的全部伎俩。

7月，山本根据这一计划，以联合舰队司令长官名义，向各航空战队发出进行战前秘密训练的命令。

请注意：这个计划当时还未被批准。按照日军的常规，每年1月由军令部总长下达“作战目标”的命令给联合舰队司令长官，然后司令长官再根据该命令考虑完成的手段和训练方法。这一次，山本司令长官可是“违规”行事了。他为什么要这样做呢?

因为当时，在他的上、下级中都有不少反对该计划者。就连制订奇袭方案的大西少将也曾进言“此案成败各占一半，是否再慎重考虑一下”。而手握大权的军令部总长永野修身，也持怀疑态度。但山本却铁了心要干。所以，他一边准备、一边力排众议，甚至以辞去联合舰队司令来要挟。进而他还用上了“走后门”这一

精心策划

这是日本联合舰队司令长官山本五十六海军上将在谋划偷袭珍珠港，在许多论及此一历史事件的文献中常常都是引用这张照片，据称这就是他在长门号旗舰上的作战室中构思时的神态（来源：美国国家档案馆）

招，即通过他在海军参谋本部的好友高松中佐捅上了“天”。高松是裕仁天皇的三弟，全称为“高松宫宣仁亲王”，时任海军中佐，官小能量大。亲王出马当然容易上呈“奏本”。很明显，他希望得到天皇“恩准”。

1941年10月18日，在日本历史上是一个重要的转折点。这一天，东条

这时，离山本预定偷袭珍珠港的日子只剩35天了。但山本胸有成竹。因为，从情报收集和物色干将，到抓部队训练和调配兵力，他都早有准备，等的只是上面点头这个“东风”。

英机内阁正式成立。也是在这一天，山本五十六派他的联合舰队首席参谋黑岛大佐去军令部，他对黑岛这样说：

以全部（6艘）航空母舰进行夏威夷作战的决心不变。请转告军令部，我已拿定主意，即使丢职也要坚决进行夏威夷作战。

就在这样的两面夹攻下，10月19日，黑岛终于盼到了永野的答复：

既然山本司令长官有这样大的决心，那我作为军令部总长就有责任按照他所希望的那样去做。

接着，当然是军令部与联合舰队，对作战计划进行密切的最后研讨。11月3日，永野正式在该作战计划上签了字。

1941年11月5日（东京时间），日本军令部总长永野修身奉天皇御旨，对联合舰队司令长官山本五十六发布了

“第1号帝国命令”：

兹奉敕命令山本联合舰队司令长官：

1. 为了帝国的生存与安全，预定在12月初对美国、英国和荷兰开战。即令做好各项作战准备；

2. 所需之作战准备由联合舰队司令长官实施；

3. 进一步命令将由军令部总长颁发。

随后，日本大本营海军部又据此向山本发布了更为详细的指令。而这一切本来也就是山本自己（或者再加上他的支持者）的主意，如今却变成了“尚方宝剑”，山本当然积极“响应”。当日，他即从佐伯湾的长门号旗舰上发布了一份《联合舰队第1号作战命令（绝密）》：

联合舰队按本命令附件所规定的方案，实施对美、英、荷的作战。

在这份上百页的命令中，山本把他的作战思想、作战目标以及作战的战略、战术都向部下作了充分的阐述。对具体的作战部署也做出了细致的规定。全文过长，我们只挑有关偷袭珍珠港的事项，在下文中结合具体的情节予以介绍。

显然，这个命令不是只对珍珠港，而是包括日本要发起进攻的一切地方。例如，菲律宾、英属马来亚、新加坡、关岛、香港、缅甸、俾斯麦群岛、爪哇、苏门答腊、婆罗洲、西里伯斯、帝汶等。我们还是主要来看看珍珠港方面。

为了实现偷袭珍珠港的计划，日本海军调兵遣将，组成了日本有史以来最强大的一支海军编队，由山本五十六亲自坐镇日本濑户内海，负责全盘作战的指挥、调度和支援，并配备航母2艘、战舰6艘。而前线的“突袭部队”，则由一支以航母为主的特混舰队和一支以潜艇为主的先遣舰队组成，负责偷袭珍珠港。具体组成如下：

一、特混舰队

总司令为南云忠一中将，负责突袭珍珠港。

下辖：

1. 海上空袭部队：由南云忠一兼任司令，参谋长为草鹿龙之介少将。配备大型航空母舰6艘，它们分属：

第一航空母舰战队：赤城号（为旗舰）、加贺号，南云忠一亲自率领（他原来就是该队司令）；

第二航空母舰战队：苍龙号、飞龙号，山口多闻少将为此队司令；

第五航空母舰战队：瑞鹤号和翔鹤号，原忠一少将为此队司令；

共载飞机423架。其中用于突击的飞机为353架，包括：

“99式”俯冲轰炸机131架；“97式”水平轰炸机103架；“97式”鱼雷攻击机40架；“零式”战斗机79架；其余70架飞机用于编队安全保障。

这是突袭的主力，空袭飞机的空中总指挥（飞行总队长）由赤城号飞行队长渊田美津雄海军中佐担任。

南云忠一

原第一航空母舰战队司令官，赤城号为该队旗舰

（来源：美国海军历史中心）

2. 海上支援部队：由三川军一中将任司令。下辖：

第三战列舰战队：有战列舰2艘，它们是比睿号和雾岛号；

第八巡洋舰战队：有重型巡洋舰2艘，它们是利根号和筑摩号。

3. 海上警戒部队：由大森先太郎少将任司令。下辖：

第一水雷战队：有轻巡洋舰1艘阿武隈号；

第17驱逐舰战队：有驱逐舰4艘，它们是谷风号、滨风号、浦风号、矶风号；

第18驱逐舰战队：有驱逐舰5艘，它们是阳炎号、不知火号、秋云号、霰号和霞号。

4. 海上补给部队：由大藤正知大佐任司令。由1艘补给船和7艘加油船组成。油船分属两个补给队：

第一补给队：有加油船4艘，它们是远东丸（为旗舰）、神国丸、国洋丸、健洋丸；

第二补给队：有加油船3艘，它们是日本丸、东荣丸、东帮丸。指挥官为新美和贵大佐。

5. 巡逻队：队长为今泉喜次郎大佐。由3艘潜艇组成，它们是伊-19、伊-21、伊-23，负责特混舰队的前后巡逻。

6. 袭阻中途岛部队：队长为小西要人大佐。由2艘驱逐舰（曙号和潮号）和1艘特务舰组成，负责炮轰中途岛的美军基地和飞机，以阻止其支援珍珠港。

二、先遣舰队

由清水光美中将为司令，负责侦察、监视和攻击可能遭遇的美国舰艇，保护和支援特混舰队遂行任务。司令部配备轻型巡洋舰1艘为旗舰。下辖：

第1潜艇队：配备潜艇4艘；第2潜艇队：配备潜艇7艘；第3潜艇队：配备潜艇9艘；要地侦察队：配备潜艇2艘；海上补给队：配备后勤舰船6艘；

特别攻击队：指挥官为佐佐木半九大佐。配备潜艇5艘，每艘均搭载1艘袖珍潜艇。

日本人知道，要想偷袭成功，一是要秘密，二是要稳、准、狠。为此，在空袭部队的准备、航线的安排和袭击的战术上采取了许多措施。例如：

为了保守秘密，采取以下特别措施：

第一，行踪严格保密。

山本在11月7日（东京时间）发布《联合舰队第2号作战命令（绝密）》：

执行第1号帝国命令，并指定12月8日为“Y日”。（“Y日”意指发起进攻的预计日子）

同时指令特混舰队所有参战部队从各自所在地、以不同航线秘密驶向日本北方四岛（今俄罗斯南千岛群岛）的择捉岛，11月15日在单冠湾集结（最迟不

得超过11月22日）。但是，对包括各舰副舰长在内的下属官兵都不宣布此行目的，大家都以为是去北海演习。

[注：单冠湾在日本北方四岛（今俄罗斯南千岛群岛）之一的择捉岛，在该岛的正南部的单冠山下，有一个良好的港湾，就是单冠湾，原本是个偏僻的渔业基地，人口稀少，易于保密；又足够容纳大舰队，故山本特选此处集结。二战末期，1945年8月，苏联占领了“北方四岛”（以大小排序，包括择捉岛、国后岛、色丹岛和齿舞岛），改称“南千岛群岛”（实际上，南千岛群岛包括三十多个岛屿，而“北方四岛”只是其南面接近日本北海道的4个。由于有了争议，媒体常狭义地将俄称的“南千岛群岛”，对应日称的“北方四岛”）。苏联解体后，由俄罗斯继续接管，现在成了日俄争议岛屿，俄国的梅德韦杰夫两次登岛巡视（2010年11月1日，以总统身份登上国后岛；2012年7月4日，以总理身份登上择捉岛），并发表措辞强硬的讲话，掀起日俄两国岛争高潮。]

第二，特选僻静航线。

根据指令，参战各舰立即展开准备，按规定卸下一切与作战无直接关系的物资（包括不必要的个人用品和装饰品），装载上武器、弹药、粮食、油料，分散在各地训练的舰载机也返回母舰。接着，11月18日各舰就相继从各自的所在地出发。有的靠岸行驶，有的远离海岸、在100海里以外行驶，目的都是不要引起注意，而目标却都朝向单冠湾。

11月22日，南云的舰队的30多艘舰船在单冠湾集结完毕。为了保密，择捉岛从11月20日起就实施了戒严（直至12月8日才解除），切断该岛与外部的一切联系，包括交通和通信，甚至居民行踪都在管制之列。

同日，山本转发了军令部总长永野修身21日发布的

“第5号帝国命令”：

兹命令山本联合舰队司令长官：

1. 为进行作战准备，指令各参战部队及时开赴待机海域；

2. 在作战准备中，如遇美、英、荷军挑衅，联合舰队司令长官有权以武力自卫；

3. 进一步命令将由军令部总长颁发。

据此，山本随即发布了最新的作战命令：

显然，这个命令也不是只对珍珠港，我们还是来看珍珠港方面。

命令清水光美率领的先遣舰队各路人马，于11月23日（东京时间），分别从横须贺、佐世保出发，以白天潜航、夜间水面航行的方式，开向夏威夷，遂行侦察、监视和截击美军舰队的任务，为特混舰队出战开路；

命令南云忠一率领特混舰队于11月26日（东京时间）由单冠湾出发，12月3日（东京时间）傍晚进入待机海域（夏威夷以北的北纬42度、西经170度附近海域）并加油完毕。

南云舰队为了避免与普通船舶相遇暴露舰队行踪，故意选择气象条件恶劣的北方航线，绕个大圈前往待机海域。

第三，航行中全程实行无线电静默。

舰队无线电台只收不发，这样既可保证收到上级的命令和情报，但又不致暴露自身行踪。规定军舰间一律白天用旗语信号、夜间用闪光通信进行联络。

12月2日（东京时间），日本御前会议作出了对美开战的决定。军令部随即发布“第12号帝国命令”：

确认山本的第2号命令，并指定12月8日（东京时间，夏威夷时间为7日）为“X日”。

“X日”意指正式确定的发起进攻日期。“Y日”改为“X日”，也就说明日本已铁了心要打美国了。可是，在华盛顿，两位“三郎”还在高呼“和平与友谊”。来栖三郎还向媒体大声地宣示：“如果不为和平，我何必从太平洋那边飞过来……”

当天下午5:30，山本五十六向正在前进途中的南云忠一下达了最后的作战命令（密电）：

“攀登新高山，1208（重复）1208”。

［注：“新高山”是日本占领的朝鲜境内的最高山峰。在这里是密码暗语，意思是：12月8日零时（指东京时间，夏威夷时间是7日）发起攻击。重复两次数字，是确认日期无误。］

当南云忠一率领的舰队收到这份电报时，正好通过国际日期变更线。12月3日（东京时间）南云舰队按计划到达待机海域。各战舰进行加油、补给和休整。

12月4日（东京时间），南云召集各舰舰长和作战参谋开会，才正式宣布：“我们此行的任务是袭击珍珠港。”并把这一命令传达到副舰长以下全体官兵，日军将士们终于解开心中之谜，即将与一个新的、强大的对手搏斗，这极大地唤起了他们的武士道豪情，于是兴奋异常地展开了战前准备。

同时，南云下令：

舰队向夏威夷前进；

3艘巡逻潜艇在前方200海里作先导搜索；

特别攻击队的袖珍潜艇，12月7日2:00前（夏威夷时间），进入珍珠港入口海域，待机潜入港内；

先遣舰队的潜艇，从各自的待机位置出发，并于12月7日2:00前，到达指定位置、遂行任务：

第1潜艇队的4艘潜艇监视瓦胡岛以北海域；第2潜艇队的7艘潜艇监视珍珠港东西两面海域；第3潜艇队的9艘潜艇监视珍珠港入口附近海域；要地侦察队的2艘潜艇监视夏威夷与美国本土间的联系。

12月6日8:30（夏威夷时间，东京时间是12月6日16:00），南云的舰队，在瓦胡岛西北700海里处的集结地最后一次加油后，补给船队在霞号驱逐舰护卫下离开。然后，在赤城号的桅杆上升起了作战代号旗（又称“Z字旗”，这是1905年日俄对马海战中，日军统帅东乡平八郎在他的旗舰三笠号的桅杆上升起

翔鹤号航空母舰舰长城岛高次海军大佐在舰桥上

这是1941年12月7日早晨的情景，身后就是那句名言（来源：美国国家档案馆）

的旗，日本人认为这是他们崇拜的前海军统帅的胜利之旗。所以，从那以后，Z字旗就成了日本海军的作战代号旗）。在凛冽的海风中，南云下令：

舰队起航。航向东南、航速20节[①]，向瓦胡岛北方海域前进。

12月6日23点30分（夏威夷时间，东京时间是12月7日7:00），舰队已行至瓦胡岛正北方约400海里处。南云命令，航向由东南转向正南，航速增至24节，冲入可能遭遇美国巡逻飞机的海域，直扑瓦胡岛。为应付突发事件，舰队全体人员都已全副武装，做好临战准备。正在这时，山本仿照前辈东乡的语气发来密电：

“皇国兴废，在此一战，全军将士务须不惜粉身碎骨，完成己任。”

① 1节 = 1海里/时 = 1.825公里/时
节为轮船航行速度的单位，后来也用于风及洋流的速度。

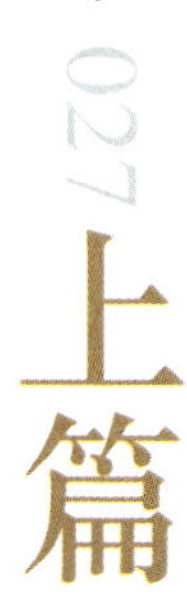

这，也被认为是东乡的“Z字旗”的内涵，被日军奉为“经典名句”。突击舰队将此作为座右铭，写在每艘舰的舰桥黑板上，用以激励“皇国的武士们”。

上图即为一例，这是翔鹤号航空母舰在1941年12月7日当天早上的现场，舰长正注视着飞机起飞，冲向珍珠港。他背后的黑板上就恭恭敬敬地写着山本司令长官的这个电文。

为了做到稳、准、狠，采取以下特别措施：

第一，针对作战特点，配备专用装备。

为了适应珍珠港十几米水深的特点，日本还专门为鱼雷攻击机研制了可在12米的浅水进行攻击的鱼雷。因为，传统的做法是在100米高度、距目标1200米时发射鱼雷，鱼雷入水后要先下潜到约60米水深，然后靠横舵作用上浮到离水面4~6米后，再冲向目标。但如果这样，在珍珠港使用，鱼雷就会都一头扎进海底。因此，日军专门给鱼雷装了一种木稳定翼，以改进其浅海攻击性能。

为了更有效地炸毁军舰，日军专为轰炸机配备能穿透战舰钢板的新式穿甲弹，这种穿甲弹还装有能延迟0.2秒的延时引信，使炸弹穿入舰体内再炸，以发挥其最大威力；为了便于溜过珍珠港入口处的栏栅网（防潜网），专门为特别攻击队配备5艘袖珍潜艇。这种特殊潜艇小巧玲珑，长仅23.8米，直径仅2.1米，重46吨，从龙骨到瞭望塔顶约高6米，只需两位艇员操纵，装两个0.46米的鱼雷管，无其他武器装备。最高航速可达24节，潜航时蓄电瓶的电力，在此速度下可维持1.5小时，但在4节航速上可维持25小时，也就是说航程可达100海里。平时由它的母舰（大型潜艇）运载，使用时才放入海中。日本人的如意算盘是：它们便于钻过珍珠港的防潜网，入港偷袭。

第二，精心进行空袭编队，规定攻击方式。

攻击队由353架飞机组成，由渊田美津雄海军中佐任总指挥。实施中，将

渊田美津雄

这是他的自传封面（来源：google.com）

分两个波次进行空中攻击。

第一波攻击队由183架飞机组成，由渊田兼任指挥。包括：

“97式”水平轰炸机49架，由渊田亲自率领，每机携带一颗800千克穿甲炸弹；

“99式”俯冲轰炸机51架，由翔鹤号飞行队长高桥赫一海军少佐率领，每机携带一颗250千克炸弹；

“97式”鱼雷攻击机40架，由赤城号的村田重治海军少佐率领，每机携带一条特制鱼雷，分别从4艘航母起飞；

“零式”战斗机43架，由赤城号的板谷茂海军少佐率领，担任第一波护航、夺取制空权。

第二波攻击队由170架（另加渊田总指挥留在现场上空的座机1架）飞机组成，由瑞鹤号飞行队长岛崎重和海军少佐兼任指挥。包括：

“97式”水平轰炸机54架，由岛崎亲自率领，每机携带两颗250千克炸弹或一颗250千克炸弹和6颗60千克炸弹；

“99式”俯冲轰炸机80架，由苍龙号飞行队长江草隆繁海军少佐率领，每机携带一颗250千克炸弹；

“零式”战斗机36架，由赤城号的进藤三郎海军大尉率领，担任第二波掩护、夺取制空权；

有一点特殊之处，就是渊田总指挥仍继续留在第二波现场，进行督战，并留到最后，以便引导掉队的战斗机返回母舰。

空袭目标非常明确，集中攻击主力战舰，消灭太平洋舰队的主力，从而达到夺取太平洋上的制海权的目的。

同时，为了保证袭击战舰任务的顺利达成，必须掌握制空权。因此，必须袭击飞机和机场，力争由轰炸机将飞机炸毁在停机坪上，少数升空的敌机由两波突袭队中的战斗机对付（战斗机无对手时，则负责扫射地面目标和压制防空火力）。

两波的任务相似，第一波未完成者，第二波再攻，力求全歼既定目标。

第一波，若无意外，预定12月7日6:00（夏威夷时间），从瓦胡岛以北230海里的海域起飞，沿瓦胡岛西岸、由西北至西南方进入战场，预计早晨8:00左右（夏威夷时间）到达任务空域、发起攻击；

第二波在第一次起飞1小时15分之后，从瓦胡岛以北200海里的海域起飞，沿瓦胡岛东岸、由东北至东南方进入战场，早晨9:00左右到达任务空域、发起攻击。

为了保证空袭的突然性，还决定连空袭开始的命令都不用无线电下达，而是由飞行总队长渊田发信号弹：打一发信号弹为“奇袭”，打两发信号弹为“强攻”。空袭开始后才启用无线电台。

而且规定了袭击方式：

如果未被发现，则用“奇袭”方式，这时，就由鱼雷攻击机打头阵，力争在美方地面防空火力开火之前开始攻击，以达最佳奇袭效果。接着是水平轰炸机投弹，而俯冲轰炸机则殿后，以免它轰炸时升起的硝烟妨碍前两者的攻击；

如果被发现，则实行“强攻”方式，这时，则反过来，由俯冲轰炸机打头阵，用它的俯冲轰炸的凌厉攻势，造成对方的混乱，并牵制和吸引对空火力，接着水平轰炸机投弹，压制对空火力，而鱼雷攻击机则趁着轰炸机吸引住对空火力之时，便可钻下去发射鱼雷。

第三，根据机型特点分配攻击目标，力争最大攻击效果。

俯冲轰炸机，在4000米高度开始俯冲，至400米高度时投弹。并力求选择顺风方向、加大俯冲角以提高投弹精度（即最好从上风处发起攻击）。它们的主要任务是轰炸机场。

在瓦胡岛上，美军有大大小小7个机场，其中，陆军的夏威夷航空队有4个，海军太平洋舰队有2个，太平洋海军陆战队有1个。具体情况如下 。

A. 陆军夏威夷航空队的机场

1.惠勒机场（Wheeler Field）：在珍珠港以北、瓦胡岛中部，驻扎着夏威夷航空队的第14驱逐机联队（14th Pursuit Wing），它下辖两个驱逐机大队：

第15驱逐机大队（15th Pursuit Group），它下辖4个中队，其中3个中队驻扎于此，它们是：

第45驱逐机中队（45th Pursuit Squadron），第46驱逐机中队（46th Pursuit Squadron），第72驱逐机中队（72nd Pursuit Squadron）。

第18驱逐机大队（18th Pursuit Group），它下辖5个中队，其中4个中队驻扎于此，它们是：

第6驱逐机中队（6th Pursuit Squadron），第19驱逐机中队（19th Pursuit Squadron），第73驱逐机中队（73rd Pursuit Squadron），第78驱逐机中队（78th Pursuit Squadron）。

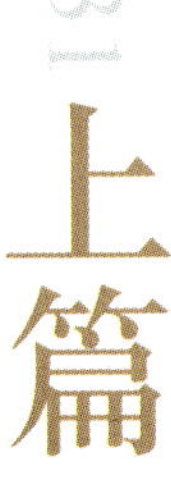

它们主要装备是P-40战斗机和部分P-38战斗机。它们当然是日本攻击队的最大威胁。陆军在瓦胡岛上的最大兵营——斯科菲尔德兵营（Schofield Barracks）就紧靠着它。

2.希凯姆机场（Hickam Field）：在珍珠港东南端，是夏威夷航空队总部所在地。驻扎着夏威夷航空队的两个重型轰炸机大队和两个直属中队。两个重型轰炸机大队是：

第5重型轰炸机大队（5th Bombardment Group, Heavy），它下辖4个中队，它们是：

第23重型轰炸机中队（23rd Bombardment Squadron, Heavy），第31重型轰炸机中队（31st Bombardment Squadron, Heavy），第72重型轰炸机中队（72nd Bombardment Squadron, Heavy），第4重型侦察中队（4th Reconnaissance Squadron, Heavy）。

第11重型轰炸机大队（11th Bombardment Group, Heavy），它下辖4个中队，它们是：

第14重型轰炸机中队（14th Bombardment Squadron, Heavy），第26重型轰炸机中队（26th Bombardment Squadron, Heavy），第42重型轰炸机中队（42nd Bombardment Squadron, Heavy），第50重型侦察中队（50th Reconnaissance Squadron, Heavy）。

两个直属中队是：

第58轻型轰炸机中队（5th Bombardment Squadron, Light），第19运输机中队（19th Transport Squadron）。

运输机中队装备的是C-33运输机；

轻型轰炸机中队装备的是A-20轰炸机；

两个轰炸机大队的各中队都装备的是B-17、B-18轰炸机。显然这些轰炸机对日本航母有极大的威胁。

3.哈雷瓦机场（Haleiwa Field）：在瓦胡岛北部，这里驻扎着第15驱逐机大队的第47驱逐机中队（47th Pursuit Squadron）。

4.贝洛机场（Bellow Field）：在瓦胡岛东南边，在海军的卡内奥赫航空站以南。这里驻扎着两个中队：

第18驱逐机大队的第44驱逐机中队（44th Pursuit Squadron），装备的是P-40战斗机；

夏威夷航空队直属的第86观察中队（86th Observation Squadron），装备的是B-12、O-47和O-49型飞机。

B. 海军太平洋舰队的机场

5.福特岛机场（Ford Island Field）：它是水上飞机和陆基飞机的两用综合机场。除驻扎海军第2巡逻机联队、有水上飞机基地之外，还停放航母的舰载机，这当然也是日军夺取制空权的障碍。

6.卡内奥赫航空站（Kaneohe Air Station）：在瓦胡岛东部、卡内奥赫半岛北端，这是个正在扩建中的航空站。驻扎着海军第1巡逻机联队，以水上飞机为主。对日军威胁性较小。

C. 海军陆战队的航空站

7.埃瓦航空站（Marine Corps Air Station Ewa）：在珍珠港以西17英里处。那里本来驻扎着海军陆战队的两个飞行中队（211战斗机中队和231侦察轰炸机中队）以及部分航母舰载机。不过，正如前面提到的，海军陆战队的两个飞行中队的主力都"运"往中途岛和威克岛去了，而舰载机也随航母走了。这里只剩下半个中队和一些备份飞机，对日军的威胁性不大。

南云忠一决定，第一波51架俯冲轰炸机编成3个中队，主攻陆军的惠勒机场、希凯姆机场和海军福特岛机场，力争将这3个机场的飞机消灭在停机坪上，从而基本上取得制空权。其次是海军陆战队的埃瓦航空站和陆军航空队的哈雷瓦机场；第二波80架分4个中队，分别袭击卡内奥赫航空站、贝洛机场、福特岛机场和希凯姆机场。

水平轰炸机携带延时穿甲弹，在3000米高度投弹。由于当时没有雷达引导，而且还是手动投弹，要保证命中军舰这样的目标是很不容易的。因此，日本在海军的有明湾轰炸靶场，专门在地面画上与美国“西弗吉尼亚号”战列舰同样大小的目标标志，进行水平轰炸机轰炸美国军舰的训练，并根据训练经验决定了编队和投弹方式。每5架飞机为1个中队，负责1个目标。投弹时要保持严格的队形，即飞机要排成一行，各机间保持半架飞机的距离，而且要等高度、等速度飞行；还要精确掌握投弹时间，第1架飞机负责引导，当它发出投弹指令后，5架飞机要几乎同时投弹（第2架和第3架的投弹时间不得迟于第1架的1/20秒，第4架和第5架的投弹时间不得迟于第1架的1/10秒）。因为根据训练经验，只有这样才可能有1枚炸弹命中目标。而且为了减小炸弹下落的惯性误差，力求选择逆风时投弹（即最好从下风处发起攻击）。第一波的49架水平轰炸机分为10个中队，通常对目标的捕捉率约为80%，因此大约有8个中队的8枚炸弹可命中目标。通常，需要有2枚炸弹命中才能炸毁1艘战列舰，故规定这49架水平轰炸机负责攻击4艘战列舰。第二波的54架也分成11个中队，其中两个中队与俯冲轰炸机配合攻击卡内奥赫航空站，其余均飞往珍珠港，攻击港内未沉之战舰。

鱼雷攻击机的情况又比较特殊。如前所述，它需要更好的能见度，而且要在低空（几乎贴近海面的二三十米左右的高度）发射鱼雷。这是一种反常而危险的攻击方式，为了按此要求有针对性地训练鱼雷攻击机的队员，还专门找了与珍珠港相似的地点：日本九州岛南部的鹿儿岛港湾。由空袭飞行总队长渊田美津雄亲自带队，提前几个月进行了紧张、逼真的“魔鬼”训练。鹿儿岛的居民把日本鱼雷机的训练戏称为“海鹫杂技”。形容它们既像海鹫觅食，又像耍杂技一般神乎其神。

除了鹿儿岛训练鱼雷攻击机外，其他参加奇袭的飞机还分散在出水、鹿屋、佐伯等8个地方夜以继日地进行战前训练。

根据训练得出结论，通常需要两三枚鱼雷才能摧毁1艘主力舰，而命中率约为60%，因此，40架鱼雷攻击机在第一波就全部出动，分为8个中队，负责攻击8艘大型战舰（而且，由于鱼雷攻击机的攻击方式限制，它不便攻击那些成双停靠的战列舰中靠岸那一侧的战列舰。因此，那些战列舰分配给水平轰炸机去攻击。而鱼雷机，则负责攻击停在外侧的战列舰和其他单独停放的大型战舰）。

看到这里，你也许奇怪：日本人怎么能把这些事情规定得这样具体呢？那是因为日本人通过明访暗探，早就对珍珠港的地形、气象以及美军兵力部署，甚至战舰的特点、停泊位置、活动规律、机场、机种等等都了解得一清二楚，并时时跟踪其动向。长驻该地打探消息的，除了以日本驻檀香山总领事喜多长雄为首的公开外交人员外，还有一个秘密的4人谍报小组（1个潦倒的德国商人、1个日本和尚和2个日裔美国人）。在正式打算要对美动手之后，又专门派了海军情报专家吉川猛夫，化名为森村正，从1941年3月起长住檀香山，刺探军情。他经常以外交电文的方式向本部发回秘密情报。最后又在攻击前一个多月，利用日本客轮“龙田丸”、“大洋丸”来檀香山的机会（实际上是以客轮为掩护来搞情报的，而且“大洋丸”来回走的航线，就是特混舰队的预定航线，为的是进一步摸清该航线上的气象和洋面状况），派遣军事情报、潜艇、飞航等方面的专家乔装成医生、船员，直接观察和带回吉川通过电报不便传送的详细情报。他们列出了97个关键问题，吉川都逐一地做了回复。例如，星期天留港军舰最多；拂晓和黄昏都有飞机巡逻，但从不巡逻瓦胡岛北面；30年统计瓦胡岛无暴风雨等（所以日军决定周日从岛北进入、发起偷袭）。你看，这类情报是否很有针对性呢？

那么，事发当天（12月7日）美军的兵力到底如何呢？除了前面已提到的各机场驻防情况外，其他情况如下：

先看海军方面：

一、海军最高指挥官是太平洋舰队司令金梅尔海军上将。

二、太平洋舰队当日停泊在珍珠港（包括极少数不在港内但在瓦胡岛附近海域以及个别在港口周围执勤）的舰艇共有169艘。它们是：

1. 战列舰8艘

内华达号（Nevada BB-36）

俄克拉荷马号（Oklahoma BB-37）

宾夕法尼亚号（Pennsylvania BB-38，在第1号干船坞检修）

亚利桑那号（Arizona BB-39）

田纳西号（Tennessee BB-43）

加利福尼亚号（California BB-44）

马里兰号（Maryland BB-46）

西弗吉尼亚号（West Virginia BB-48）

2. 重巡洋舰2艘

新奥尔良号（New Orleans CA-32）

旧金山号（San Francisco CA-38）

3. 轻巡洋舰6艘

罗利号（Raleigh CL-7）

底特律号（Detroit CL-8）

凤凰城号（Phoenix CL-46）

檀香山号（Honolulu CL-48）

圣路易斯号（St. Louis CL-49）

海伦娜号（Helena CL-50）

4. 驱逐舰30艘，其中1艘驱逐舰：沃德号（Ward DD-139）在港口巡逻；

5. 各型扫雷舰14艘，其中有两艘沿岸扫雷舰：克罗斯比尔号（Crossbill AMc-9）和秃鹰号（Condor AMc-14）在岸边巡逻；

6. 各型布雷舰9艘

7. 多功能支援舰3艘

8. 潜艇4艘

9. 炮舰1艘

10. 大型医疗舰1艘

11. 鱼雷快艇12艘

12. 其他舰船（油船、补给船、修理船、救援浮船、拖船、货船、驳船等80艘）。

三、太平洋舰队的飞机

总数为301架。包括巡逻机69架、战斗机24架、轰炸机60架、鱼雷机2架、战列舰和巡洋舰的舰载机92架、其他非武装飞机54架。（注：航母及其护卫舰只的飞机均随舰走了。）

四、太平洋海军陆战队

有1个师的兵力，并有巡逻（侦察）机11架、战斗机32架、轰炸机8架、其他飞机32架；以及3英寸[①]高射炮8门、1.5英寸高射炮36门。

再看陆军方面：

一、陆军最高指挥官

驻夏威夷陆军司令肖特陆军中将。

二、步兵

第24师、第25师。

三、岸炮部队

4个高炮团和4个要塞重炮团。防空火力计有3英寸高射炮86门、1.5英寸高射炮20门、高射机关枪113挺。

四、陆军航空兵部队

巡逻（侦察）机15架、战斗机140架、轰炸机65架、其他飞机42架。

驻夏威夷陆军的任务是保卫夏威夷，包括珍珠港的安全。为了完成这个任务，肖特为夏威夷制订了三个级别的警报："第1号"警报是防止破坏；"第2号"警报是在第1号的基础上再加上防御来自空中和海上（包括水面舰艇和水下潜艇）的攻击；"第3号"警报是防御全向攻击。在被袭之前，夏威夷是执行肖特司令发布的"第1号"警报，按照这个警报，就是前文说的"刀枪入库、马放南山"的景象。事后，人们评述，这种措施只是为了武器自身安全，而忘了珍珠港和夏威夷的安全，本末倒置了。

如果我们把前面提到的日军来袭的兵力，与美军驻守的兵力比较一下，不难看出：

就算美军的航母和舰载机都不在，仅就现成的兵力而言，如果美军不是疏于防范、仓促应敌；如果美军的舰艇能提早疏散、展开；如果美军的飞机都能及时升空迎战；如果美军的高射枪炮都荷枪实弹地等着日寇"光临"……

那历史一定不是现在这个样子。

但是，已经没有"如果"了，历史是无情的，这一切毕竟已经发生整整70年了，还是让我们来回顾一下70年前改变历史的那几个小时惊心动魄的情景吧。

① 1英寸＝2.54厘米

12月7日凌晨0:50（夏威夷时间，东京时间是12月7日20:20），南云正站在他的旗舰舰桥上，聚精会神地指挥着舰队，开足马力向瓦胡岛冲去。他踌躇满志、振奋异常，因为一场他亲自指挥的决战即将开始！是他第一个代表帝国去向一个强大的对手挑战，为日本海军在太平洋上称霸吹响冲锋号；他的空袭队总指挥渊田，也在他的指挥室中，最后一次琢磨攻击方案。他同样兴奋异常，因为要不了多久，攻击目标就会落入日本飞机的作战半径之内，他将亲率帝国武士大显神威！正在这时，无线电员送来一份大本营的紧急情报：

珍珠港内没有航空母舰和重巡洋舰，主力舰中只有全部战列舰停在泊位。

离发起攻击只有几小时了！怎么办？是战还是撤？这可叫南云犯愁。那就让他先去伤伤脑筋吧。

而我们则借此机会，来介绍一下空袭当天珍珠港内美军主力战舰的停泊情况，请看下页那张示意图。

由于日军主要空袭目标是美军的主力战舰，本书专门在该图中标出了主力战舰的泊位及其邻近停泊的军舰情况，以助阅读。在图中，除了标出全部主力舰（战列舰和巡洋舰）外，标出的其他舰艇是：

6艘驱逐舰：艾伦号（Allen DD-66）、切武号（Chew DD-106）、卡星号（Cassin DD 372）、肖号（Shaw DD-373）、道斯号（Downes DD-375）、布卢号（Blue DD-387）；

3艘水上飞机母舰：柯蒂斯号（Curtiss AV-4）、塔吉尔号（Tangier AV-8）、艾沃克特号（Avocet AVP-4）；

2艘维修船：米都莎号（Medusa AR-1）、维斯特号（Vestal AR-4）；

2艘油船：拉马波号（Ramapo AO-12）、内欧肖号（Neosho AO-23）；

4艘其他舰船：萨克拉门托号炮舰（Sacramento PG-19）、奥格拉拉号布雷舰（Oglala CM-4）、索娜斯号医疗舰（Solace AH-5）、犹他号多功能支援舰（Utah AG-16，靶标和训练用船）。

同时，还用两幅参考照片，来帮助读者了解珍珠港内军舰泊位的具体状况。

平静的港湾

这是1941年12月7日早晨珍珠港中美军主力战舰的停泊情况示意图（来源：作者参考有关史料制作）

福特岛附近的战舰泊位

这是1940年5月3日，美国海军从17200英尺高空，垂直拍摄的航空照片（来源：National Archives）

第一幅是1940年5月3日，美国海军从17200英尺①高空，垂直拍摄的珍珠港福特岛附近区域的航空照片。照片显示：

在福特岛南面，左边排头的是约克城号（Yorktown CV-5）航空母舰，随后跟着停泊的是8艘战列舰（它们与“珍珠港事件”当天的停泊情况相似）；在福特岛北面，泊有2艘轻巡洋舰、2艘驱逐舰和两艘辅助舰；在福特岛东面（也就是港内分区的“东湾”），停泊着17艘巡洋舰（照片中偏南的那些较大者），它们或者单泊、或者成双、或者三艘泊在一起；另有逾30艘驱逐舰，则是以四五艘停在一起的形式停泊着；

① 1英尺＝0.3048米

在照片底部的左边，还可看到海军船厂的一部分，那里的1010号船坞还停有另外2艘战列舰。

在福特岛西南端，是水上飞机基地，那里停有38架PBY型巡逻机；下面的第二幅就是它的放大图，但拍摄时间不同，它是“珍珠港事件”3天后（1941年12月10日）拍的。

好了，美军舰船停泊情况就是这样。下面轮到南云上场了。

看了电报后，南云先是愣了一下，随即转身指示参谋长草鹿龙之介海军少将去与幕僚们紧急研究对策。

不久，草鹿前来汇报，但未等他说完幕僚们的正反意见，南云就摆手止住，并当机立断地对草鹿说道：

“行动不变，按原定计划执行。以歼灭全部战列舰和瓦胡岛上战机为主，让珍珠港瘫痪！”

一场风暴即将来临。

福特岛上的水上飞机基地

这是1941年12月10日的航空照片（来源：NHHC Photograph）

这不是演习

01:00（夏威夷时间[1]）一轮皎洁的明月，照在珍珠港入口处以南8海里的海面上，5艘日本伊级潜艇的艇员们忙碌异常。这是日本先遣舰队的特别攻击队在按预订计划将袖珍潜艇放入大海。1小时后，它们已悄悄地潜到了珍珠港入口处附近的水域。

04:58 1艘在栏栅网附近待机的袖珍潜艇，发现栏栅网的门开了，正要放2艘美军扫雷舰回港。机不可失，它也乘机溜了进去。由于命令规定严禁在空袭发动前发射鱼雷，它只得偷偷地升起潜望镜，绕着福特岛巡视，记下美军战舰的位置。

05:30 三川军一中将根据南云忠一“黎明前对珍珠港锚地进行一次战前侦察”的指示，命令利根号和筑摩号重型巡洋舰上的水上侦察机弹射起飞，遂行侦察任务。

06:00 舰队已进到瓦胡岛以北230海里海域，行动时间到了。南云忠一命令航空母舰转为逆风航行，并最后望了一眼山本司令官“皇国兴废，在此一战”的训示，然后激动而威严地喊道:“起飞！”

这命令，冲破黎明前的夜空传到全体舰员的耳中，顿时一片欢腾，日本的武士们认为誓死效忠天皇的时刻终于到了，他们“光荣地”要去打出与强大的敌人——美国决斗的第一枪。

① 在本节中若不注明均指夏威夷时间，日期是1941年12月7日。

怒海风声紧，战机齐轰鸣。武士冲上阵，一举世界惊。

这是1941年12月7日凌晨，偷袭珍珠港的日本零式战斗机，在翔鹤号航空母舰上准备起飞（来源：Stein，“The USS Arizona”）

军旗下的疯狂

这是1941年12月7日早晨，日军翔鹤号航空母舰上的官兵，在欢呼声中挥手送别起飞中的战机，它们将飞向珍珠港（来源：National Archives）

渊田美津雄中佐一边奔向自己的空中总指挥座机，一边把地勤人员送上的写着“必胜”的武士巾扎到头上。在呼啸的北风中，他听到了这样的叮咛:“这是地勤战友们的心意，表示我们跟你们一起飞往珍珠港。”

06:05 日军第一波攻击队的183架飞机，分别从6艘航空母舰上陆续起飞，约15分钟左右，机群在空中编好队形：

领头的是，渊田总指挥的座机（机尾涂着红漆，极易识别）；

正后方是，由渊田直接指挥的49架水平轰炸机；

右后方是，由村田重治指挥的40架鱼雷攻击机；

左后方是，由高桥赫一指挥的51架俯冲轰炸机；

上空是，由板谷茂指挥的三队43架制空队的战斗机。

全队在渊田的带领下，绕舰队盘旋一圈，然后从赤城号上空、在南云长官的注视下、在挥舞着战旗的战友们的欢呼声中，在高达20节东北风的伴送下，向瓦胡岛飞去。

云层浓厚，从离海面1500米高度，一直延伸到3000米。为了隐蔽，渊田带领全队窜上云层，在旭日的映射下，向南扑去。渊田估计：借着顺风，大约90分钟可以飞临珍珠港空域。

07:00 天空已经破晓，渊田意识到飞机正急速地向瓦胡岛逼近。可是他很担心天公会不作美，为了缓解一下心情，他打开了收音机。这时他意外地听到了当地广播电台播音员悦耳的声音：

“今天天气晴朗，天空少云，山区多云，云底高3500英尺，能见度良好。北风，风速10节。”

渊田在心中高兴地赞道:“真是天佑皇国!”

07:40 渊田降低飞行高度，看到了一条由岸边浪花堆成的白色长条，这说明：第一波的机群已接近瓦胡岛最北端的卡胡库角。没有他担心的美军战机迎面飞来，也没有对着他准备开火的高射炮，甚至一点异常景象也没有。他心中暗喜：看来美国人没有发现。编队展开的时机到了，他带领全队向右转向，沿瓦胡岛西岸飞。同时，他举起信号枪，向前方打出了一枚信号弹。这是向机群发出："展开！准备奇袭"的命令。由于担心在云层上空担任掩护的战斗机群的领队板谷茂少佐没有看到信号，他又朝云层方向补射了一枚信号弹。

07:49 机群已到珍珠港上空，只见港内一片宁静，舰艇停泊有序，飞机排列成行，兵营安静，操场空荡……一句话，珍珠港还未醒来。渊田兴奋地向电信员水木德信兵曹喊道："解除无线电静默，快速发报，发出攻击命令！"

"托！托！托！"

[注："托"（日文为"卜"）是日语"突击"一词的字头。在这里，"托！托！托！"是规定的密码暗语，意为"全军突击"。]

于是，第一波的各攻击机队都收到了"全军突击"的命令，分别向各自的目标扑去。

07:53 渊田最后一次用望远镜窥视这个美军在太平洋上的最大堡垒，并认真地数了一遍港内的主力舰数目。是的，8艘战列舰成双成对、静悄悄地依偎着福特岛，其他辅助舰只也星星点点地在港中打盹，可惜没有他盼望的航空母舰！他断定：美国人至今仍然没有察觉他们的到来，他已可赌定偷袭会成功。于是，再一次命令电信员："向赤城号发报：奇袭成功！"

"托拉！托拉！托拉！"

[注："托拉！托拉！托拉！"是规定的密码暗语，意为"奇袭成功"。]

伴随着清脆明晰的电键声，电波将密码暗语传向四面八方。

在近处，在瓦胡岛以北200海里处的赤城号特混舰队旗舰上的南云忠一海军中将收到了这封电报，并指示，立即将这一"喜讯"转发给远在日本本土的领导机关。

事后，渊田才知道，就连在远方、在日本广岛湾的长门号联合舰队旗舰上的山本五十六海军上将和在东京军令部的永野修身大将也都同时直接收到了他的电信员发出的这个"奇袭成功"的喜讯。

从此，在1941年12月7日7点54分这个历史的转折点上，发出的"托拉！托拉！托拉！"（日语是"トラ！トラ！トラ！"，英语译为"Tora！Tora！Tora！"中文译为"虎！虎！虎！"）这条电码成了一句"历史名句"，出现在电影和众多书刊的描写中，嵌印在人们的脑海里……

虎！虎！虎！

这是1970年秋推出的好莱坞大片《Tora！Tora！Tora！》的海报，它逼真地再现了日军偷袭珍珠港的场景。在“珍珠港事变”近30年之后，它再次拨动着美国人的心弦，呼唤着世人的记忆……

（来源：NHHC Photograph）

燃烧的惠勒机场

中弹的机库和飞机在烈火中化为灰烬（来源：NHHC Photograph）

攻击开始了。但却产生了一个误会：俯冲轰炸机的领队高桥赫一海军少佐看到渊田总指挥打了两发信号弹，他不知道渊田的本意，第二发是补给战斗机队看的，而认为两发信号弹表明：要发动“强攻”。而“强攻”就意味着他的机队要一马当先，于是他立即向全队发出“强攻”命令，兵分三路，奔袭惠勒、希凯姆和福特岛机场。

最先受到攻击的是惠勒机场。因为渊田最担心的就是这个机场上的战斗机，这是他们夺取制空权的最大障碍，必须一开始就让它瘫痪。所以，在分配任务时，把一半（25架）俯冲轰炸机都压在这里，这个队专门交给瑞鹤号飞行分队长板本明海军大尉率领，7:55他向惠勒机场投了第一颗炸弹。

而高桥则率领其余的26架俯冲轰炸，则兵分两路，杀向希凯姆机场和福特岛机场。此时，高桥也迅速爬升至4000米高空，调转机头顺着海风向下冲去，冲向港中心的福特岛机场……

07:56　大多数在珍珠港的美军士兵们还正在吃早餐，教堂的晨钟已经响起，一些旗手和军乐队站在旗杆下，等着8:00升旗，这时他们却听到了飞机的轰鸣，不由得仰望着天空，发出惊叹：航空兵真棒，星期天还演练，而且俯冲得如此逼真。于是，向他们挥手致意……

就在这时，高桥向福特岛机场投下了炸弹，不一会就见到机场上的VP-22机库冒出了浓烟。接着陆军的希凯姆机场上空也硝烟四起；从卡内奥赫海军航空站和斯科菲尔德兵营的方向，也传来了战斗机密集的扫射声……

07:58 当高桥的炸弹在福特岛的机库爆炸之时，美国海军“第2巡逻机联队”的指挥官拉姆齐少校（Logan Ramsey）正站在福特岛指挥中心窗前。看到俯冲轰炸机超低空冲下，他还与身边的值班员议论：“是哪个愣小子如此莽撞，记下他的机号……”，他没有注意到投向VP-22机库的炸弹，但那迅速腾起的浓烟却唤醒了他，他对值班员吼了一声：

“别想了，是日本佬！”

然后转身冲进无线电室，命令报务员：“不用密码、直接用英语、全频通播警讯”：

“AIR RAID ON PEARL HARBOR. THIS IS NOT DRILL!”

（珍珠港遭空袭。这不是演习！）

这条电文也成为一句“历史名句”，出现在电影和众多书刊的描写中，嵌印在人们的脑海里……

接着，太平洋舰队设在珍珠港海军船厂的信号塔又向所有的船站转发了拉姆齐发出的警报。

话分两头，就在高桥下令“强攻”的同时，鱼雷机的领队村田重治少佐，却只看见一枚信号弹的闪光，而且看着这平静的港湾，他也明白，这是发动“奇袭”的征兆，理所当然是他的机队打头阵。可是，俯冲轰炸机队怎么抢先了呢？情况紧急，容不得他多作思考，他只是想：要抓紧进攻，千万不要让炸弹的硝烟遮住了鱼雷机进攻的视线。于是，下令全队立即发动进攻，兵分两路冲向福特岛两侧的主力战舰行列。冲在最前面的鱼雷机驾驶员、一等飞行兵曹森拾三，对着西弗吉尼亚号战列舰发射了第一枚鱼雷，这时大约是7:57。几乎与此同时，他的战友们也向这些静静地停在港湾的战舰发射了一枚又一枚鱼雷……

下面这张照片是日本人当时在现场从飞机上拍的实况。

该照片显示：森拾三驾驶的鱼雷攻击机正在往海军船厂方向飞走；在西弗

鱼雷来了

这就是森拾三兵曹投下的那枚鱼雷的现场实况。是日本人在偷袭当时，从西北上空的飞机上拍摄的（所以，请注意这张照片的实际地理方位，它是上为南、下为北）（来源：NHHC Photograph）

吉尼亚外侧，鱼雷激起了很高的水花。各战舰停泊情形清晰可见：

在照片的中间是福特岛，在岛的上方（地理上的东南方），是战列舰行列，从左起为内华达号、亚利桑那号（内侧）和维斯特号维修船（外侧）、田纳西号（内侧）和西弗吉尼亚号（外侧）、马里兰号（内侧）和俄克拉何马号（外侧）、内欧肖号油船、加利福尼亚号。

在岛的下方（地理上的西北方），从左起为底特律号巡洋舰、罗利号巡洋舰、犹他号多功能支援舰和塔吉尔号水上飞机母舰；在塔吉尔号左下方，则是另一艘水上飞机母舰柯蒂斯号。

再说渊田，他亲自率领着水平轰炸机队，当然不会把“奇袭”和“强攻”搞混。而且，不管怎么“攻”，水平轰炸机都是居中，他在3000米的高空观看着俯冲轰炸机冲到几百米处投弹，又看到鱼雷机贴着海面发射鱼雷，那蓝白色的雷迹令他心醉，他语带兴奋地下令水平轰炸机发动攻击。他让引导机前行，其他机紧随其后。但当他的第一中队到达目标上空时，却被飞来的一片断云挡住了视线，只得再回旋、重新进入。这一次，他下达了“投弹”命令。他看了看表，时间是8:03。接着，他赶紧趴在机舱地板上，打开观察洞，盯着他们中队刚投下的炸弹。他看见：5颗炸弹就像长着眼睛一样，一颗接一颗地往下落，变得越来越小，最后有两颗落在了马里兰号的甲板上……

也许读者朋友会感到奇怪：渊田怎能如此从容地欣赏着自己的“杰作”？美军不是还有那么多飞机吗，为什么不赶快升空、教训他们？

问得好！其实这是每个人都会想到的问题。遗憾的是海军的金梅尔司令和陆军的肖特司令在这之前却没有想到，他们陶醉在他们强大的实力中，认为不会有人胆敢来“太岁头上动土”。他们唯一担心的是怕歹徒来破坏。于是命令：机场上的飞机（除极少数要担任巡逻任务的飞机之外）都要紧挨着停放、排列成

这也就是我们在上节中描绘的情景。

BOSTON NAVY YARD 7-8-41

FIRST NAVAL DISTRICT　　RECEIVED DISPATCH　　N. A. S. Squantum

FROM: CONFIDENTIAL CALLS　　RELAYED TO:

TO:

INFO:

PRIORITY	RESTRICTED	RELEASED BY	DATE 7 DEC 41	TIME
ROUTINE	CONFIDENTIAL		REF. NR.	
DEFERRED	SECRET	SENT BY		

HEADING: NZW V NCO NR1 / NSS F NR977 Z ØF2 183Ø ØF3 ØF4 1FØ Ø BT

AIR RAID ON PEARL HARBOR X THIS IS NOT DRILL

TOR 2004/AD/NCO NR 1/3195 KC/7 DEC 41

ACTION OFFICER P. J. Hoey　　O. O. D.

历史文件

这就是当天第一海区收到的警报收报单：珍珠港遭空袭。这不是演习！（来源：National Archives）

行，以便守卫；高射炮和高射机枪的弹药也要妥善地锁在弹药库中，以免遗失或走火。真可谓“刀枪入库、马放南山”，不为打仗，只为“安全”。

所以，当渊田和他的“武士”们临空鸟瞰之时，看到的是如此“美妙的”风景，希凯姆机场上几十架轰炸机，肩并肩地排列着，接受他们的“检阅”；更美妙的是，他们的“死敌”战斗机，竟然也像轰炸机“兄弟”一样，整齐划一地停在惠勒机场之中，一百多架呀，多么壮观的“受阅阵式”！

接下来，可想而知，伴随着战斗机“嗒嗒嗒”的扫射声，响起了炸弹的轰鸣。所有陆军的、海军的机场，无一幸免。绝大部分飞机非毁即伤，而机场中的美军将士们，也在毫无思想准备的情况下，在惊慌中伤亡和躲藏。

当然也有少数勇士冲上了飞机，在仓皇中应敌。但是，事先没有准备，弹药不足、油箱空虚，而且，升空的数量上又处于绝对劣势，结果会如何呢？

（链接：根据事后统计，共有38架美军飞机在忙乱中冒险升空。即使在这样不利的条件下，由于他们的英勇顽强，也取得了击落敌机11架的战绩。）

08:25 正当各个机场遭受袭击、日军的第一波攻击已近尾声之际，瓦胡岛东面的天空，突然出现了一群“天兵”。地面的人看了，真是“有人欢喜有人忧”。一些未看清的人认为：敌人又来了生力军，得抓紧对付；另一些看清了的人则高兴万分：好了，总算把自己的援兵盼来了，好好教训一下日本鬼子吧！

原来他们是美军的B-17飞行堡垒轰炸机，一共12架，分两批从加州的汉密尔顿机场（Hamilton Field）飞来。

真是赶来应敌的“及时雨”吗？不是！那是干什么的？

他们的目的地是菲律宾的克拉克机场（Clack Field），到这里只是路过、加油；而且为了长途飞行，又预测沿途并无战事，因此卸掉了枪炮弹药，加装了油料，因为往后还大约要飞14个小时。本来，应

正如前面提到的，美国人当时认为，最先可能被攻击的是驻扎在菲律宾的麦克阿瑟的部队，所以要加强那里的防卫。

历史的一瞬

这是1941年12月7日早晨8:00左右，在日本飞机上从福特岛东南部向正南方向看去，近处从左到右为：内华达号战列舰、亚利桑那号战列舰和维斯特号维修船（外侧）、出纳西号战列舰和西弗吉尼亚战列舰（外侧）、马利兰号战列舰和俄克拉何马战列舰（外侧）、内欧肖号油船、加利福尼亚号战列舰。由海中波纹可以判断：西弗吉尼亚号、俄克拉何马号和加利福尼亚号被鱼雷击中，油污正在扩散。远处冒白烟的地方是陆军的希凯姆机场，中部冒灰烟的地方是被鱼雷击中的海伦娜号巡洋舰，它停在海军船厂的1010号码头（来源：NHHC Photograph）

该2个钟头前到达这里，可是由于导航有误，阴差阳错地拖到这个节骨眼上才到，用他们自己的话说“几乎只剩最后一加仑[1]油了”。好容易盼到了降落之地，谁知看到的竟是一片混乱。迎面飞来的是气势汹汹的日本战机，下面射来的是自己人的高射炮弹和机枪子弹。

① 1加仑≈3.7854升

惠勒机场上的战斗机残骸（来源：The Bombing of Pearl Harbor）

抓拍敌机

1941年12月7日8点25分，陆军航空队第38侦察中队，驾驶着他们的B-17轰炸机，从加州飞到了瓦胡岛的希凯姆机场上空，看到的却是日本战机。这是在那千钧一发之际，美军中士埃布里（Lee Embree）从巴塞梅斯中尉（Karl T. Barthelmess）驾驶的B-17E轰炸机上，拍到的日本第一波中的两架“99式”俯冲轰炸机正在返航（来源：National Archives）

幸存者

这是迫降到希凯姆机场的B-17之一。（来源：National Archives）

卡内奥赫航空站的官兵们在抢救燃烧的飞机（来源：The Bombing of Pearl Harbor）

对于这样一群解除了武装、而且已经没有汽油的飞机，他们目前只能做一件事：躲过日机追杀和地面炮火、紧急降落。

第一批是由卡米协尔少校（Richard H. Carmichael）带队，他的6架B-17情况是：2架降哈雷瓦机场；3架降希凯姆机场；1架在一个高尔夫球场着陆。

第二批是由兰登少校（Truman H. Landon）带队，他的6架B-17情况是：2架降哈雷瓦机场；1架降惠勒机场；1架降贝洛机场；2架降希凯姆机场。

幸好，他们赶上了日军第一二波之间的“青黄不接”之际，损失还不太大， 3架重伤，1架冲到希凯姆机场的跑道尽头、碎成两半；其他幸存；而乘员仅两人重伤。

继续看渊田的部队

第一波在瓦胡岛上空折腾了约45分钟，各轰炸机队和鱼雷机队都在攻击后，向北飞回母舰。接着，第二波“凶神”来了。

南云的偷袭舰队，真有点像“演习”一样，没有意外、没有干扰，似乎一切是在按照“演习”的方案在进行。第一波攻击队飞走之后，南云让舰队又向南推进了30海里，然后他下达了第二波攻击队“准备起飞”的命令。各航母又忙着将另一批的170架战机推上了飞行甲板。在一阵紧张而有序的准备之后，同样是在“起飞”的命令和道别的欢呼声中，向瓦胡岛飞去……

08:35 第二波攻击队又已在瓦胡岛上空展开，沿东侧南下，随即在8:40，第二波的指挥岛崎重和少佐命令发起攻击，从卡内奥赫海湾突入。

卡内奥赫航空站，是美国海军的“第1巡逻机联队”的基地。它在几十分钟前刚承受了第一波战斗机的攻击，如今又陷入俯冲轰炸机和水平轰炸机的轮番轰炸之中。不过，部分将士已在两波攻击的间隙中镇静下来，准备了高射机枪迎敌，但终因没有制空权而致使人员伤亡，飞机、油料、军械、机库均葬身火海。

第二波的“凶神”们，更多的是飞向珍珠港，去完成第一波未竟之“伟业”。而渊田也并未随第一波返航，而是继续在珍珠港上空指挥、观察，甚至

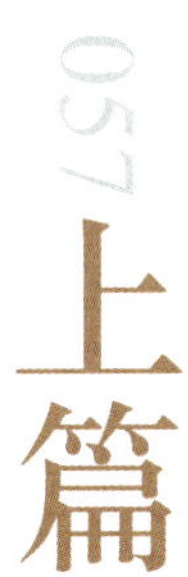

为他们的战绩拍照。

下面是一幅日军空袭珍珠港的各种飞机攻击路线示意图。

该图中，标出了日军两波空袭的、各型飞机的进攻目标、方向、路线和展开时间。左边为第一波，沿瓦胡岛西边南下；右边为第二波，沿瓦胡岛东边南下。目标就是珍珠港中的战舰和瓦胡岛上的各陆、海军机场。另外，图中除了用圆点示出各个机场和斯科菲尔德兵营这些被袭目标的位置外，还在岛的北上端标出了一个“陆军车载雷达站”。它不是个被袭目标，但却是个后面将要讲到的重点地址，提请读者留意一下。

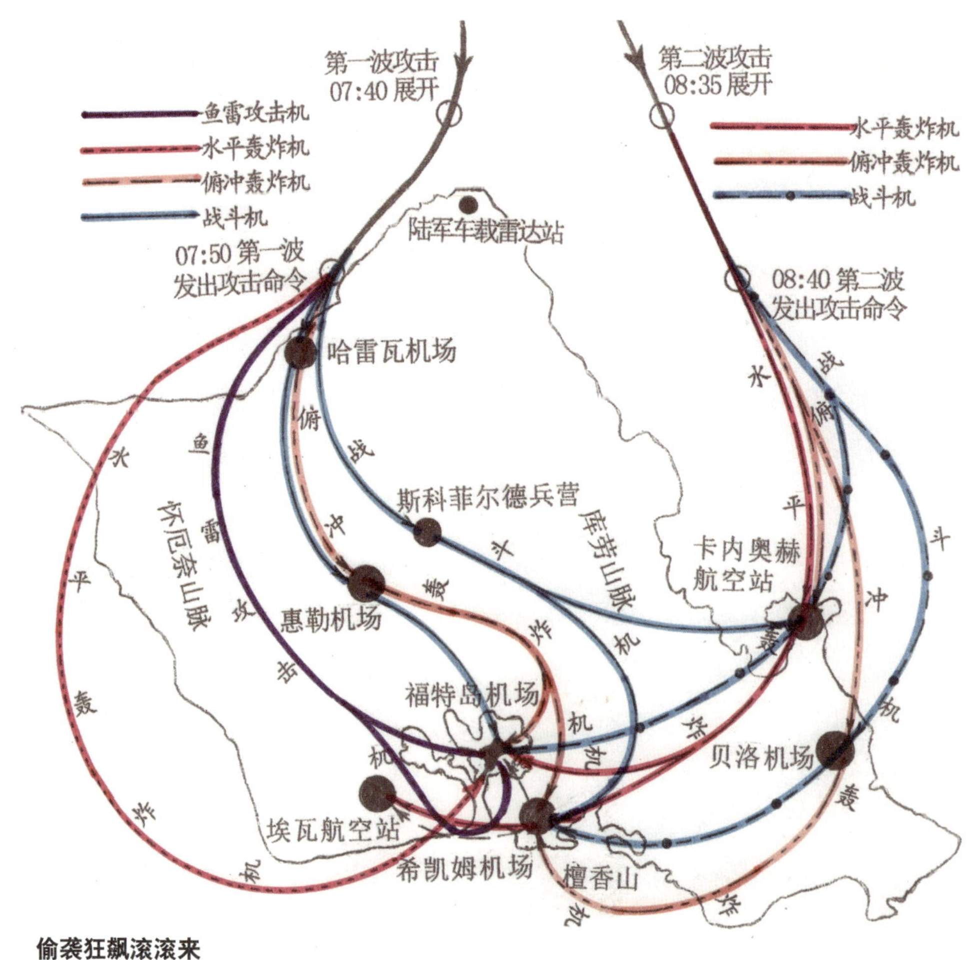

偷袭狂飙滚滚来

这是1941年12月7日早晨日军空袭珍珠港的攻击路线示意图（来源：作者参考有关史料改制）

抢救

这是袭击后正在抢救下沉中的西弗吉尼亚号上的人员。请看，小艇已从水中救起两人，在船桅上还有两人等待救援（来源：navytimes）

读者朋友，你想：飞机被炸、机场被毁，失去了制空权的珍珠港、没有了掩护的战舰群，在这一波又一波的攻击下，会是什么样的下场呢？当然是“任人宰割”，下场很惨！

让我们来看几个特写镜头：

上文提到，西弗吉尼亚号战列舰泊位正中、又在外侧，是个理想的“靶子”。正是它，挨了太平洋战争史上射向美军主力战舰的“第一枪”（就是森拾三射出的那枚鱼雷）。在承受了密集的攻击之后，它不幸沉没了，但却为美国海军留下了一段难忘的轶事。情况是这样的：

当早晨8:00左右第一枚鱼雷击中它的左舷时，不少军官还在餐厅吃早饭，舰长本尼昂上校（Captain Mervyn Bennion）立即赶到舰桥上，紧接着又袭来4枚鱼雷，重伤了战舰。猛烈爆炸飞来的破片击伤了舰长。跟随他身后、也是从

（Frederick White）拖出了火海。

美军募兵海报上的英雄米勒
（来源：The Bombing of Pearl Harbor）

餐厅里跑出来的侍者米勒（Doris Miller，他是一个非洲裔黑人）立即冲上去抢救舰长。生命垂危的舰长仍不忘将士们的安危，并嘱咐组织抵抗和打开海底阀，防止军舰倾覆。当米勒将舰长放到掩体下后，就冲上机关枪位，向日寇射出了珍珠港上第一梭复仇的子弹。战舰正在下沉、伤亡也在增加，他不仅英勇战斗，而且救护伤员。例如，他还把怀特上尉（Frederick White）拖出了火海。

战后他的英勇事迹广为流传，更改写了美国海军的历史。想当初，在美国海军中黑人除了在餐厅当侍者外，不能正规当兵或者干别的（这就是"种族歧视"的范例）。而他的行动"感化"了那些顽固的老爷们，从此黑人也能在美国海军中正常地当兵、做官了。你看左图，一幅1942年美国海军的募兵海报，那上面就是米勒的英姿，胸前佩戴着海军的十字勋章（他也是第一个获海军十字勋章的非洲裔美国人）。

在这次袭击中，美军的8艘战列舰无一幸免。

在福特岛东南侧停泊的战列舰行列中，西弗吉尼亚号最先受伤、最先下沉。紧挨在西弗吉尼亚号右侧的田纳西号，由于有西弗吉尼亚号挡住了从水中来的鱼雷，故只中了两颗从天上掉下的炸弹，受伤较轻。

下面两幅图显示的就是那个令人难忘的情景。照片是当时的实况；邮票则是1991年为纪念该事件50周年而出的纪念邮票。左侧是西弗吉尼亚号战列舰，正在下沉；右侧是田纳西号战列舰。

不灭的印记

既无预警之报，也无还手之功，一艘艘主力战舰就这样被炸毁了。这就是西弗吉尼亚号（左）和田纳西号战列舰被袭后的惨状（来源：National Archives）

1991年美国“二战”系列纪念邮票之一

该邮票就是以上面那张照片为原型设计的图案，以纪念珍珠港事件50周年（来源：作者集邮册）

惊叹

你看，在前方，马里兰号（左）的右边就是已经倾覆的俄克拉何马号（右），只有几个人爬上了翘起一点的船底；在后方，西弗吉尼亚号（中）正冒着大烟往下沉

（来源：National Archives）

与西弗吉尼亚号排在一行、同在外侧的俄克拉何马号，也被5枚鱼雷击中而迅速倾覆。最惨的是，虽然有些船员爬上了翻转在上的船底，但却有417名船员被活活溺毙在密闭的船舱之中。而紧挨在它右侧的马里兰号，也与田纳西号相似，比较幸运：由于有俄克拉何马号挡住了鱼雷，它只挨了渊田仔细“欣赏”的那两颗炸弹，但却未炸到要害，是所有战列舰中受伤最轻，也是袭击后最早修复、返回现役的。

但在该行列一头一尾的加利福尼亚号和内华达号，虽然都是单舰停泊，命运却大不相同。加利福尼亚号也是8:00第一批鱼雷的受害者，也难逃沉没的命运。而内华达号则十分顽强，在这8艘战列舰中也算独领风骚。当5架鱼雷机向它冲来之时，它的高射炮排在陶西格少尉（Joseph K. Taussig）的带领下，击落了其中4架，而它也被剩下的那一架鱼雷机发射的鱼雷击中舰首，但并未伤及主机。水兵们在托马斯少校（Francis Thomas）的指挥下，一边排水，一边竟然将这艘受伤的船开动起来，向出口水道方向驶去。这时，它引起了刚刚冲来的第二波“凶神”的注意，它们跟踪追来，水平轰炸机向它投弹，而它的高射炮排又与迎面而来的俯冲轰炸机展开了搏斗。眼见寡不敌众，托马斯最终指

挥这艘重伤的战舰冲向浅滩搁浅，既防止了阻塞航道、又避免了己身的倾覆或沉没。

然而，追赶它的敌机，却有了“意外的收获”：发现了不在战列舰行列中停泊，而是停在干船坞中检修的太平洋舰队的旗舰——宾夕法尼亚号。敌机的轰炸不仅炸坏了这艘旗舰，而且炸伤了停在附近浮动码头上的肖号驱逐舰。为了扑灭大火，舰长命令灌进海水，但着火的油，却顺着流水向四周蔓延，引起也停在干船坞的两艘驱逐舰（卡星号和道斯号）的鱼雷和炸药库爆炸。这样一来，4艘军舰均遭劫难。

下面就是当天偷袭狂飙过后的场景。照片前部是卡星号（左）和侧翻靠在它左舷的道斯号（右）；尾随在后的是也停在同一干船坞后面的旗舰宾夕法尼亚号；从照片右边的吊车向后看去，是被鱼雷击毁的海伦娜号巡洋舰；从中间看过去，远处是马里兰号和在它右边的倾覆了的俄克拉何马号；浓烟从下沉和

惨不忍睹

这是当天偷袭狂飙过后的场景。前面是卡星号（左）和侧翻靠在它左舷的道斯号（右）；尾随在后的是也停在同一干船坞后面的旗舰宾夕法尼亚号；从吊车后看去，是被鱼雷击毁的海伦娜号巡洋舰；从中间看过去，远处是马里兰号和在它右边的倾覆了的俄克拉何马号；浓烟是从下沉和燃烧着的亚利桑那号冒出；最左边远处尚可见一点加利福尼亚号

（来源：NHHC Photograph）

燃烧着的亚利桑那号冒出；最左边远处尚可见一点加利福尼亚号的尾部。

而说起弹药库爆炸，最厉害的恐怕要数亚利桑那号了。按说，它在战列舰行列中也是停在内侧的，虽然它的外面停的不是大舰，而是一艘维斯特号维修船，但好歹也能帮它挡住一些火力。所以，一开始它受伤不重。但是，当一颗穿甲弹击中了它的炮塔，而又钻进了它的弹药库时，恐怖发生了，正在高空看“风景”的渊田这样说：

“黑红的烟柱窜到1000多英尺的高空，强烈的冲击波震撼着我的座机。我叫我的驾驶员观看这个异象，他说：‘是的，中佐，一定是弹药库爆炸了，真是太可怕了！’”

一系列“火山爆发”式的爆炸，很快摧毁了这艘战舰，在浓烈的烟雾中，战舰迅速下沉，也夺走了1000多将士的宝贵生命。

[链接：战后，美军曾有人建议打捞亚利桑那号并将全体官兵重新安葬。但美国政府最终决定让战舰和官兵长眠海中，留在他们战斗过的地方。而在港内另建纪念馆以资纪念。1980年，在海上，亚利桑那号的残骸上方，建成了一座式样别致的纪念馆。两头凸起，代表美国及其人民没有被打垮，仍然昂首屹立于世界；中间凹下一点，以表示哀悼死难烈士之心。纪念馆的墙壁上刻着阵亡将士的名字。

当参观的人们，乘坐由穿着洁白制服的水兵驾驶的摆渡艇，到达纪念馆后，看到的是，渗着滴滴油污的亚利桑那号战列舰残骸和漂泊在近旁的鲜花花

凝固的记忆

这就是建在亚利桑那号残骸上的纪念馆（来源：Google.com）

瓣。那油滴，是“亚利桑那之泪”；那花瓣，是亲人们的哀思。听到的是，纪念馆工作人员用中、英、俄、法、日五种语言播放的话音：“战争的伤疤是治愈不了的，但人们不能放弃为和平而努力！”]

特写镜头告一段落，接着看剩下的时间里发生的场景。

08:51 当然，美军在港内的舰艇，也不是都在被动挨打。除了上面提到的内华达号之外，还有一艘驱逐舰名叫莫纳汉号（Monaghan，DD-354），它就在一、二波袭击的间隙中，逮到了那艘“溜”进来的袖珍潜艇。当时，该潜艇正在向柯蒂斯号补给舰发射鱼雷，见莫纳汉号来了，又慌忙地把第二枚鱼雷向它射来，而莫纳汉号则全速向潜艇冲去，并立即施放深水炸弹，消灭了潜艇。但遗憾的是，它自己在后退时却撞到了一艘正在燃烧的驳船……

亚利桑那之殇

这是亚利桑那号（正中）正在猛烈燃烧中下沉。照片的左边是西弗吉尼亚号（左）和田纳西号

（来源：NHHC Photograph）

残骸

这就是莫纳汉号击沉的那艘袖珍潜艇的残骸，于1960年 7月打捞上来

（来源：National Archives）

09:08 真是“无独有偶”，正在紧张之时，又有一群“天兵”在瓦胡岛西面天空出现。这回地面上的人可看清了，不是陆军的飞机，而是他们见惯了的海军飞机——美国海军的SBD无畏式轰炸机，一共18架。

这总该是天降援兵了吧？也不是！那又是怎么回事呢？

原来它们是来自企业号航母上的舰载机。由哈尔西中将率领的第8特遣舰队，当天正好从威克岛送完飞机返回。早晨6:00，舰队行至瓦胡岛以西215海里水域。他派出一批战斗机巡逻搜索。遗憾的是，他的人并没有发现南云舰队。他完全不知道，就在这同一时刻日本的南云中将也正在相应的距离调兵遣将。当然，凑巧的是，他的舰队也未被南云的人发现。于是，按照惯例，今天是星期天，他命令18架无畏式轰炸机分两批于6点15分和6点37分起飞，在海空演练后，分别返回珍珠港的福特岛机场和埃瓦航空站降落。

与陆军的B-17机队不同的是，陆军的机队只是借道珍珠港，在飞往瓦胡岛的路上，他们想的是更长的征途；而海军的无畏式机队，却是返港回家。机师们在经过1个多月的辛劳出勤之后，怀着远航归来的激情，凌空演练；又带着对亲人的思念，欣然返航。

与陆军的B-17机队相同的是，当他们兴致勃勃地回到母港上空之时，看到的也是一片混乱。迎面飞来的是气势汹汹的日本战机，下面射来的是自己人的高射炮弹和机枪子弹。而且，比陆军机师所见更加激烈。因为陆军机队碰上的是日军第一波攻击的结尾，而海军机队碰上的却是日军第二波攻击的开头。那个是强弩之末，这个是劲旅之锋，两者力道大不相同。而且这时的地面防空火力也增强了（比较起来，在遭受第二波袭击之时，美军虽仍十分被动，但总算在两波袭击的间隙中，有点时间加强了防空火力，也有少数战机能趁机起飞抗敌）。加之，他们是轰炸机队，既无实战准备（本以为是平安回家），又无战斗机护航，哪里是日本零式战斗机的对手。他们一面与敌顽强搏斗，一面还要对下面的防空部队喊话：

“别打，我们是自己人回来了！”

不难想象，他们的“命运”要比陆军的那12架飞机惨。十几分钟后，天空

已经没有海军飞机的影子了。事后统计，有4架被零式战斗机击毁，其中两位机师阵亡；其他则被地面火力误伤，分别躲进满目疮痍的福特岛、埃瓦和卡内奥赫机场；还有1架甚至迫降到考爱岛（Kauai Island）。

09:42 在西边等候他的舰载机回港佳音的哈尔西中将，收到的却是他的驾驶员"莫名其妙"的呼救声，接着就是反击日军的命令。可是，在空袭的极度混乱中，传来的都是一些似是而非的发现目标的情报，让他一会向南一会向东，空忙一阵。

09:55 两波狂风暴雨式的空袭结束了。

瓦胡岛上、珍珠港内一片狼藉、惨不忍睹……

13:00 带着满腔"意外胜利的喜悦"和众多"现场见证照片"，渊田最后一个回到赤城号航母上。他见到南云忠一司令长官后，不是报功，而是请战。他要求率队第三波出击，要去补炸第一、二波未能炸到的美军储油区和修船厂，以使珍珠港在相当一段时间内不能发挥舰队基地的作用。但遭到南云的拒绝。因为南云认为继续待在敌人陆基飞机的飞航范围内肯定对他们不利；而且，颇具威胁的敌方航空母舰仍行踪不明。

13:30 南云忠一下令：立即开拔，撤到马绍尔群岛。全舰队将士在一片胜利的狂欢中，向西南方急驰而去……

不过，这也许是"天意"，如果哈尔西真追上南云的那支庞大的舰队，恐怕也就"壮烈"了。因为以他的牛脾气（他的外号是"公牛"），在那个气头上，明知是"以卵击石"，说不定他也会以死相拼的。你听，当他第二天回港时见到珍珠港的惨状后，说的气话是"在我们消灭他们之时，只有在地狱里才有讲日本话的！"所以，上帝把他留了下来，几个月后好去把日本的航母送进地狱。

历史证明：南云错了。丰富的储备油和强大的修船能力使太平洋舰队较快地恢复了元气，加之航母未毁和作战指导思想的转变（从以战列舰为主力的海战转变为以航空母舰为主力的海战），美国太平洋舰队，不久终于报仇雪恨，击溃日本海军，夺回了太平洋上的制海、制空权。而且一路发展成了今天独霸大洋的局面。

随着南云舰队的撤离，偷袭珍珠港的战役结束了，而太平洋战争却全面爆发。如果说，在这之前大西洋、太平洋还基本上是两个“分隔”的战场的话，那么，偷袭珍珠港的战役却使这两个战场连为一体了。是丧心病狂的日本军国主义者捅了这个“马蜂窝”，让地跨大西洋和太平洋的美国毅然参战。从这个意义上来说，第二次世界大战正是从那时起才算全面展开了。紧接着是日本向英美宣战。

至此，关于珍珠港的那改变历史的几个小时惊心动魄的情景的描述基本结束，下面来看看美日双方损失情况。总的说来美方损失惨重，日方损失轻微。

Honolulu Star-Bulletin 2nd EXTRA

DEATHS OVER 400 ON OAHU, LATEST REPORT

TOKYO ANNOUNCES "STATE OF WAR" WITH U. S.

Japanese Raids On Guam, Panama Are Reported

Oahu Blackout Tonight; Fleet Here Moves Out to Sea

Four Waves, Start At 7:55, Oahu Hit In Many Places

Governor Proclaims National Emergency

Known Oahu Casualties

REPORTS GUAM, PANAMA ATTACKED

BULLETINS

Blackout For Oahu Ordered

Military Censorship On All Messages

Inter-Island Ships, Planes Are Held Up

Two Japanese Fliers Captured

Editorial

珍藏的记录，鲜血的控诉

这是一份夏威夷首府檀香山当地的报纸《檀香山之星》（Honolulu Star），于1941年12月7日“珍珠港事变”当天下午，出的第二份《号外》。大字标题是：“最新报告：瓦胡岛上死亡人数超过400”（来源：作者翻拍自“大黄蜂号航空母舰博物馆”）

一、美方舰船损失情况

1. 战列舰8艘：其中，3艘被击沉：亚利桑那号、加利福尼亚号和西弗吉尼亚号；1艘倾覆：俄克拉何马号；4艘受伤：内华达号、宾夕法尼亚号、马里兰号、田纳西号。

2. 巡洋舰3艘受伤：海伦娜号、檀香山号、罗利号。

3. 驱逐舰3艘：卡星号和道斯号毁坏、肖号受伤。

4. 其他舰船：犹他号多功能支援舰和奥格拉拉号布雷舰被击沉，柯蒂斯号水上飞机母舰和维斯特号维修船受伤。

二、美方飞机损失情况

1. 海军和海军陆战队飞机（包括福特岛、卡内奥赫、埃瓦三处）损失情况：

被击毁：巡逻机24架、战斗机9架、轰炸机31架、战列舰和巡洋舰舰载机10架、其他飞机6架；

受伤：巡逻机34架、战斗机15架、轰炸机15架、战列舰和巡洋舰舰载机71架、其他飞机32架。

2. 陆军飞机（包括希凯姆、惠勒、贝洛、哈雷瓦四处）损失情况：

日机残骸之一

这是偷袭当天，坠毁在离珍珠港不远的卡梅哈梅哈堡的日本零式战斗机残骸，机上标志表明它是赤城号航空母舰的舰载机

（来源：National Archives）

日机残骸之二

这是偷袭当天坠毁的日本99式俯冲轰炸机残骸，机上标志表明它是加贺号航空母舰的舰载机。这是坠毁日机中比较完整的一架，图中显示的是，遇袭几天之后，美军人员正在整理该机残骸（来源：National Archives）

被击毁：轰炸机23架、战斗机42架、侦察机4架、其他飞机27架；

受伤：轰炸机34架、战斗机83架、侦察机6架、其他飞机5架。

三、美方人员伤亡情况

海军和海军陆战队人员有3077人阵亡、960人失踪、876人受伤，其中亚利桑那号最严重，有1177名将士阵亡；

陆军人员有228人阵亡或失踪、459人受伤，其中希凯姆机场最严重，158人阵亡或失踪、336人受伤。

仅珍珠港区域死亡人数就达2343人。

另有68位非军职职员死亡，35人受伤。

四、日方损失情况

参加两波攻击的353架飞机中，只有29架飞机击毁，其中第一波9架（1架俯冲轰炸机、5架鱼雷机、3架战斗机），第二波20架（14架俯冲轰炸机、6架战斗机）；74架受伤；

舰艇中也只有袖珍潜艇5艘全毁（其中4艘沉没，1艘搁浅）；

日方人员：机组55人死亡、袖珍潜艇9人死亡、1人被俘（搁浅的袖珍潜艇艇员之一）。

东京时间12月8日早晨7:00，刚刚醒来的东京市民听到了他们熟悉的新闻主播宫野守男的声音，他说：

“帝国统帅部陆海军12月8日上午6:00联合宣布：帝国陆海军今天黎明时在太平洋开始同美军和英军交战。”

历史翻开了新的一页。夏威夷广播电台，已不再播放“摇滚吧宝贝，近期无战事……”，而是反复地播送着令人心酸的歌曲：

“让我们记住珍珠港……”

是的，美国人记住了珍珠港，记住了这个蒙受耻辱的日子！

美国国耻日

1941年12月8日下午，美国总统罗斯福在议会发表了6分半钟慷慨激昂的演说，其中两段最精彩的话，长久在美国人民耳边回响：

“昨天，1941年12月7日，一个蒙受耻辱的日子，美利坚合众国遭到了日本帝国海军和空军突然而蓄意的攻击……以对我们军队的信任、以我们人民的无限决心，我们必胜，愿上帝保佑我们。”

下图就是那个历史时刻的场景。相片是实景；而邮票则是1991年为纪念该事件50周年而发行的纪念邮票。

也就在这天，在中国人民对日寇全面抗战了4年多之后，在日寇毫无预警地偷袭美国之后，在日寇在太平洋全面发起对美、英、荷、法及其盟国或属地进攻之后，美国和英国才终于痛下决心：正式对日宣战。只不过，美国是在极度愤怒中仓促宣战，而英国却是在略带惊异中欣然宣战。因为对美国而言，真的还未准备好，国内的两派都还在为是不是要参战而争论不休，如今大家都闭嘴了。因为日本人已经帮他们下了结论，也帮他们下了决心。敌人已经找上门，不打也不行了。而对英国来说，这两年的对德作战已深感独木难支，如今，总算盼到了美国正式登场。当然，英国人也不是没有顾虑：美国人会不会在盛怒之下集中精力去打日本，而把德国丢给英国（和苏联）呢？会不会把原本要“租借”给欧洲战场的军火物资留给自用呢？不过很快德国人就出面解决了这些问题，德、意也向美国宣战了。于是，两个分隔的战场联为一体，世界大战全面打响。

珍珠港的失败，使美国人难以释怀。参议员康纳利（Thomas T. Connally）无比激动地质问：

“我们为日本的袭击感到震惊，但更惊异的是：我们的海军怎么啦？都睡着了？我们的巡逻队呢？……”

其实，海军并没有睡着，巡逻队也发现了不少蛛丝马迹，只是当官的太自信、太迟钝、太麻痹了。那就让我们看看他们的反应吧。因为，罗斯福总统，作为最高统帅，他所说的“耻辱”，除了对敌人的愤恨外，还包含对自己部下的谴责和反思。

现在，就让我们再来看看12月7日这天其他方面（包括巡逻队以及军政要员们）的一些情况。作为“蒙受耻辱的日子”的背书。

先看看珍珠港这边的情况：

03:40 两艘扫雷舰克罗斯比尔号（Crossbill AMc-9）和康多号（Condor AMc-14，或译为秃鹫号）正在珍珠港入口航道巡逻。突然，康多号的甲板执勤官麦克罗依（R. C. McCloy）发现前方有一异物，尾随观察几分钟后，他认为是潜艇的潜望镜。于是，用闪光信号报告在港口巡逻的沃德号驱逐舰（Ward DD-139）。

03:58 沃德号接到康多号发来的情报：

“发现1艘潜航潜艇的潜望镜，在航道西侧，航速9节”。

舰长奥特布里奇上尉（William W. Outerbridge）立即命令全舰战备，并进行搜索。但一小时后仍无所获。他认为也许观察有误、也许是个浮标，既然未获证实，也就未上报，解除战备睡觉去了。

04:58 珍珠港入口处栏栅网门打开，放两艘扫雷舰回港。遗憾的是，也许是由于沃德号方面并无进一步信息反馈，他们也未再往上报告。更使他们未想到的是，就在他们穿过栏栅网门入港之时，就有一艘袖珍潜艇尾随他们溜进港了。

06:30 安塔斯号运输舰（Antares AKS-3）正在往珍珠港拖一艘驳船，船长格兰尼斯中校（Lawrence C. Grannies）发现离右舷约1400米处有一可疑目

罗斯福在国会演说（来源：Naval History & Heritage）

1991年美国“二战”系列纪念邮票之一（来源：作者集邮册）

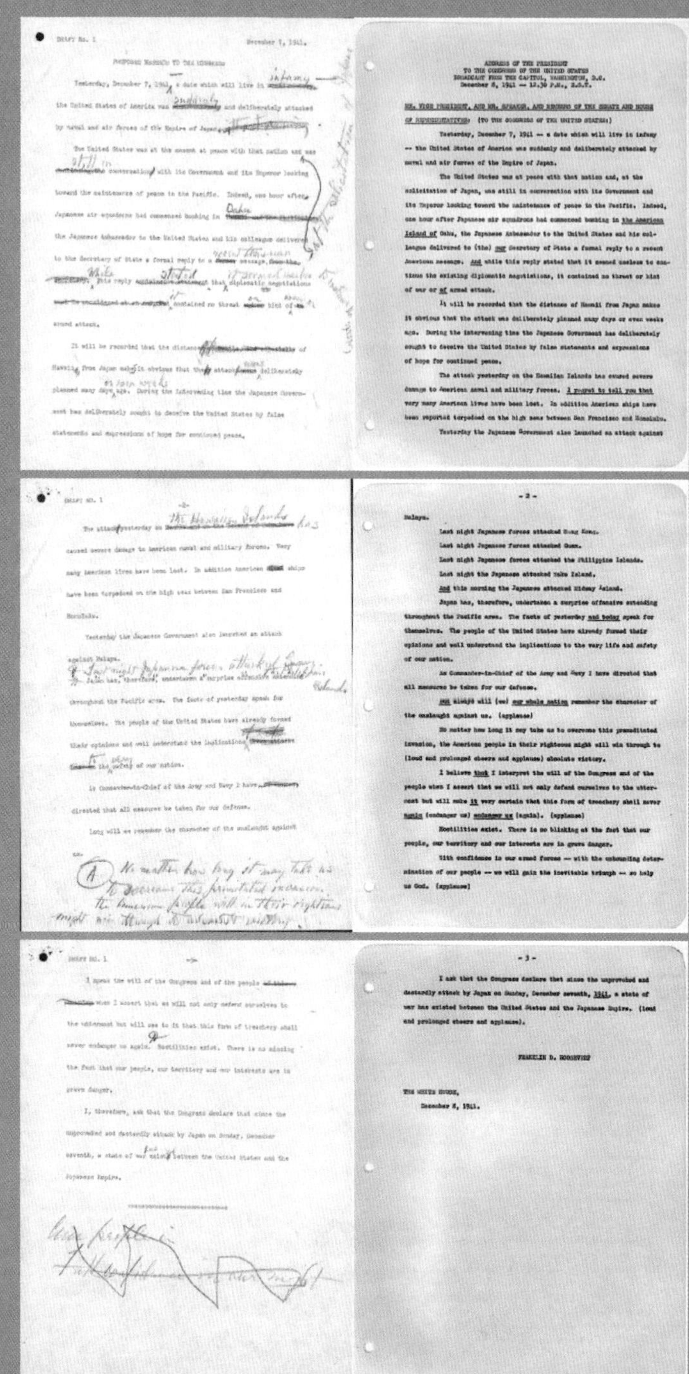

ADDRESS OF THE PRESIDENT
TO THE CONGRESS OF THE UNITED STATES
BROADCAST FROM THE CAPITOL, WASHINGTON, D.C.
December 8, 1941 — 12.30 P.M., E.S.T.

MR. VICE PRESIDENT, AND MR. SPEAKER, AND MEMBERS OF THE SENATE AND HOUSE OF REPRESENTATIVES: (TO THE CONGRESS OF THE UNITED STATES:)

Yesterday, December 7, 1941 — a date which will live in infamy — the United States of America was suddenly and deliberately attacked by naval and air forces of the Empire of Japan.

The United States was at peace with that nation and, at the solicitation of Japan, was still in conversation with its Government and its Emperor looking toward the maintenance of peace in the Pacific. Indeed, one hour after Japanese air squadrons had commenced bombing in the American Island of Oahu, the Japanese Ambassador to the United States and his colleague delivered to (the) our Secretary of State a formal reply to a recent American message. And while this reply stated that it seemed useless to continue the existing diplomatic negotiations, it contained no threat or hint of war or of armed attack.

It will be recorded that the distance of Hawaii from Japan makes it obvious that the attack was deliberately planned many days or even weeks ago. During the intervening time the Japanese Government has deliberately sought to deceive the United States by false statements and expressions of hope for continued peace.

The attack yesterday on the Hawaiian Islands has caused severe damage to American naval and military forces. I regret to tell you that very many American lives have been lost. In addition American ships have been reported torpedoed on the high seas between San Francisco and Honolulu.

Yesterday the Japanese Government also launched an attack against

- 2 -

Malaya.

Last night Japanese forces attacked Hong Kong.

Last night Japanese forces attacked Guam.

Last night Japanese forces attacked the Philippine Islands.

Last night the Japanese attacked Wake Island.

And this morning the Japanese attacked Midway Island.

Japan has, therefore, undertaken a surprise offensive extending throughout the Pacific area. The facts of yesterday and today speak for themselves. The people of the United States have already formed their opinions and well understand the implications to the very life and safety of our nation.

As Commander-in-Chief of the Army and Navy I have directed that all measures be taken for our defense.

And always will (we) our whole nation remember the character of the onslaught against us. (applause)

No matter how long it may take us to overcome this premeditated invasion, the American people in their righteous might will win through to (loud and prolonged cheers and applause) absolute victory.

I believe that I interpret the will of the Congress and of the people when I assert that we will not only defend ourselves to the uttermost but will make it very certain that this form of treachery shall never again (endanger us) endanger us (again). (applause)

Hostilities exist. There is no blinking at the fact that our people, our territory and our interests are in grave danger.

With confidence in our armed forces — with the unbounding determination of our people — we will gain the inevitable triumph — so help us God. (applause)

- 3 -

I ask that the Congress declare that since the unprovoked and dastardly attack by Japan on Sunday, December seventh, 1941, a state of war has existed between the United States and the Japanese Empire. (loud and prolonged cheers and applause).

FRANKLIN D. ROOSEVELT

THE WHITE HOUSE,
December 8, 1941.

历史文献

这是罗斯福在国会的讲演稿（左为草稿，右为正稿）

（来源：National Archives）

特写镜头

罗斯福在台上怒斥日寇（来源：National Archives）

标，他觉得像潜艇、但又不像见惯的美国潜艇，由于他的舰是一艘非武装作业舰只，因此他决定立即将这一可疑情况通报仍在巡逻的沃德号。

与此同时，海军第14巡逻机中队（VP-14），有3架PBY-5型巡逻轰炸机（机号为14-P-1、14-P-2、14-P-3），也在同一海域上空巡逻。其中一架巡逻机（机号为14-P-1）的机长塔勒海军少尉（William P. Tanner）也发现该潜艇的瞭望塔，因不明是敌、是友，当即投下两枚照明浮标，以标示位置。

事后，这次沃德号击沉潜艇，被认为是美军对日作战的第一个胜利标志。2002年8月，在离珍珠港入口约5英里的400米水深处，找到了当年被它击沉的袖珍潜艇。你看，下页这张照片，就是沃德号的炮手们，站在右弦的3号炮位上，骄傲地合影。

06:40 沃德号追至离该目标约45米处，这一回奥特布里奇可看清了，确认是艘袖珍潜艇，该艇可能是企图尾随“安塔斯号”溜进港区的。于是，奥特布里奇下令：两门5英寸口径舰炮齐射，1号舰炮未射中，3号舰炮击中该潜艇的艇身与瞭望塔的接合部，潜艇逃向舰尾并下潜。6:46，他再下令施放2枚深水炸弹。这时，在高空盘旋的塔勒，见沃德号已经开火，当即也下令投弹手投下1枚深水炸弹。6:51，潜艇沉没。奥特布里奇随即命令无线电兵上报战果。

06:53 设在瓦胡岛比肖普角（Bishop's Point）的海军无线电通信站接到沃德号发来的报告：

“我们开炮并施放深水炸弹，在防卫海域攻击了1艘潜艇。”

无线通信官卡明斯基少校（Harold Kaminsky）立即电告上级。遗憾的是，接电话的上级军官却认为有关潜艇的报告可能有误。他想：毫无征兆，怎么会有潜艇呢？不大可能。因而未予重视。不过另一位值班军官却认为：即使有误，为防万一，还是向上面禀报一下为好。

07:00 在沃德号向上汇报的同时，塔勒也打算从巡逻机上用密码向基地指挥部报告。但是，也不知是机器问题还是编码有误，总之，一直到7:35电报才被基地指挥部的译电员译出，交到值班员手里。他一看，原来是这样一条消息：

功臣们

这就是向日寇打了第一枪的沃德号驱逐舰的3号舰炮和它的炮手们，这是在空袭几天后的留影。（来源：NHHC Photograph）

“在珍珠港外1英里处，击沉敌方潜艇1艘。”

值班员又将此消息报告给正在办公室的海军第2巡逻机联队的指挥官拉姆齐少校，他虽然也有点不太相信，但他仍然立刻转报太平洋舰队司令部值班军官墨菲上校（Vincent R. Murphy，时任战争计划官助理），上校也未敢耽误，立即上报了司令。

拉姆齐向墨菲报告后，自己立即赶往福特岛指挥中心。内心还在嘀咕：也许是在演习，但不久即被日军炸弹的硝烟否定了。所以，他也怕别人再生误会而贻误战机，故在我们前面提到的、他的那份著名警报中特别强调：“这不是演习”。

07:05 陆军谢夫特要塞的情报中心，突然接到一个电话：

"在东北方（正北偏东5度）约132英里发现大群飞机飞来。"

值班的电话员是二等兵麦克唐纳（Joseph McDonald），他认为事态严重，不仅记下这一重要情报，而且立即找来唯一的在场军官泰勒中尉（Kermit Tyler）接电话。而这位军官拿起电话，听了对方焦急的复述后，却潇洒地回答说：

"别紧张。"

看到这里，读者可能会纳闷：是谁报告了这个消息？他怎么知道有飞机来袭？泰勒又是何方神圣？他为何能如此轻视这样关键的警告？这话说起来有点长，不过在珍珠港遭袭上，它却十分重要。在事后，经过一番清查才终于明了。

有道是"无巧不成书"。恰巧12月7日这天早晨，当瓦胡岛所有的雷达站都在7:00关机之后，却有一个设在北端卡胡库角（Kahuku Point）附近的陆军移动雷达站没有关机。这地方叫奥帕纳（Opana），本来并无雷达站设在这里。但因为这里是位于瓦胡岛最北端、面向海洋的、海拔高度为230英尺的台地，视野辽阔，被陆军看中，于11月25日从斯科菲尔德兵营，运了一台SCR-270B型车载远程警戒雷达架在这里，作为一个训练站。

这天，是两个见习雷达兵在奥帕纳雷达站值机。一个叫艾略特（George Elliott），是个新手，另一个叫洛卡特（Joseph Lockard），稍微"老练"一点。本来，7:00他们也该关机，可是来接他们回去吃早饭的通勤车还未到，艾略特也想抓紧时间再练练，于是继续在5英寸（12.5厘米）的雷达屏幕前观察。7:02，他发现屏幕上有明显的脉冲信号。一开始他有点拿不定主意，认为可能是雷达故障，但又觉得像是机群，位于东北方136英里处。他叫洛卡特来看，洛卡特看后断定：这是一大群飞机，而且是他在屏幕上从来也未见过的、这么大的一群！这时已经是132英里了。于是，他让艾略特立即用电话报告情报中心（在雷达站与谢夫特要塞的情报中心间架设有临时的军用直通电话）。

泰勒，本来是陆军航空兵的战斗机驾驶员，已有4年军龄，被选派到情报中心这个神经中枢来，是要培养他成为一名具有特殊技能的"狩猎军官"。这种军官的职责是，在图形显示器前识别敌机，一旦定位，即发布警报，并协助

中心指挥控制陆军飞机去截击敌机。这天是他第二次来此工作，第一次是上星期三。他在图形显示器上练习判读，8:00即将换班。当时中心就只有他这么一个军官。当麦克唐纳叫他接电话时，按说他也是个新手，本不该那么自信的。但也是“无巧不成书”，他来自驾驶员群体，知道不少“内部消息”，但对于自己新工作的职责却有些茫然。

当电话员把电话转给泰勒时，艾略特也将电话递给了洛卡特。洛卡特向泰勒详述了他们的重要发现后，本以为会受到赞扬，中心会据此发出空袭警报。可是，泰勒却下了个“别紧张”的结论。这令他颇生疑虑。而泰勒是这样向他解释的：

即使是机群也不必紧张，是自己的飞机。因为他可以肯定有两个可能性。

其一，可能是从加州飞来希凯姆机场的B-17轰炸机群。他说他的轰炸机驾驶员好友曾对他说过，每当B-17要飞来夏威夷时，当地电台就会通宵广播夏威夷音乐，作为B-17驾驶员的归航信号。而正好今天凌晨4点前他驾车来中心上班，打开车上收音机时，听到的正是这种音乐，所以他断定是B-17要来了。

其二，可能是在瓦胡岛北面的海军航空母舰上飞来的机群。据他所知，航母在星期六或星期天回港时，通常都会让舰载机飞往珍珠港演练一番，而今天正好是星期天。

所以，他敢断定：这是自己飞机，难道还需要紧张吗？！

07:40 太平洋舰队司令金梅尔海军上将接到了有关舰、机攻击了潜艇的报告。遗憾

他哪里想到，就在他振振有词地“论证”结束之时，渊田的机群却已飞到离瓦胡岛只有60英里了。这时，已经是7:25，艾、洛两人关了雷达，放心地吃早饭去了。当然，不论是他俩还是泰勒都未向上汇报。其实，日本人根本就没有考虑到瓦胡岛的雷达问题，更没有想到它们会在早晨7:00关机。这到底是日本人的运气呢，还是美国人的霉气？泰勒太自以为是了，致使陆、海军都遭受了重大的损失，也把自己送上了军事法庭。反之，如果他忠于自己“狩猎军官”的职责，拉响了警报，如果陆海军有半小时预警，损失也许会小得多，甚至历史也许会重写，当然现在已经没有“也许”了……

太平洋舰队司令金梅尔上将的决断错了。他哪里想到，这时日本人的第一波攻击队已经展开，他的部下即将掉进无底深渊，而自己不久也丢了乌纱帽。而沃德号驱逐舰舰长奥特布里奇上尉的决断却对了。战后，他因此荣获海军十字勋章，最后官拜至海军少将。

的是，他也认为要再确认一下才采取行动，因而他决定：不必立即发布警报。

08:00 墨菲上校又从值班室给金梅尔司令打来一个电话，他是在向司令报告："'沃德号'又发现了一个舢舨，已将它拖进港内……"，正在这时，一个战士冲进门来，打断了他的通话，并慌忙地向他报告：

"信号塔传来警报：'珍珠港遭空袭，这不是演习'"。

墨菲当即转报金梅尔。然后，命令通信官急电正在海上的所属部队、海军作战部长和亚洲舰队司令。

这时的金梅尔司令，正坐在他的官邸大厅的电话旁接墨菲上校的电话，本来他与肖特司令约好要去打高尔夫球的。可是，这一突然而至的噩耗，令他惊慌异常。他从椅子上弹了起来，迅速穿上白色将军服，一边扣纽扣一边冲出大门。"他的脸色像他的制服那么白，而且带着一副不愿相信的表情。"（这是当时在附近看到他出门的厄尔上校夫人事后的回忆）

已经守候在外的司机，为上将打开车门。10分钟后，他已经在潜艇基地、他的水下指挥基地二层办公室中。在那里，他一面聆听来自各处的报告，一面以太平洋舰队司令名义正式发出4道电讯：

向所有舰、船、站、队发出警报：日军空袭珍珠港；（8:16）

命令巡逻机联队：确定敌人方位；（8:17）

警告各部：日军潜艇已潜入港中；（8:32）

命令太平洋舰队各部队：立即执行"WPL45作战方案"，反击日军。（9:02）

08:03 夏威夷陆军参谋长菲利普斯上校（Walter C. Phillips）跑进肖特司令位于谢夫特要塞的官邸，向他报告日机空袭惠勒、希凯姆机场。

就在几分钟前，当肖特还在想着与金梅尔打球之事时，听到了珍珠港方向的爆炸声，这时他想：海军星期天的训练，动静居然还搞得这么大。可是，后来又从不同方向传来了爆炸声。他正在疑虑，菲利普斯跑进来了。可以想象，他那时的心情大概与金梅尔类似。不过，他立即命令参谋长发布“第3号”警报，并打电话命令陆军的4个作战部队抗击日军。（8:10）

可以看出，两位司令都打的是“马后炮”了。当时战况，前文已有描述。

下面来看看首都华盛顿方面的情况：（注意：在下面的叙述中用“华盛顿时间”，它与夏威夷时间差5个半小时。例如，夏威夷时间8:00，华盛顿时间是13:30。我们用24小时计时制，以免上、下午搞混。）

12月7日，这本是一个晴朗、明媚的星期天，冬日的阳光穿过一扇扇巨大的玻璃窗，照射在海军部威严的办公室中……

13:30 海军上将斯塔克（Harold R. Stark，时任海军作战部长）正在海军部长诺克斯（Frank Knox）的办公室与之交谈。这时，值班员送来了刚收到的无线电“通播”警讯，也就是连值班员自己也感到莫名其妙的、那份拉姆齐发出的警讯：

“珍珠港遭空袭。这不是演习！”

诺克斯惊叫了一声：“天啊！”然后说：“这一定是搞错了，是指菲律宾。”

他不相信，也不愿意相信。

但斯塔克又仔细察看了原文后说：

“不，部长，是珍珠港。”

诺克斯慌忙拿起电话，向总统报告。

话分两头，同一时间，一个士兵，上气不接下气地跑进马歇尔上将（George C. Marshall，时任陆军参谋长）的秘书迪恩上校（John R. Deane）的办公室，手持一份铅笔文稿，说是刚收到的珍珠港发来的无线电“通播”警讯：

“珍珠港遭空袭。这不是演习！”

迪恩立刻致电马歇尔。马歇尔当时正在迈耶要塞（Fort Myer）其官邸用午

餐，他指示迪恩：如果可能的话，尽快直接与夏威夷联系并证实该消息。但还未等迪恩去做，一系列正式情报已陆续到达。10分钟后马歇尔已赶回他的参谋长办公室。

13:40 罗斯福总统正与霍普金斯（Harry Hopkins，总统挚友和智囊，时任商务部长）在白宫共进午餐。霍事后这样追记：

大约1点40分，我正与总统在他的椭圆形办公室共进午餐，却接到诺克斯部长的电话，他说接获珍珠港驻军通电称“日本空袭珍珠港。这不是演习！”在等待进一步核实和详情之时，总统对持不太相信该消息态度的我说：“这很可能是真的。”

14:00 战争部长史汀生（Henry L. Stinson）在日记中这样写道：大约2点，我正在家吃午饭。总统打来电话，他用异常激动的语气问我：“你听到消息了吗？”我说：“是的，我接到电报说日军正进逼泰国湾。”他说：“呵，不，我不是那个意思！他们正进攻夏威夷，他们在轰炸夏威夷！”

14:05 两位日本“三郎”（野村和来栖）衣冠楚楚地来到国务院的接待室，等候会见国务卿赫尔。

讽刺的是，这时离来栖特使到美寻求“和平”只不过22天。而如今，当他们坐在那里等候赫尔接见时，他们已经得到日军空袭珍珠港的消息，他们是存心来此“装神弄鬼”的。

而这时，赫尔正在办公室里，接罗斯福总统的电话。他告诉总统日本人正在外面等着，总统指示他不要把袭击之事对他们挑明，只要“礼貌地收下他们的文件，冷淡地把他们送走”就行了。

14:20 与总统通完话后，赫尔稳定了一下情绪，才在他的助手鲍兰汀（Joseph W. Ballantine）陪同下，接见两位“三郎”。他严肃而冷漠地站着，也没让对方坐下。他尽力压住怒气扫了一遍日本人点头哈腰递上的文件后，终于忍不住说了下面一段话：

“我必须说，在以往9个月同你们的谈判中，我从无一句谎言，这绝对有案可查。在我50年的从政生涯中，从未见过这样一篇牵强附会、充满虚伪和狡辩的文件。我至今难以想象，在这

个星球上，竟然会有能如此厚颜无耻地说出这么多谎言的国家！”

说罢，他轻蔑地摆头示意：你们走吧。当两个“三郎”窘迫地退出之后，助手听见赫尔低声骂道：“无赖，该死！”

15:00 罗斯福召集国务卿赫尔、战争部长史汀生、海军部长诺克斯、陆军参谋长马歇尔、海军作战部长斯塔克和霍普金斯在白宫举行参战前第一次国防会议。分析局势、研究对策、讨论第二天向国会宣读的宣战书，并迅速下达了一系列总统命令：

保卫军事设施和工厂；所有私人飞机停飞；所有业余无线电爱好者停止发报；设立新闻检查制度；命令联邦调查局搜捕在美日本人……

16:00（夏威夷时间7日10:30，伦敦时间7日21:00，东京时间8日6:00）日本宣布日美进入战争状态。丘吉尔从英国打电话到白宫，问道：“总统先生，日本是怎么回事？”罗斯福说：“他们袭击了珍珠港，我们现在风雨同舟了。”他们还约定：明天一同对日宣战。

当晚，罗斯福紧张而忙碌，不断开会、彻夜难眠，想着如何向国会和全体美国人述说这个“蒙受耻辱的日子”。而已经经历了两年战火熬煎的丘吉尔却心情舒畅，用他自己的话来说，“我心满意足地上床，安然入眠。”因为他终于盼来了美国参战的这一天。这时的丘吉尔，也想到了已经与日寇血战了4年的中国，第二天他给蒋介石发了一份电报：

“英帝国和美国也遭到日本的进攻，我们一向是朋友，现在我们面临共同的敌人。”

[链接：珍珠港事变后，美国海军作了重大调整。领导大换：12月17日金梅尔被撤职（肖特同时被撤），海军作战部长斯塔克也被撤职。由尼米兹上将（Chester W. Nimitz）接任太平洋舰队司令；金上将任新成立的美国舰队总司令兼海军作战部长。战术也大变：从今以后航空兵在海军中的地位提升，而航母战斗群也就成了美国海战的主力，美国逐渐建立起了一支以航母战斗群为主力的、海空一体的两栖海军。再加上海军陆战队，就这样海陆空全力以赴地去与日寇在太平洋上拼战。]

1941年12月8日，罗斯福签署对日宣战书
（来源：National Archives）

1941年12月11日，罗斯福签署对德宣战书
（来源：National Archives）

局势已经明朗，太平洋战争（或者更广泛地说第二次世界大战）终于在一次偷袭之后，突然而全面地打起来了。

但是，丘吉尔高兴得太早了。就在日本空袭珍珠港的同一天（东京时间12月8日，夏威夷时间12月7日），日本也同时兵分多路对马来亚、新加坡、香港、关岛等地发起进攻，也就在美国太平洋舰队惨遭浩劫两天之后，英国的东方舰队也陨落了。

12月10日，英国海军中将菲利普斯（Tom S. V. Phillips，牺牲后被追认为上将）率领的英国“东方舰队”——由旗舰威尔士亲王号战列舰（就是那艘载丘吉尔去与罗斯福开大西洋会议的名舰）、反击号战列巡洋舰和4艘驱逐舰：伊列克特拉号、特快号、吸血鬼号、但尼多斯号组成，在马来半岛的关丹附近海域，被日本轰炸机和鱼雷机猎杀。日军仍然是用集中全力消灭主力舰的办法，在不到4个小时的激战中，将威尔士亲王号和反击号击沉。以菲利普斯为首的47

名军官和793名水兵阵亡。这个英国的“东方之星”就这样陨落了。丘吉尔在他的回忆录中这样凄凉地写道：

“至此在印度洋或太平洋中，除了正在急速返回加利福尼亚的美国在珍珠港残存的主力舰外，没有英国或美国的主力舰了。在这广漠的一大片海洋上，日本独霸。而我们则到处都是脆弱和没有防御的。”

果然，接踵而来的就是一连串的噩耗：

1941年12月10日，日军占领关岛，这是美军在太平洋上失去的第一块领土；

1941年12月23日，日军占领威克岛，哈尔西辛辛苦苦送去的战斗机也没能挽救该岛的陷落；

1941年12月25日，英军投降，日军占领香港；

1941年12月26日，美军放弃菲律宾首都马尼拉，美国远征军司令麦克阿瑟上将率领美、菲军撤往巴丹半岛（1942年3月11日麦克阿瑟调往澳大利亚，标志着美军放弃了菲律宾，至5月6日巴丹也失守，5月18日菲律宾全境陷落）；

1942年1月31日，日军占领马来亚全境，英军退守新加坡要塞；

1942年2月15日，日军占领新加坡，英军投降；

1942年3月7日，日军占领荷属东印度，英国韦维尔上将率领刚联合组建的英美荷澳联军投降；

1942年3月8日，日军占领缅甸首都仰光；5月下旬占领缅甸全境；在这个战役中，参战的除了英、印军队之外，还有中国远征军和云南的滇军；

……

好了，不再罗列了。总之，在珍珠港被袭后的半年中，英美在东方战场上乏善可陈、败笔连连。还是回过头来看看美国这边的情况吧。

自从日寇偷袭了珍珠港，对美国不宣而战，美国人全都憋着一肚子气。“报复日本”、“轰炸日本本土”、“让日本强盗也尝尝美国炸弹”，复仇的呼声一浪高过一浪。

罗斯福也亲自指示幕僚要研究轰炸东京、教训日本的问题。

据说有这样一个插曲：

当罗斯福召集会议讨论到轰炸日本问题时，与会的"臣子们"都面带难色地低哼着"办不到"。这时罗斯福从轮椅上奋力地站了起来，他拨开急忙前来搀扶的助手，激动地说："当初，我得病时，我说我想以后能站起来，医生就说'办不到'。你们看，我现在就站在你们面前。所以，不要对我说'办不到'！"

为什么"臣子们"说办不到呢？就陆军航空队而言，他们既认为责无旁贷，又备感压力，因为，不仅手头没有一架可以从美国基地飞到日本的飞机，甚至连从亚洲的盟国（例如，中国的大后方、印度的基地或者太平洋上的岛屿等）能够直接飞临日本的飞机也没有一架，其他靠近日本的地方又都已被日本人占了，怎么报仇雪恨呢？这使美国陆军心里憋着一股恶气。

那么，海军呢？君不见，如今美国的航空母舰不是到处耀武扬威么。何况珍珠港事件中，美军所有航母都不在场，那为什么不派航空母舰到西太平洋上，甚至开到日本海，让飞机从航母上起飞，去炸它个不亦乐乎？人家日本人在珍珠港不就是这么干的吗？！

但是，这话说起来容易，做起来难。为什么？因为从丘吉尔的"论断"和以上的"战绩"都可看出，1942年年初的太平洋，根本就成了"日本人的天下"。在距日本本土800公里处，日军就有警戒舰船巡逻。因此，要想取得空袭的突然性，飞机就得在880公里以外起飞，往返就是1760公里。遗憾的是，当时美国海军却没有一种舰载机具有如此能力。何况飞机起飞后，航母编队也不能原地不动，等着飞机归来。要知道既然日军还掌握着这边的海、空优势，航母若待在原处，那就等着挨打吧。所以，美国海军的心里也憋着一股恶气。

陆、海军都憋着这股恶气，总得要出出吧？

是的，这股恶气一定得出，要不然对不起国人、军方也脸上无光。可是，怎么出呢？让军方上下都伤透脑筋。

突然，一个人冒出来了。他叫杜立特（James H. Doolittle），一个不久前刚从预备役转为现役的美军中校。1942年4月18日12点30分，杜立特带领一队

海报：为12月7日报仇！（来源："The Fall of Japan"）

1941年的战争形势

这是美国发行的“二战”系列纪念邮票1991年小全张。上、下各五张邮票，分别显示当年有代表性的事件。中间是当年的战争形势。左边部分是太平洋方面，图中重点说明了四点（四个箭头所指）：（左上）为中国提供增援的滇缅公路；（左下）日寇入侵菲律宾、婆罗洲、泰国、缅甸、马来亚、上海；（中）关岛、威克岛落入日寇手中；（右）日寇偷袭珍珠港

（来源：作者集邮册）

勇士，驾驶16架B-25轰炸机，在日本东京、大阪、横滨、神户、名古屋上空投下了复仇的炸弹！史称“杜立特空袭”。

美国欢腾、全球震惊！

于是，全世界都忙着打听：

他是从哪里起飞的？

4月21日，罗斯福在记者招待会上幽默地答道：

从我们在香格里拉的新基地。

读者朋友一定十分纳闷：杜立特是何方神圣？陆、海军都头痛的事，他怎么办到的？

而这又是一个曲折的故事。

雄鹰伴英雄 他就是杜立特（来源：USAF）

“香格里拉”（Shangri-La）是英国作家希尔顿的畅销名著《消失的地平线》（Hilton, James. *Lost Horizon*）中的“桃源仙境”。如今在中国的流行说法是在云南省的迪庆藏族自治州，在藏语中，香格里拉是“心中的日月”之意。为此该地已改名为“香格里拉”，成了一处旅游胜地。不过，罗斯福在这里只是用它作为一个幽默的托词。因为，他为了参战美军的安全，暂时不想暴露起飞之处。而这却唤起了一股对美妙而神奇的“香格里拉”的幻想。使之成了一个家喻户晓的流行新词，还有人为它谱曲填词。记得抗战时，年幼的笔者也曾跟着大人们唱起“这美丽的香格里拉，这可爱的香格里拉，我深深地爱上了她，我爱上了她……”

下篇

美国的航母

来了

来干什么？

复仇！

去哪里复仇？

日本的东京湾。

空特1号计划

1944年8月，天热，美国人的情绪更热。人们兴高采烈地庆祝艾森豪威尔在欧洲战场取得的辉煌胜利，他指挥的盟军诺曼底登陆成功，又一鼓作气地收复了巴黎、解放了法国、正在向德国本土进军。与此同时，好莱坞也推出了一档好戏，人们争先恐后地观看。因为，这部长达138分钟的影片，用真实的素材和实战的道具，再现了英雄杜立特和他的战友们轰炸东京的情景。银幕上感人的形象，不仅重新煽旺了2年前人们那股报仇雪恨的激情，为正在准备全面轰炸日本的陆军航空队呐喊助威，而且也细致而形象地让人们参悟了罗斯福的“香格里拉”的秘密，彻底解开了人们心中的谜团。片名为《东京上空三十秒》。影片一开始就打出一个字幕：“这是一个真实的故事”，声明并非虚构。因为它是根据劳森写的同名纪实文学作品《东京上空三十秒》（Lawson, Ted W. *Thirty Seconds Over Tokyo*）拍成，而劳森本人就是杜立特空袭团队中第7号轰炸机组的驾驶员（也就是机长），该书以他和他的机组成员（共5人）为主体，真实地描述了整个杜立特空袭的全过程，于1943年出版。也就在他出书前不久，美国官方才对杜立特空袭之事解密，该书发行正值人们探索欲正旺之时，自然立即畅销。于是，好莱坞也出来共襄盛举，聘名角、投巨资拍出了电影，事隔一年多，又造成新的轰动。

电影显示，罗斯福口中的“香格里拉”，实际代表的是美国的“大黄蜂号”航空母舰（Hornet CV-8），杜立特和劳森他们团队的16架陆军航空队的B-25轰炸机，1942年4月18日就是从大黄蜂号上起飞，从东京以东668海里处，

扑向日本，在东京等地上空投弹约30秒，而后迅速冲向南、再转西，飞向中国东南沿海等地，油尽、机毁、人跳伞，为中国军民所救，谱写了一曲中美人民友谊的赞歌……

罗斯福答记者问时，是4月21日。当时，大黄蜂号航母所在的美国特遣舰队还在太平洋上躲避日本联合舰队的“追杀”、驶返珍珠港的途中（4月25日才返回珍珠港），为了舰队将士们的安全，罗斯福就用“香格里拉”来幽默了一下。

半个世纪后，1991年，已届95岁高龄的杜立特，居然在格林斯（Garrol V. Glines，美国空军上校，名作家，曾写过多篇有关杜立特的著作）的协助下，又奇迹般地出了一本回忆录，书名为《我绝不可能再那么幸运》（Doolittle, James H. with Glines, Carroll V. *I Could Never Be So Lucky Again*）。在这本厚达574页的巨著中，他回顾了自己传奇的一生，当然重头戏还是那场轰动世界的空袭。他在该书第一章第一页的第一行就写着那个永载史册的、空袭东京的日子：

“April 18，1942”（1942年4月18日）

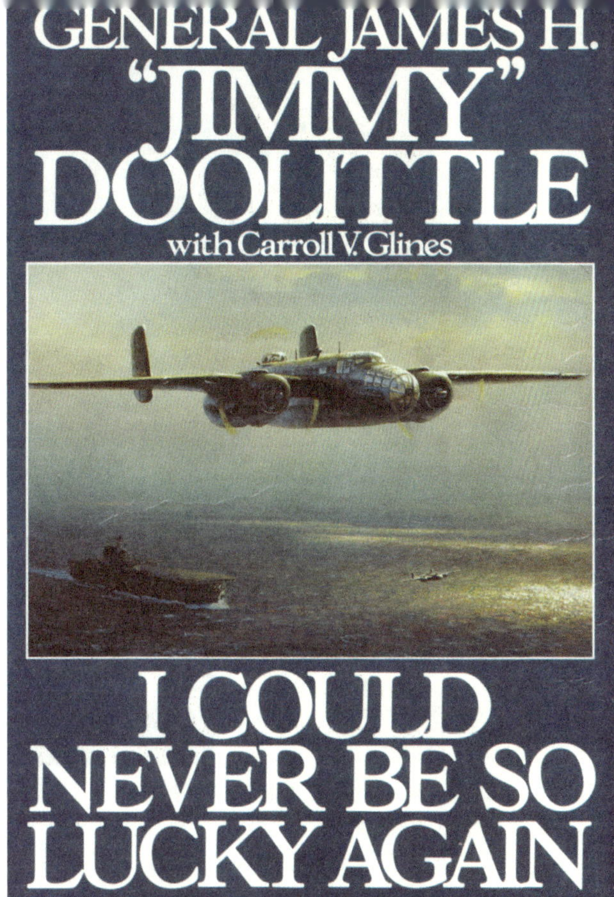

杜立特著《我绝不可能再那么幸运》的封面
（来源：作者用原件扫描）

既然“杜立特空袭”如此轰动诱人，而且又是“空袭珍珠港”的对立面。这就使得我们不得不把围绕这一天所发生的事，作一个较系统的交代了。

其实，“杜立特空袭”并非一人一时之功，而是美国陆军和海军，上至金海军上将、阿诺德陆军上将，下至普通士兵，携手合作并经过精心策

《东京上空三十秒》书籍的封面　封面中部的小字说："杜立特空袭的驾驶员之一，讲述轰炸东京的全过程以及随后在中国的奇遇。"（来源：作者用原件扫描）

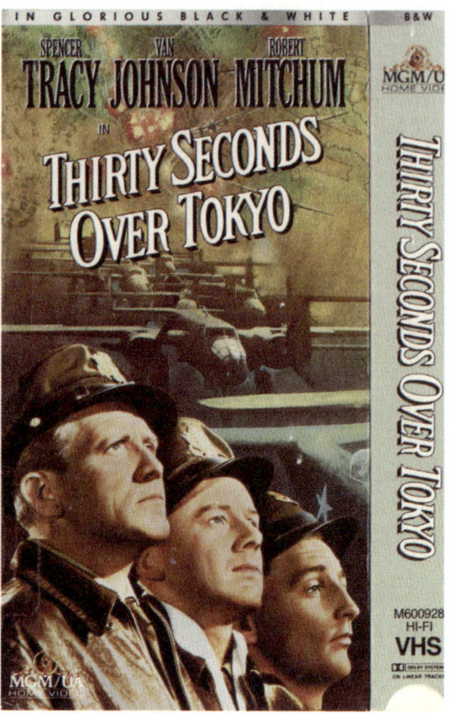

《东京上空三十秒》这是米高梅（MGM）1944年拍摄的黑白战争故事片的早期录像带的封面（来源：作者用原件扫描）

划和充分准备的一项秘密的、冒险的、一次性的、甚至可以说是带有悲壮性的复仇行动。而杜立特只不过是带头执行者、一个集体行动的代表而已。美国是崇尚个人英雄主义的国度。因此，时势造就了他这个英雄，历史给了他这份荣誉。

下面就来介绍一下这个精心策划的复仇行动。

1941年10月20日，就在珍珠港事件前一个半月，美国最新最大的航空母舰——"大黄蜂号"，在美国的诺福克海军基地正式服役，首任舰长为米切尔上校（Marc A. Mitscher）。该舰是"约克城级"，但在"约克城号"的基础上又做了许多改进。其基本性能如下：

标准排水量20000吨，满载排水量26932吨；

最大航速34节，动力120000马力[①]；

① 马力：一种功率单位，1马力等于每秒钟把75公斤重的物体提高1米所作的功。公制的马力。
1（公制）马力＝735.49875瓦

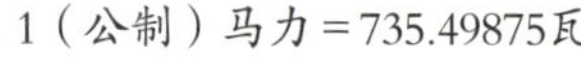

大黄蜂号航母

这是1941年10月，大黄蜂号驶往诺福克海军基地服役途中（来源：maritime.com）

“航母营”中的航母们

从左起为美国号（CV66）、肯尼迪号（CV67）、尼米兹号（CVN68）、艾森豪威尔号（CVN69）（来源：wikipedia.org）

全舰长809英尺6英寸（246.15米），宽83英尺3英寸（25.08米）；

舰载机81架，舰员2072人。

也正好在珍珠港事件那一天，它通过了试航前的海上测试，并准备在圣诞节后去墨西哥湾进行一个月试航。

[链接：诺福克海军基地（Norfolk Naval Base也写为Naval Station Norfolk），位于美国弗吉尼亚州的第一大港——诺福克港。翻开地图就可发现，该港正好在美东大西洋沿岸的正中央。海军基地有14座码头和11座飞机库，可同时停泊75艘舰和134架飞机，供美军任何舰种的舰艇驻泊和维修。基地周围设有弹药库、燃料库、供应中心和消磁站，还设有海军造船厂和两栖部队基地。美国现役的11艘核动力航母中，有一半以它为母港。包括企业号（Enterprise CVN-65，它是世界上第1艘核动力航母，1961年11月25日服役。它也是美国企业级核动力航母唯一的一艘。随后就建尼米兹级的首舰尼米兹号了）、艾森豪威尔号（Dwight D. Eisenhower CVN-69，1977年10月18日服役，是美国“尼米兹级”核动力航母的2号舰。此级航母是美军现役航母主力，共造10艘，舷号从68至77）、罗斯福号（Theodore Roosevelt CVN-71，1986年10月25日服役）、林肯号（Abrahan Lincoln CVN-72，1989年11月11日服役，母港原为诺福克，后移至华盛顿州的埃弗雷特）、华盛顿号（George Washington CVN-73，1992年7月4日服役）、杜鲁门号（Harry S. Truman CVN-75，1998年7月25日服役）和布什号（George H. W. Bush CVN-77，2009年1月10日服役，它是尼米兹级的最后一艘。后面就是还在建造中的、所谓“21世纪航母”的“福特级”了）等，而许多航母在它那里停泊、训练、维修、改造更是经常的事，所以，它有“航母营”之称。

当然，以它为母港或来停泊的其他舰种更不计其数。它号称每年可吞吐3000多艘舰艇、起降10万架次飞机，是美军在东海岸最大的战略母港。也是全球最大的军港。2011年5月17日，中国人民解放军总参谋长陈炳德上将曾在该基地访问。据称，这是中美两军交往以来，对中国来访者开放最多项目的一次。]

1942年的新年刚过，诺福克海军基地来了一位上校军官，他是奉美国舰队总司令金上将之命，前来视察大黄蜂号试航和训练情况的。不久之后，大黄蜂号将被派往西南太平洋参战。此人就是时任美国舰队司令部反潜战处处长的洛上校（Francis S. Low）。

真是“天下无难事，只怕有心人”。一天，他偶然看到一架陆军的双引擎轰炸机从基地机场的跑道上起飞，这却唤起了他的灵感。为什么呢？

因为那条跑道比较特殊，上面画着航母的轮廓，原本是为了模拟训练舰载机飞行员在航母飞行甲板上的起飞技术。虽然，那架陆军飞机只是正常起飞，并无心于那个“航母的轮廓”。但是，却引起了他这位有心人的联想。

他想：我们航母的舰载机的作战半径，目前大约只有300海里，要轰炸日本是不可能的。但是，如果能用陆军的双引擎远程轰炸机从航母上起飞，那就有可能了。关键是训练陆军航空队的远程轰炸机驾驶员，使他们也能适应在航母的飞行甲板上“短场”起飞，这样就可在日本陆基轰炸机作战半径和巡逻舰船势力范围之外，即前面提到的500海里之外，从航母起飞去轰炸日本。如果保密得好，在那么远的海域，即使航母被敌人发现，敌人也想不到会有陆军的远程轰炸机从航母起飞。他们很可能因麻痹而反应迟钝。敌人不会派陆基飞机来袭，因为够不着；而要调动舰队过来，则会慢一点，这就给航母的撤离腾出了时间。如此这般，不就可以实现轰炸东京的愿望了吗？

他越想越觉得很有理。他认为，关键是“陆军远程轰炸机”和“绝对保密”，做到了这两点，大事可成矣！他为自己的这一设想激动不已。于是，立即赶回华盛顿，去向金司令汇报他的这个“新奇的”设想。

[链接：洛上校，1915年毕业于海军学院后，一直在潜艇部门工作。20世纪30年代中期任驱逐舰琼斯号（Paul Jones DD-230）舰长。1937年任第13潜艇支队司令。1940年12月至1942年8月任海司反潜战处处长。1942年9月北非战事吃紧，他被派往前线，任重型巡洋舰威奇托号（Wichita CA-45）舰长，参加“火炬

行动”。当反潜问题在大西洋战场成为海军的重中之重时，1943年3月金上将又把他调回海司，辅佐金上将筹建专司反潜的“第10舰队”，金上将亲兼司令，而洛则任该舰队参谋长并晋升为少将，负责该舰队的日常工作。战后，洛的军衔升至中将，最高任职为海军副作战部长。]

1942年1月10日 正在朝思暮想地渴望实现总统“教训日本”愿望的金上将，在他的司令办公室里，听了洛上校的“设想”，也觉得颇有道理，随即对他说道：“你明天就去找邓肯研究一下。但注意，除邓肯之外不可告诉任何人。”

洛上校回到他的办公室后，立即给邓肯挂了个电话。告诉他：“遵从金上将的指示，明天一上班去拜访你，有要事相商。”

邓肯问：“哪方面的事？”

他答道：“见面再谈。”

邓肯（Donald B. Duncan）何许人也？他是洛上校的校友（比洛晚两届），1917年海军学院毕业。但两人从业轨迹却正好相反。洛是潜心水下，邓肯却昂首蓝天。当美国第一艘护航航空母舰长岛号（Long Island CVE-1）驶入诺福克军港之时（1941年3月6日），他就任第一任舰长［后来又担任埃塞克斯号航空母舰（Essex CV-9）舰长、第2特遣舰队司令，战后做到海军副作战部长，军衔至上将］，可以说对航母和舰载机了如指掌。珍珠港事件后，当重用航母，进行空中突击在太平洋战场成为海军的当务之急时，新就任海军最高首长的金上将，就把邓肯调到身边，担任了海司空战处上校处长。

1月11日 洛上校一早就来到邓肯的办公室，两人关起门来开始密谈。洛上校详述了自己的设想之后，又说道：“现在有两个关键问题要向你这位专家请教：

第一，陆军的中型轰炸机能否在航母上着陆？

第二，陆基轰炸机满载之后，即装满弹药、油料和机组人员后，能否从航母的甲板上起飞？”

邓肯沉思片刻后说道：“你的第一个问题答案是：肯定不行。你想，航母的甲板对陆基飞机而言‘既短又窄’，绝不能保证‘身肥体胖’的陆军轰炸机安全着陆；而且即使降下来了，适用于海军舰载机的捕捉机构，也抓不住它；再说，就算第一架可以勉强着陆，那也很难再为第二架腾出地方来，继续降落。”

“那么，第二个问题呢？”洛上校焦急地问道。因这已经“威胁”到他的“创意”的生命力了。他不愿放弃，更不想让金上将失望。

邓肯望着他，严肃地说道：“这就难说一点。请给我点时间好好想想，回头再答复你。”

于是，邓肯“关起门来”秘密地进行分析，连秘书都不知道他在干什么（当然这是遵从金上将“不可告诉任何人”的嘱咐，但这也是他和洛上校的高度共识，他们一致认为：如果不能做到“绝对秘密”，就不能保证袭击的突然性，一切努力将付之东流）。

空袭日本的策划者洛上校（上）和邓肯（下）

（来源：U.S. Naval Historical Center）

作为深谙航母和舰队的职业军人，邓肯意识到，在当前日本人正在太平洋上横行霸道的时候，在不掌握制空权、制海权的条件下，一个载着陆军轰炸机接近日本控制区的美国舰队，将承担多么大的风险！如果他草率地说个“行”字，如果考虑不周，那将以成千上万将士的生命和整个舰队装备为代价，将是一次堪比珍珠港事件的惨痛损失。他感到肩上责任的重大，叮嘱自己：一定要慎重、一定要周密、一定要打有把握的仗。否则宁肯否定。

正是在这种高度责任感的驱使下，他对陆军的轰炸机与海军的航母搭配的可行性，认真地进行了分析。他首先查阅了陆军技术手册，仔细地核实了陆军现役中型轰炸机的技术数据；然后，又查阅了海军的文件，比较各航母飞行甲板的尺寸和航母性能，并搜寻是否曾经有过陆军轰炸机从航母上起飞的记录。就这样，经过5天的埋头苦干，他写了个30页的《可行性报告》，分析了敌我势态和影响轰炸成功的关键因素，提出了初步的实施方案。其基本要点是：

1. 从飞机的大小、起飞距离、载弹量和航程等方面综合考虑，他认为：陆军航空队新服役的“B-25米切尔式”双引擎中型轰炸机是唯一可用于此目的机型。目前的难点是陆军机师没有从航母的飞行甲板这种“短场”起飞的经验，但经过培训应可解决。而重返航母的问题，的确如他所预计的：难以办到。

2. 当前，海军最大的航母，就是刚服役的大黄蜂号，但航母甲板下的机库，也停不下这样大尺寸的轰炸机，只有在飞行甲板上搭载。根据估算，它的甲板有效空间，在搭载了一定数量的B-25轰炸机之后，也还有余地，大约有500英尺跑道可供首架B-25起飞；而其航速也能提供飞机足够的起飞助力。所以，两者搭配是可行的。

3. 为能安全、圆满地完成任务，B-25要改装。尽可能增加载油量，以增加其航程。因为航程每增加一里，飞机就可在距日本更远一里起飞，或者轰炸后就可以多飞一里，这意味着整个舰队就更安全一点，或者飞机可以飞远一点安全着陆。此外，还需要编组一个特遣舰队，配备足够的巡洋舰、驱逐舰和油船，以及一艘配备战斗机的航母，为大黄蜂号护航。

最后，他的结论就是：用海军最新、最大的大黄蜂号航母，搭载陆军最新而又大小适中的、经过改装的“B-25”轰炸机，在一支特遣舰队的护卫下，秘密行驶到接近日本、但又在日本陆基轰炸机作战半径和巡逻舰船势力范围之外，即前面提到的500海里之外，从大黄蜂号起飞去轰炸日本，事后不返大黄蜂号，而飞去中国的机场降落。“大黄蜂号”及其护卫舰队则在轰炸机起飞后迅速撤离，以免遭日军袭击。降落在中国的飞机，可编入在中缅印战区作战的“第10航空队”，支援中国抗战。

（方案涉及面颇广，并会在实施中继续完善，在下文中将陆续了解，这里就不再详述了。）

[链接：“二战”中，陆军航空队用的轰炸机，主要有：

轻型（Light，A-20，A-26）；

中型（Medium，B-25，B-26）；

重型（Heavy，B-17，B24）；

超重型（Very heavy，B-29）；

另外还有一种俯冲轰炸机（Dive bomber，A-24，A-36），它是以超过45度角度，由高空向下俯冲投弹。与之相对应，以上4种则是以水平或者浅角度俯冲方式投弹，故可称为水平轰炸机。不过，“二战”后俯冲轰炸机已被淘汰，也就不如此分类了。

B-25轰炸机的全名是“B-25米切尔式轰炸机”（B-25 Mitchell Bomber），其名称是纪念美空军战略家米切尔（William D. Mitchell），也是美军飞机中唯一用人名命名的一个机种。它由北美飞机公司研制，1941年服役。其主要性能如下（以杜立特空袭所用B-25B为例）：

机长：52英尺11英寸；

机高：15英尺9英寸；

翼展：67英尺7英寸

最大起飞重量：28460磅[①]；

发动机：2台莱特R-2600，单台功率1700马力；

最大速度：300英里/小时（在15000英尺高度）；

巡航速度：230英里/小时；

作战半径：1300英里（载3000磅炸弹）；

作战升限：25000英尺；

最大载弹量：5000磅；

武器：0.3英寸口径机枪1挺和0.5英寸口径机枪4挺；

满载乘员：5人。

该机共生产了9984架。也曾装备中国的国民党空军，英国、加拿大、澳大利亚、荷兰、巴西、印度尼西亚等国的空军也都用过，甚至前苏联还仿制过。美国海军的PBJ-1巡逻轰炸机和陆军航空队的F-10照相侦察机为其变种。]

1月16日 邓肯与洛一起去向金上将汇报，金上将耐心地听了他们的汇报，沉思片刻后说道：“去给阿诺德司令谈谈你们这些想法。如果他也同意，请他与我联系。”接着又强调：“除此之外，再不要向谁提起。”

① 1磅＝453.59237克＝0.45359237千克

B-25B米切尔轰炸机

请注意机身上的美国海军军徽：蓝圆底、白五角星、中间是红色的圆形，这使得它飞临东京上空之时，日本老百姓误认是“自己的”飞机，而对它挥手致意

（来源：nationalmuseum.af.mil）

当他们起身告辞之际，金又对邓肯说：“如果阿诺德司令对此计划开绿灯的话，我想让你代表海军把这事一抓到底。”

作为金上将的贴身参谋，邓与洛自然深谙首长字里行间的意思：他是坚决支持这项计划的，只是因为陆军还未表态，不便明说罢了。因此，邓与洛退出后立即打电话给陆军航空队司令部，联系向阿诺德汇报事宜。阿同意次日接见。

这个阿诺德，可是我们下文中要经常提到的重要人物，所以先介绍一下。由于他性格开朗豪爽，素有“快乐阿诺德”之称，英文常简写为：“Hap” Arnold。1886年7月25日，他出生于宾州的格拉德温（Gladwyne, Pennsylvania）。1907年，他从西点军校毕业后，分配到步兵部队，后志愿向飞机发明家莱特兄弟学习飞行，从而成为美国首批飞行员之一。而后他一直在陆军的航空部队服务，从普通飞行员一直做到五星上将。他对美国空军的建设贡献之大无人能出其右，故被誉为“美国现代空军之父”。

阿诺德1938年9月出任陆军航空兵司令，1941年6月—1946年2月任陆军航空队司令。在阿诺德的精心培育下，陆军航空队迅速发展成世界上最强大的空中劲旅。“二战”后，他于1946年退役。一年后，他毕生为之奋斗的理想终于实现：1947年9月18日美国空军独立成军。他是唯一一个先授予“陆军五星上将”（1944年12月）、后又授予“空军五星上将”（1949年5月）的人。在军事理论上他也多有建树，著有《飞行故事》《飞行员与飞机》《空战》《陆军飞行员》和《全球性使命》等著作，并为美国空军培养和提拔了大量优秀的领导人。阿诺德积劳成疾，于1950年1月15日在加州的索诺马（Sonoma, California）逝世，终年64岁。关于他的情况，后文还会提到。

1月17日　邓与洛去向陆军航空队司令阿诺德报告，希望得到他的支持。你猜阿诺德是何反应？

他听着邓肯的报告，露出的是十分惊讶的表情。是觉得想法太离谱吗？不是。是不同意邓肯的方案吗？也不是。那是为什么？他惊讶的是：海军的想法竟然与他的想法如此雷同！

原来，自从在白宫开会之后，他也与金上将一样在朝思暮想地渴望实现总统“教训日本”的愿望。他曾想到：应当试试用陆军的远程轰炸机从航母上起飞去炸日本。也就在不久前，他与一位部下研究了此

美国现代空军之父：阿诺德

（来源：nationalmuseum.af.mil）

英姿焕发的杜立特（来源：U.S. Naval Historical Center）

事，得出的结论也是：B-25较能适应航母的既短又窄的跑道起飞。只不过还未来得及与海军联系。

邓肯当然不知他心想何事，但既然司令没打断，就继续说完。然后，补上一句：“金上将说：您有何想法，请与他联系。”

阿诺德听罢，含笑答道：“好的，我会与金上将联系。”然后，热情地把他们送出办公室。

随即，阿诺德给金上将打了电话。两位当即商定：海军方面由邓肯全权负责，陆军方面阿诺德也会派一位军官全权负责完善计划并实施这次空袭。你道这位军官是谁，就是那位曾与阿诺德讨论过此事的部下，名为杜立特。于是，这项美国陆军和海军名垂青史的历史性联合行动就这样开始了。

读者朋友可能会问：为什么阿诺德会选中杜立特呢？

俗话说：“一个人，知道他的过去，就可了解他的现在；知道他的过去和现在，就可预见他的将来”。所以，我们这里就来看看“他的过去”（至于“他的将来”，则不必着急，等有了“他的现在”之后，即等他空袭完日本之后，你自会一一看到）。

杜立特，1896年12月14日生于美国加利福尼亚州阿拉米达市（Alameda, California）的一个木匠家庭。自幼喜欢冒险，不满足于地上跑，而幻想往天上飞。所以，年少的他，跟父亲学了几手木匠活后，不是去做家具、盖房子，而是去造飞机。不过，他的心思倒不是想像莱特兄弟那样发明飞机，而是想驾飞机翱翔蓝天。于是，21岁时（1917年10月），在加州大学伯克利分校（简称“伯克利加大”）还未毕业，他就投笔从戎，参加了陆军通信兵航空处，学开飞机去了，也算得上是美国空军的元老之一。“一战”后他才又去读完学士（1922年）。接着又去读了麻省理工学院的硕士和博士。不过，他都未离开军队，是带职学习。

在袍泽之中，他虽然个子不高（1.7米），胆子却不小，是个敢“玩命”的勇士，因而成了举世闻名的飞行英雄。举例来说：

20世纪20年代初，虽然飞机已在第一次世界大战中崭露头角，但美军中却还在为航空部队的地位争论不休。为了证明飞机可以挑战军舰在海上的霸权。美国空军的第一位战略家、时任陆军航空勤务队副队长的米切尔（就是B-25“米切尔式”轰炸机纪念的那个人）组织了在美空军发展史上著名的轰炸海军舰船试验。而杜立特正是被选中参加1921年这次试验的飞行员，试验成功也使他名留青史。

第二年，1922年9月4日，他又创造一个“奇迹”。这次他驾驶一架DH-4B飞机从美国佛罗里达州的帕布罗滩（Pablo, Florida）飞到加州的圣地亚哥

施奈德杯

汤普森杯

麦凯杯

本狄克斯杯

胜利的花为勇士而开

这是杜立特获得的部分奖杯

（来源：美国航空航天博物馆）

（San Diego, California），首次实现了横跨美国大陆的飞行。航程3481公里，历时21小时19分，荣获“飞行优异十字勋章”。

1924年3月，他参加飞机加速试验成功，又为他赢得一枚“飞行优异十字勋章”。同年，他通过进修取得了麻省理工学院航空科学硕士学位。次年，又取得该校博士学位，成了一位理论和实践兼优的职业军人。

1925年，他又夺得一项专为水上飞机举办的国际比赛的冠军。这次他是驾驶寇蒂斯公司生产的R3C-2型双翼水上飞机，取得了平均每小时374.28公里的好成绩，赢得了“施奈德杯”（Schneider Cup，由法国航空爱好者史奈德发起的飞行比赛）；3天后，他又以同一架飞机，创造了每小时397公里的世界纪录。于是，他又获得“麦凯杯”（Mackay Trophy，由电信商麦凯发起的飞行比赛）。

在那个没有无线电导航和雷达的年代，飞行员全凭目视飞行，当天气不好时就麻烦了。因此，能否只靠看飞机上仪表，进行所谓的“盲目飞行”，就成了一项举世关注的难题。而杜立特就敢为人先，于1929年9月24日，实现了第一次仅靠观察仪表的盲目飞行。航程24公里，历时16分钟。

1930年，在军中干了9年之后，他退出现役，到壳牌石油公司工作。这时，他仍然念念不忘航空事业。他不仅鼓动壳牌公司开发了高辛烷值的航空汽油，而且仍业余参加飞行比赛，仍然是个“得奖大户”。例如：

1931年，他又赢得了“本狄克斯杯”（Bendix Trophy，由工业家本狄克斯发起的跨美国大陆飞行比赛），这次，是从加州的伯班克（Burbank, California）飞到俄亥俄州的克里夫兰（Cleveland, Ohio），纪录是平均每小时358.90公里；

1932年，他又创造了每小时476公里的世界纪录；

接着，他在克利夫兰又赢得了“汤普森杯”（Thompson Trophy），这次的纪录是每小时407公里；

1936年，他又进行了一次震惊全美的飞行，这一次他在不到12小时之内就完成了横跨美国大陆的飞行，这在当时，又是一项纪录。

总之，可以看出，杜立特的“过去”就是一位出色的飞行员，一位年轻人心目中的飞行偶像、盖世英雄。

当"二战"爆发之后，1940年7月，他又重披战袍，军衔为少校。先在基层干了半年技术工作。1942年1月2日晋升为中校，并被阿诺德调到陆军航空队司令部来，成了他的技术高参。当从航母上起飞空袭日本这一冒险的设想，需要一个能人来落实的时候，如果你是阿诺德，除了杜立特之外，还能想到谁呢?

介绍了杜立特的"过去"，我们继续看陆、海军怎么合作。

阿诺德与金上将还商定：以4月1日为陆军和海军集结日期，即B-25轰炸机和机组人员在西岸登上大黄蜂号航母的日期。在这短短的两个来月时间里，双方还有好多事要忙。例如，要验证B-25轰炸机是否真能从大黄蜂号航母上起飞；大黄蜂号要从东岸经巴拿马运河转调到西岸；B-25要完成改装并为之准备好专用的炸弹；机组人员还要选调和强化集训；邓肯还要去珍珠港与太平洋舰队商定特遣舰队的编组和集结等。

1月22日　杜立特向阿诺德打报告要求调派18架最新的B-25B型轰炸机（后增至24架），送去明尼苏达州明尼阿波利斯市（Minneapolis，Minnasota），在"中大陆航空公司"（Mid-Continent Airlines）的工厂进行改装，立即获准。

1月23日　杜立特飞往俄亥俄州的赖特基地（Wright Field, Ohio，这里是一个美军的主要航空技术基地。在"二战"中这里聚集了许多专家和工程技术人员，为设计和改进陆军航空队的飞机和机载装备做出了巨大贡献），找到肯尼准将（George C. Kenney，时任该基地司令，后任第5航空队司令，赴菲律宾参战），称奉阿诺德之命，请他指定专业人员同杜立特一起研究B-25轰炸机的改装问题。

肯尼问："改装来干什么？"

杜立特答："用于特殊计划"。

准将虽觉好奇，但也未再追问。随即指派他手下的几个技术尖子去与杜立特商量改装问题。

杜立特提出改装的着重点就是增加附加的油箱，多带燃料，以延长航程。大家认为，要做到这一点，唯一的办法当然就是减少飞机其他方面的载重量。为此，真可谓绞尽脑汁。例如，竟然不惜卸去尾部机枪改为只能吓唬日机的木枪。改装的结果是：每架飞机载4枚500磅的炸弹（其中2枚高爆炸弹、2枚燃烧弹）；上炮塔装2挺0.5英寸口径机枪；鼻部装1挺0.3英寸口径机枪；尾部装两台木制假枪。于是，几乎在各个炸弹仓都“塞”进了附加的油箱，还在尾部座舱中放了10个5加仑的小油桶。如此精打细算下来，约可使飞机的载油量增加60%，从原来的694加仑，增加为现在的1141加仑。

此外，杜立特还要求有几架飞机能在轰炸时进行空中照相。为此，技术人员提出的解决方案是：在飞机尾部加装电动的16毫米高速照相机（每秒120帧），并设置在第1颗炸弹投放时自动开始照相。

1月28日 下午2点，罗斯福总统召集战争部长、海军部长、马歇尔上将、金上将、阿诺德以及部分内阁成员，在白宫开会，讨论远东和太平洋战事，特别是因近来的接连失利而导致的士气低下问题。

[链接：部长名称，一般都好理解，只有“战争部长”一词，读者可能感到“新鲜”，在此稍作解释。大家知道，美国是由华盛顿领导殖民地人民武装起义，经过“八年抗战”，也是“枪杆子里出政权”，才从英国手中获得独立的。因此，当华盛顿从美军“总司令”变为美国开国“总统”之后，必然想到要设一个部门来统领战争事宜。于是，1789年他就在新成立的美国政府中，设了一个“战争部”（War Department），这个战争部的首脑，当然就叫“战争部长”（Secretary of War），是他为数不多的内阁成员之一，是个文职官（总统才是最高统帅，所以是用“Secretary”，原意为“秘书”，即辅佐总统管理军队和战争事务）。那时，飞机还未发明，空军自然谈不上；海军嘛，也不怎么“强大”；所以，战争部长，也就是军队总管。到了华盛顿两个任期（8年）之后，他主动要求退位，他原来的助手、副总统亚当斯当选为美国第二任总统。那时美国海军也有点规模了，因此他在1798年组阁时，决定增设一个“海军部”（Department of the Navy），海军就划归“海军部长”（Secretary of the Navy）管了。海军部长与战争部长平起平坐，也是内阁成员之一。于是，战争部长就真正成了只管陆军的部长了，不过名称还没有变，就这样一直沿用下来，成了美国的特有名称。100多年后，飞机发明

了，又经过两次世界大战，航空部队大显神威，这时的美国总统认为有必要给空军“正名”了。于是，杜鲁门总统在他执政两年后，于1947年决定增设“空军部”（Department of the Air Force），于是又多了一个“空军部长”（Secretary of the Air Force），实际上是把“战争部”分成了“陆军部”和“空军部”。1947年9月18日美国空军独立成军。这时“战争部长”这个“古董”名称再也撑不下去了，这才改成“陆军部长”（Secretary of the Army），只是“陆军部”（Department of the Army）的首脑。不过，这时的这三位部长（陆军部长、海军部长和空军部长），虽然还是叫“部长”，却都降格了，降为新设的“国防部长”（Secretary of Defense）属下的非内阁级职称，而国防部长作为“国防部”（Department of Defense）的首脑才是内阁成员，也是个文官职务。直接署理军务的是各军种参谋长，这些参谋长之上有一个由总统直接任命的“参谋长联席会主席”（Chairman of the Joint Chiefs of Staff，简称CJCS，通常是军种参谋长之一担任）。]

介绍完战争部长之后，还是继续谈罗斯福召集开会的事吧。在会上，总统问到了有关轰炸日本的计划。虽然杜立特空袭计划正在紧锣密鼓地准备，但因考虑到在座的并不是都知道这件事，因此阿诺德在回答时，只说了正在计划从中国出发轰炸日本。罗斯福听后，语气沉重地强调：无论是对美国还是日本，即使从心理的角度来说，尽快轰炸日本都是至关重要的！

是的，总统有些急了，全国人民义愤填膺，希望教训日本，而前线却是“败报”连连（注意：不是“捷报”而是“败报”）。作为最高统帅的罗斯福怎么能不急呢？他渴望陆军和海军为美国争口气！而陆、海军的领导们当然也心急如焚。会后，阿诺德急召杜立特传达总统的关切，并告诉他：他的计划已列为“空特1号计划”（Special Aviation Project No.1），是当前陆军航空队最高级别的任务。

杜立特在他的回忆录中这样写道：

“在向我强调这是一项‘顶级’绝密计划，只有5个人能谈及此事（即阿诺德司令、金上将、邓肯上校、洛上校和我）之后，‘快乐’将军对我说：‘为完成此计划，你在各方面都享有第一优先。如果有谁挡住你的路，你马上告诉我。’”

当天，杜立特请求阿诺德指定空袭的日本城市和目标。阿诺德将此事交给了他的得力助手斯帕茨准将（Carl A. Spaatz，1914年西点军校毕业，时任陆军航空队司令部作战处处长），但也未告诉他为什么要，谁要。

1月31日 阿诺德将斯帕茨提供的《轰炸目标清单》交给杜立特。上面列了东京、大阪、横滨、神户、名古屋等10个城市的工业目标，包括钢厂、铁厂、镁厂、铝厂、炼油厂、造船厂和飞机制造厂等。并告诉他：清单上的目标，并非这一次都要炸到，为便于他取舍，斯帕茨已很周到地分别注明了选中它们的理由。

但是，到目前为止，陆、海军双方都还是纸上谈兵。飞惯了陆地机场那种舒适宽广的长跑道的B-25轰炸机，到底能不能在航母上起飞呢？必须试验才行。于是杜立特与邓肯商定立即安排试验，日期定在两天以后。

为此，两人分头准备：邓肯飞往诺福克海军基地，去与米切尔舰长商量接待B-25来“大黄蜂号”舰上试验起飞事宜。

米切尔舰长作为一个有经验的海军驾驶员，知道这是一个危险的试验。但邓肯未说为什么要试验，米切尔也未便探问缘由。两人就事论事地精心策划，力求降低风险；杜立特则通知菲茨杰拉德上尉（John F. Fitzgerald）准备上舰试飞。菲茨杰拉德在过去一周中，率领3架B-25轰炸机，在诺福克海军基地的机场（也就是洛上校看到的那个跑道上画有航母轮廓的机场），模拟“短场”起飞，经过30个起落练习，他们已掌握要领。

2月1日 下午，两架B-25轰炸机吊装上大黄蜂号航母的飞行甲板（菲茨杰拉德率领的3架飞机中，有一架飞机引擎出了故障，故只用两架）。为了安全，飞机尽量轻载，卸掉了一切武器装备，除驾驶员外也无其他机组成员，油也只加一部分，够用就好。

2月2日 大黄蜂号航母出海，下午在切萨皮克湾（Chesapeake Bay）开始试验。在大家的紧张注视下，菲茨杰拉德率先起飞，第二架也顺利升空。当

时，大黄蜂号的航速为20节，海上风速也是20节，飞机航速为每小时45英里。他们随后返回诺福克海军基地的机场顺利降落。试验起飞成功了！这使杜、邓二人惊喜万分，米切尔舰长也为胜利完成上级交给的、这一“史无前例”的任务而庆幸。他预感到什么大事将会发生，而且很可能与自己有关。但即使在这时，他和他的全舰官兵，也同那两位B-25的驾驶员一样，不清楚他们参加的这个试验是何用意。

怀着喜悦的心情，杜立特飞回华盛顿去向阿诺德报告试验情况，并要求指定招募机组人员的部队。

这就是职业军人的特点之一，他们知道要干什么，却并不一定知道，也不会强求知道为什么。接到命令，他们就会尽力去完成。

阿诺德告诉杜立特：他已问过作战计划处，哪个部队的人员对B-25轰炸机比较熟悉？得到的回答是：“第17轰炸机大队”（17th Bombardment Group）。因为，珍珠港事件后，它的第34、第37和第95轰炸机中队以及配属的第89侦察中队等4个中队，都装备了最新的B-25B轰炸机。该大队现隶属于“第26反潜联队”（26th Antisubmarine Wing），目前在西部的俄勒冈州和华盛顿州海岸执行反潜巡逻任务。因此，他决定让杜立特从这4个中队的人员中，志愿招募机组人员。

看到这里，读者朋友可能对“志愿招募”一词有所疑问：第17轰炸机大队的人员既然已在部队服役，为何还要“志愿招募”？为什么不直接挑选指派呢？这是因为，阿诺德和杜立特都认为：即使计划周全，这趟任务仍然是非常危险的、“敢死队”性质的、很可能是有去无回的任务，必须志愿才能自觉。另外，为了尽可能保密，他们决定要到最后才宣布这次任务的目的。因此，在整个准备阶段，这些机组乘员必须反复经受目标不明的精神折磨，意志、毅力和保密意识的考验，以及技术和身体素质的检验。

2月3日　一个电传命令送达第17轰炸机大队队长米尔斯中校（William C. Mills）手中。命令他一周内将所属部队，包括配属给它的第89侦察中队，从原来驻扎的、俄勒冈州的彭德顿空军基地（Pendleton Airfield, Oregon）调往南卡罗来纳州的列克星敦空军基地（Lexington Airfield，South Carolina）。途经明尼阿波利斯市时，飞机将在“中大陆航空公司”的工厂进行改装、加装附加油箱。

同时，指令他在那4个中队中招募“志愿者”，为了执行一项“危险、重要而有趣”的任务。

第17轰炸机大队的小伙子们，一直在执行反潜巡逻这种单调而枯燥的任务。每天在海空转来转去，常常是“空手而归”。作为轰炸机驾驶员，谁不想驾着战机、直接飞向敌人阵地、痛痛快快地轰炸敌人呢？而如今，突然“从天上掉下来”一个如此神秘而新鲜的任务。“危险”，刺激了他们的冒险精神；“重要”，呼唤起他们的责任心；“有趣”，诱发了他们的探索欲望。你想，在这样一个“千载难逢”的奇遇面前，小伙子们谁能不跃跃欲试呢？就连第17轰炸机大队的3个中队长也毫无例外地要求“参战”，但为了大队今后的建设，只批准了一个名叫约克（Edward J. York，上尉）的中队长。因为，在这些“志愿者”走后，大队还要补充新人和换装B-26轰炸机，在东部（墨西哥湾和大西洋沿岸）执行反潜巡逻任务。而后，将于夏天调往北非前线。

据说，在招募过程中，有人向约克队长打听：有没有更多的消息？约克告诉他：我与你知道得一样多。不过有一件事可以向你透露一下：好像这个任务将由杜立特带领我们去执行。言下之意：这是一个需要英雄去干的事。你想，年轻人哪个不想当英雄？

就在这样热烈的氛围中，很快就招募足了120名（即24架飞机）的机组乘员和20名地勤人员。接着，小伙子们就在一种临战前的亢奋情绪中，紧张地进行着由西向东的转场工作。先飞经明尼阿波利斯市去配合附加油箱的改装工程，然后再飞往列克星敦空军基地。

再来看杜立特，这时他在忙什么呢？

他在忙于选择训练场地。根据只有他们5个人才清楚的任务特点，他要申请一处隐蔽、靠海、有几个卫星机场可供起降、人烟稀少而又远离太平洋的基

地，以便对他招募的“志愿者”进行“短场”起飞的强化集训。

他得到的回应是佛罗里达州的“埃格林机场”（当时称Eglin Field，Florida，现称Eglin Air Force Base），因为，那里可以说充分满足了他所提出的“苛刻”条件。不仅隐蔽、人烟稀少，又地处墨西哥湾的海岸边。而且当时那里正是陆军航空队的“东南训练中心”，附近还有8个卫星机场，便于练习起飞和在不同的场所降落；更特别的，它与海军的“彭萨科拉海军航空站”（Naval Air Station Pensacola）也相距不远，便于两军协作。于是，就毫无悬念地选定了那里。

但是，这样一来，杜立特就有点跑不过来了。你看，他要到明尼阿波利斯抓改装飞机的进度；要到赖特基地与技术人员研究优化改装问题；还要到埃奇伍德兵工厂（Edgewood Arsenal，在马里兰州，离首都华盛顿不远，是当时陆军在东部的主要兵工厂和弹药库）落实武器装备；当然还要到首都华盛顿请示报告；如今，又要到埃格林空军基地抓人员培训（而且，他自己也对“短场”起飞并不熟悉，虽然是“艺高人胆大”，但是作为这次空袭的领队，他必须飞在前面、做出榜样，用实际行动带领全队去完成任务）。真可谓分身乏术。

因此，他请米尔斯中校为他遴选一位召集人，在他不在场时，负责“志愿者”们的组织工作。米尔斯给他推荐了第89侦察中队队长希尔格（John A. Hilger）少校，说他是一位专业、负责而又从不多嘴之人，是这一任务的上上人选。于是，杜立特还对希尔格“网开一面”地“面授机宜”（暗示了一下任务性质），以使希尔格能在未来的工作中，将坚定而紧迫的战斗精神传递给小伙子们。希尔格则建议最好请一位海军教练员来培训驾驶员们。

2月27日　米尔斯召集所有入选的“志愿者”开会，告诉他们，将在希尔格的率领下，于3月3日前，分批驾驶已加装好附加油箱的24架B-25轰炸机，由列克星敦机场，转场至埃格林机场，开始执行那项“危险、重要而有趣”的任务。他们未来的领队将是杜立特中校。剩下的人员则与他一起仍然留在列克星敦空军基地执勤。米尔斯虽未解释理由，但小伙子们已有一种预感：这项任务，果然是由久仰大名的杜立特率领，这本身就有一种令人回味的“特殊而神秘”的含义，他们也不想再问什么了，只是盼望早日见到那个他们崇拜的英雄。这一天很快就到了。

3月3日 杜立特飞至埃格林基地，当天傍晚，他在埃格林基地的会议室召集全体人员开会。小伙子们聚精会神地听着这位他们闻名已久、却又无缘相见的飞行偶像的讲话。

他一上来就说：“我们将去执行一项非常危险的任务，我只想要志愿者。任何人现在都可退出，不需要任何理由，也没有人会说什么。”

说罢，他环视一周，当然无人要求退出。这时，一个小伙子举手说道：“能否多给点消息？”

杜立特接着严肃地说道：“你们可能在猜想要干什么。但整个任务是最高机密，甚至你们彼此也不应该议论这些猜想。保密至关重要，任何疏漏都可能危及千百人的生命。我在此提醒大家：警惕散布流言和议论此事的人。如果遇到任何爱管闲事的人向你打听：你为什么来埃格林或者来干什么？请立即告诉我他的名字，FBI（联邦调查局）的人会把他从这儿带走。”

讲到这里，他向门边招了招手。于是，两个彪形大汉“齐步”走了过来，在他的旁边站了一站，然后退出。引起在座的人们一阵欢笑。因为他们知道：这是电影里常见的联邦调查局探员的刻板形象。

他摆了摆手，示意大家安静下来，接着说道：“我还要强调团队精神，这是完成任务的基础。从明天起我们将开始强化训练，学习如何驾驶B-25轰炸机从尽可能短的跑道起飞。我们必须在3周内，甚至更短的时间内准备就绪。米勒海军上尉（Henry L. Miller）是海军专门为我们选派来的教练。”

说到这里他示意米勒站了起来。

其实，对于米勒，大家已不陌生。前两天他就已来到他们中间。他就在埃格林基地旁边的彭萨科拉海军航空站工作，对附近的陆地、天空和海洋状况非常熟悉，又是个出色的飞行教官。他是邓肯应杜立特之请派过来的。刚来那天，陆军有几个资深驾驶员，包括约克上尉在内，还有点瞧不上他，他们想：叫这么一个连B-25都未见过的年轻人来，他能教我们什么？可是，米勒在了解

了B-25的数据、查阅了B-25的飞行员手册之后，马上飞了两个漂亮的起落，就让“怀疑派”心悦诚服了。

最后，杜立特宣布了集训队的人事安排之后，就散会了。

他说：“各机的编组仍按原来中队的序列。此外，我任命：

希尔格（John A. Hilger）少校任我的执行官；

约翰逊（Harry Johnson）少校任副官；

约克（Edward J. York）上尉任作战官；

琼斯（David M. Jones）上尉任领航兼情报官；

格里宁（Charles R. Greening）上尉任枪炮和炸弹官；

鲍威尔（William M. Bower）中尉任工程师；

胡佛（Travis Hoover）中尉任军需官；

斯托克（J. Royden Stork）中尉任摄影师。”

从这以后，他一直同杜立特的人在一起，直到看着他们从大黄蜂号航母上起飞去轰炸日本。他又随舰队回到珍珠港后才离开。所以，他是海军中与杜立特空袭队员们接触最多、最广、影响也最大的人，战后也与他们一起受奖。1959年，他担任太平洋海军航空兵参谋长，军衔为中将。

后来又补充任命怀特（Thomas R. White）中尉为随队军医。

从此以后，就是紧张的起飞演练，他们被分配到不同的卫星机场练习，以保证每个机组都能有50个小时以上的训练时间。机组5个乘员全部上机。他们在米勒的指导下，既练白天、也练夜航，既练空载、也练满载。用劳森在他的书中的话来说：“我们从早上7点，练到晚上10点，而练得更多的是晚上。以至于大伙儿猜想：十之有九这任务是夜袭。” 同时，还练习了低高度夜航、贴海面飞行和低空投弹的技术。

米勒还在起飞场地旁插上小旗，在地上标上100、200、300、400、500英尺的刻度，让大家练习从尽可能短的距离起飞，并重点讲解了这方面的要领，还示范给大家看。这实际上就是在练航母飞行甲板上“短场起飞”的技术。

这里，有件事特别值得一提。枪炮官格里宁上尉在训练中，还发明了一种简单的投弹瞄准器，用来代替原来装在B-25轰炸机上的、被认为也是美军最高机密之一的“诺顿投弹瞄准器”（Norden Bombsight）。这是因为，诺顿投弹瞄准器是为高空精确投弹设计的，而这次任务是低空投弹。据称，格里宁只用了两片（只值20美分的）铝板就做成了这种适用于低空投弹的瞄准器，既满足了要求，又防止了万一失事而泄密。这使杜立特非常高兴，立即在全队推广。格里宁是马克·吐温的“粉丝”，他将他的“发明”取名为“马克·吐温瞄准器”。

好了，其他就不多说了，让杜立特的小伙子们继续紧张的训练吧。而我们转过身来，看看海军这方面的情况。

大黄蜂号航母在东部海域完成了海上试验后，奉命编入太平洋舰队。原定路线是，先到位于加利福尼亚州的圣地亚哥海军基地去接配属给该航母的舰载机航空大队。然后，去未来的母港——珍珠港报到并受领任务，再去西南太平洋参战。

3月4日 大黄蜂号航母从诺福克海军基地出发，穿过巴拿马运河，进入太平洋，驶向西海岸。米切尔上校站在舰桥上，眺望着这片他即将驰骋的疆场，他极力思索，想去勾画出未来战斗的场景，可是他却有些茫然……

为什么？因为他至今还没有接到一项具体的作战命令。

其实，他哪里知道，一项作战行动正在紧锣密鼓的谋划之中，其中有两位主角，而他正是其中一个还被蒙在鼓里的主角，另一个主角（杜立特）却心知肚明、干得正欢。他的任务，虽然在陆军航空队的B-25上舰试飞之时已露端倪，可那却只是个朦胧的猜想，一切都要等敲定之后才会向他宣布。

那要等多久呢？不会太久了，到月底前他就一切都明白了。而现在，请往下看，上级正在为他安排。

东京上空三十秒

3月19日　邓肯奉金上将之命飞抵珍珠港，去与太平洋舰队司令尼米兹上将（Chester W. Nimitz）研究落实航母特遣舰队的编组、战术保障和行程安排问题。其实，尼米兹对这个奇袭东京的计划始终持有异议，他担心这会导致日本进行疯狂的报复，而以当时太平洋舰队的情况，却没有足够的兵力去抵御日军的攻势。但是，这毕竟是顶头上司金上将的决定，又是与陆军合作的大事。他只得认真对待。他决定由哈尔西中将领导执行这项任务。

整个任务编组由两支特遣舰队组成：

一支以大黄蜂号航母为首，由该舰舰长米切尔上校率领，从旧金山湾区出发，负责载运杜立特的机队，称为“第18特遣舰队”；

另一支以企业号航母为首，由哈尔西中将亲自率领，从珍珠港出发，负责护卫，称为“第16特遣舰队”；

两者会合后整个舰队统称为“第16特遣舰队”（或“迈克特遣舰队”，代号为“TF-16”。相应于此，把原第16特遣舰队的代号定为“TF-16.1”，而第18特遣舰队的代号定为“TF-16.2”。但在海军的正式文件中，例如米切尔给金上将关于杜立特空袭的正式报告中，自称仍用“第18特遣舰队”司令），以企业号航母为旗舰，总指挥为哈尔西。具体组成如下：

第16特遣舰队

航母1艘：企业号（Enterprise CV-6）；

迈克特遣舰队领导哈尔西（上）与米切尔（下）

（来源：U.S. Naval Historical Center）

巡洋舰2艘：盐湖城号（Salt Lake City CA-25）、北安普敦号（Northampton CA-26）；

驱逐舰4艘：巴尔奇号（Balch DD-363）、范宁号（Fanning DD-385）、本哈姆号（Benham DD-397）、艾来特号（Ellet DD-398）；

油船1艘：萨宾号（Sabine AO-25）。

第18特遣舰队

航母1艘：大黄蜂号（Hornet CV-8）；

巡洋舰2艘：纳什维尔号（Nashville CL-43）、温森斯号（Vincennes CA-44）；

驱逐舰4艘：格温号（Gwin DD-433）、梅雷迪思号（Meredith DD-434）、格雷桑号（Grayson DD-435）、蒙森号（Monssen DD-436）；

潜艇2艘：鳟鱼号（Trout SS-202）、长尾鲨号（Thresher SS-200）；

油船1艘：西马诺号（Cimarron AO-22）。

3月20日 大黄蜂号航母到达圣地亚哥海军基地。在那里，舰载机航空大队的人马登舰，该队装备的是：海军新的“F4F-4野猫式”战斗机和“SBD-3无畏式”俯冲轰炸机。

3月22日 邓肯飞回华盛顿向金上将报告：“诸事齐备，就等杜立特上马了”。金上将立即打电话告诉阿诺德上将。阿诺德随即致电在埃格林基地训练的杜立特：率全队人马，飞去加利福尼亚州萨克拉门托市的“麦克莱伦陆军航空补给站”（McClellan Air Depot, Sacramento），进行飞机临战前的最后检修。然后，于3月31日，率队

到旧金山湾的阿拉米达海军航空站（Naval Air Station Alameda）与米切尔的舰队会合。

[链接：阿拉米达海军航空站，位于加州的阿拉米达市（也就是杜立特的出生地，你看巧不巧？）。从1936年到1997年为美国海军在旧金山湾的东北部岸边的一个大型航空基地。也就因为它是杜立特空袭任务中的、大黄蜂号的始发站，而享有盛名。1997年4月25日关闭。但是，为了纪念大黄蜂号，在它的南端命名了一条大黄蜂路，这条路的尽头，就是“大黄蜂号航母博物馆”。在那里，停了一艘也是“二战”中用过的大黄蜂号航母，但不是载杜立特空袭日本的那艘CV-8，而是CV-12；也不同“级”，前者是“约克城级”，后者是“埃塞克斯级”。只是同名而已。最初它的名字是卡萨奇号（Kearsarge CV-12），后来改成大黄蜂号（Hornet CV-12）就是为了纪念前者。另外还有一艘航母叫香格里拉号（Shangri-La CV-38）也是为了纪念它。由此也可看出，杜立特空袭对美国影响之深。CV-12于1970年6月退役，1998年改为航母博物馆，固定泊于原阿拉米达海军航空站南端的3号码头，向大众开放，至今仍是旧金山湾区的一处旅游胜地。由旧金山驾车前往，用不了1小时即可到达。]

3月23日　早晨，杜立特召集全队人员开会，宣布即将离开这里，并再次强调：不要告诉任何人（包括父母、妻子以及其他亲人）你们在埃格林基地干过和看到过的任何事物。否则将危及你的战友和其他许多人的生命以及任务的完成。

随后，他遗憾地宣布：有两架飞机的机组人员要在今天离队，返回第17轰炸机大队，因为他们的飞机在训练中损伤了。

待那两组人员沮丧地退出后。他对剩余的22架机组的人员说：“在离开这里之前，我们要进行一次测试飞行，从埃格林起飞，跨越墨西哥湾，贴着海面飞到得克萨斯州的休斯敦，再飞回来。这将是在埃格林的最后一次飞行，大家的集训生活就结束了。然后，就准备出发，目的地是位于加州首府萨克拉门托的麦克莱伦航空补给站。仍由希尔格带队，米勒教官随行。在这次从东到西横跨大陆的长途飞行中，也将是对各机组人员的集训成果和改装后的飞机性能的一次实际考验。到该站后，飞机将进行最后的检修”。

会后，小伙子们都各自在心中回味：“集训生活就结束了”和“最后的检修”这两句话。很明显，要执行任务了。不过，既然规定对“猜想”不准讨论，大家也就心照不宣了。

说干就干。当天，就进行了测试飞行，这奠定了最后选择执行任务的飞机和正式队员的基础，不过大家并不清楚，只有杜立特心中有数。

3月24日 凌晨3:00，紧急集合，杜立特宣布：上午11:00准时出发，并宣布规定：到西岸后任何人不准对外打电话。

当天，全队飞到得克萨斯州的圣安东尼奥（San Antonio），夜宿当地。

3月25日 全队飞往马奇菲尔德航空基地（March Field Air Base）。中途，在亚利桑那州的凤凰城（Phoenix，也译为菲尼克斯）加了一次油。在该基地又过了一夜。不过，杜立特未飞来这里，而是从圣安东尼奥直飞萨克拉门托的麦克莱伦航空补给站了。

[链接：马奇菲尔德（亦称“三月场”）是美军最早的航空基地之一，启用于“一战”时（1917年），在加利福尼亚南部的里弗赛德（Riverside）附近。珍珠港事件后，这里是美军最繁忙的基地之一，成了陆军航空队培训驾驶员的主要基地。许多轰炸机大队都是在这里建成并派往太平洋战场。“二战”后，这里曾先后成为战术空军司令部、大陆空军司令部和战略空军司令部所在地，红极一时。20世纪末被整编，收敛锋芒。现名为马奇空军预备基地（March Air Reserve Base），属于美国空军预备役司令部管辖。在那里，现在有一个对外开放的航空博物馆（March Field Air Museum），也是美国空军最大的博物馆之一，馆藏十分丰富。]

3月26日 全队人马到达麦克莱伦航空补给站。杜立特与补给站站长克拉克上校（John M. Clark）和他的工程师、技师们研究了检修事宜，让他们换装一些机件，却又叮咛他们：飞机其他部分，也已经过特殊改装，并非原标准配置，特别是化油器已调到最佳省油位置，千万别动。

可是，这里的工作人员却有点让杜立特不大满意。因为，他们觉得这些B-25实在是一些“怪物”。你看，尾部炮塔没有机枪，却装了两根漆黑了的“扫帚杆”，在这两根“扫帚杆”之间，又装了一架特殊的照相机；无线电台也拆掉了；到处“挤”一些大大小小的油箱，有的还是橡皮的；高级的“诺顿投弹瞄准器”也没有了，却装了个铝板做的“四不像”；如今还要他们把腹部炮塔也去掉，改装上60加仑的油箱；把背负式降落伞改为座椅式降落伞；把螺旋桨换成新的。对于这些干惯了正规武器装备检修的技术人员来说，实在无法理解，这哪里像是用来作战的，倒像是些道具。加上问机组人员：这些飞机用来干什么？他们又神秘兮兮地说不出个所以然来。于是，干起活来也不那么认真起劲。这让杜立特十分恼火，甚至一状告到阿诺德司令那里。一切才顺利完成。

3月28日 邓肯飞到圣地亚哥海军基地，亲自将金上将的命令送到米切尔舰长手中。命令他不要去珍珠港了，而是改道去阿拉米达海军航空站，与陆军航空队的人马会合，去执行特殊任务。

3月30日 上午，杜立特召集全队开会，他说：“这里的工作已经结束，明天由希尔格少校率领大家飞往旧金山湾的阿拉米达海军航空站。而我今天先去那里，安排有关事宜。由于飞机又经过改装，虽然也经过试飞，但大家在这次转场飞行中，仍然要特别留意飞机有没有问题，这里离目的地不远，每架飞机一定要保证有1小时的留空时间，然后再着陆。飞机一架一架地起飞，不编队飞行，我在那里迎接你们。”

会后，杜立特又给希尔格叮咛了几句就启程飞往阿拉米达了。小伙子们从杜立特的语气中预感到：他们盼望已久、但又很神秘的大事已经临近。

当天傍晚，杜立特由阿拉米达驾车去旧金山的“费尔蒙特宾馆”（Fairmont Hotel），与海军的哈尔西中将、邓肯以及哈尔西的参谋长布朗宁（Miles Browning）上校碰头。哈尔西和邓肯详细地解释了海军的编组和计划。然后，他们又用了3个多小时仔细地讨论每一项细节。

最后确定的日程是：

米切尔率领装载B-25的大黄蜂号和第18特遣舰队，于4月2日从旧金山湾出发，由两艘潜艇前行巡逻，以保证全舰队在安全范围内行进；

哈尔西由旧金山返回珍珠港，4月8日率领第16特遣舰队由珍珠港出发；

预定两舰队于4月12日在北纬38度，经度180度处汇合，并继续西行；

舰队在距日本海岸800海里处加油。预定4月19日下午抵达距日本海岸500海里处，空袭队于黄昏时起飞对日本实施夜间轰炸。然后飞越中国东海，于4月20日白天返航至中国浙江省的衢州机场降落，该机场坐标是北纬30度，东经119度。在那里加油后，再飞往中国重庆（中国抗战时的临时首都，习称“陪都”）。

[链接：衢州，位于浙江省西部，设县已逾千年，当年（“二战”时）是个人口仅有4万多的小县城，但因杭州失陷，却成了抗日战争的前线。1985年将邻近的江山、常山、开化、龙游等县市并入改为省辖市。由于东靠省内的杭州、金华、丽水，西邻江西省的上饶、景德镇，北连安徽省的黄山，南接福建省的南平，故有“四省通衢”之誉。

衢州机场，位于衢州老城东门外约3公里处。始建于1933年，初期跑道仅长500米，次年延伸至800米，一个简易的小机场而已。抗战爆发后，1937年、1939年、1941年和1942年，又进行了多次扩建。特别是1942年春，扩建目标是：可供50架B-25起降。为此，翻修跑道，长加至1600米，宽加至60米，起落地带宽加至150米，垫巨型石块厚达60厘米，并以黄泥浆填灌。当时动员了衢州、金华、丽水、严州等附近14个县的数万民工突击抢修，在不到两个月的时间里，征集了直径为20厘米以上的大木360万根、毛竹90万根。当时的浙江省主席兼第三战区副司令黄绍竑在其《五十年回忆》中写道：“四百五十万根木、竹，数目何等惊人！衢县县城的人口，不过4万多，然堆在城区附近的竹、木，就比它的人口数多出十倍以上。我到那里去巡视，只见竹木，少见人头，真不胜其沉痛与悲戚！” （旁白：奇怪吗，看到这样壮观的场面，他为什么还会

“沉痛与悲戚”？那是因为把周围几个县的树、竹都砍光了！）

天寒地冻、风雨无阻。当时，日机空袭频繁，当敌机来袭，民众就在水沟或树下躲避，敌机离去则继续施工；或因白天遭日机轰炸、扫射，就在夜间通宵达旦地抢修。这样，终于在4月初抢修完成。]

如此看来，好像是只待杜立特空袭队到来了。但是，他们是否能顺利降落呢？且待稍后再叙。这里还是继续谈谈杜立特他们开会的事。

在讨论的诸多问题中，有一个问题讨论最久，也值得在此说明一下。那就是：如果中途被日本人发现了怎么办？

一致同意的结论是：若在到达起飞点前被日本人发现——

如果靠美国这边近，就往夏威夷或中途岛靠拢；

如果靠日本近、又已在允许范围内，就立即起飞、拼力一搏，遂行任务；

如果两边都“够不着”，就把B-25推下海，让航母的舰载机到飞行甲板上来，起飞拒敌。

总之，一句话：要保住这支舰队。因为美国在太平洋上就只有这点“老本”了，再也输不起了，一定得留着它来“翻本”。

3月31日　上午，大黄蜂号航母抵达阿拉米达海军航空站，停泊在该站的3号码头。

同日，22架B-25也陆续飞来。杜立特与他的作战官约克上尉迎接并询问每一个机组的人员，了解他们的飞机有没有问题，凡是有毛病

所以罗斯福那句“香格里拉”，主要不是为了“幽默”，而是为了这支宝贝舰队的安全。由此也看出，为了“杜立特空袭”，美国海军冒了多么大的风险。说穿了就是要打赢这场罗斯福所说的“心理”战！你想想，十几近二十架飞机，而且只能干一次，能炸出多大的战果呢？如此兴师动众，精于计算的美国人能算不清这笔账？非也。他们算的不是“物质账”，而是“精神账”。他们看重的是，这是一个质的变化：把战火烧到了日本本土！这无论对美国人、还是对日本人，以至全世界的人都是一个大震动！这才是杜立特空袭的本质所在。

停靠在3号码头的大黄蜂号

当然，这不是当年杜立特空袭队员们登上的那艘大黄蜂号Hornet CV-8，而是为了纪念它而停泊在此的大黄蜂号Hornet CV-12，如今是“大黄蜂号航空母舰博物馆”（USS Hornet Museum）

（来源：作者摄于当地）

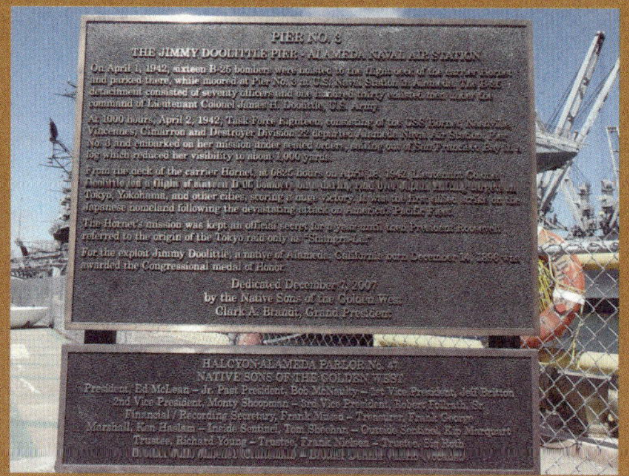

3号码头上的纪念碑

这是2007年12月7日立的碑，记录了当年杜立特空袭队在此登船奔赴东京的事迹

（来源：作者摄于当地）

你看，B-25B就是这样固定在大黄蜂号航母的飞行甲板上（来源：U.S. Naval Historical Center）

的飞机一律停在另一停机坪。他告诉他的小伙子们，有故障的飞机不上舰，但人员一律上舰，作为后备队员。结果是18架过关。他与米切尔商量，米切尔却说，甲板上只放得下15架，可以1架作为备份，争取更紧凑排列后放上去。

当杜立特与他的小伙子们把自己的飞机交给海军人员之后，他们惊异地发现：海军人员的技能是如此优秀。他们非常熟练地把陆军的B-25轰炸机的主油箱抽空，再把飞机“牵着鼻子”、用拖车拖到航母边，又快速而安全地把它们吊上甲板，并把16架B-25一架紧靠一架地固定在飞行甲板上，而且杜立特驾驶的1号机排在最前面，好像B-25也是海军人员的老相识一样。

杜立特把上舰的飞机及其相应的机组人员编为1—16号。

例如，他的1号机组成员，除杜立特外，人员均来自第17轰炸机大队第34轰炸机中队，他们是：

杜立特（James H. Doolittle），中校，驾驶，领队，45岁；科尔（Richard E. Cole），中尉，副驾驶，26岁；波特（Henry A. Potter），

1号机组人员

这是1942年4月16日1号机组的实际成员（不是演员），在大黄蜂号航空母舰甲板上的合影。从左起为：波特、杜立特、布拉默、科尔、伦纳德（来源：USAF）

7号机组人员

这是1942年4月16日7号机组的实际成员（不是演员），在大黄蜂号航空母舰甲板上的合影。从左起为：麦克卢尔、劳森、克利维尔、达文波特、撒切尔（来源：USAF）

中尉，领航，23岁；布拉默（Ferd A. Braemer），中士，投弹手，25岁；伦纳德（Paul J. Leonard），中士，机械师/枪炮手，29岁。

《东京上空三十秒》的作者劳森是在“7号”机组。其成员均来自第17轰炸机大队第95轰炸机中队，他们是：

劳森（Ted W. Lawson），中尉，驾驶，机长，25岁；达文波特（Dean Davenport），中尉，副驾驶，23岁；麦克卢尔（Charles L. McClure），中尉，领航，25岁；克利维尔（Robert S. Clever），中尉，投弹手，25岁；撒切尔（David J. Thatcher），中士，机械师/枪炮手，20岁。

其他几个负责人所在机组是：

希尔格少校，执行官，在14号机组，驾驶；约克上尉，作战官，在8号机组，驾驶；琼斯上尉，领航兼情报官，在5号机组，驾驶；格里宁上尉，枪炮/炸弹官，在11号机组，驾驶；鲍威尔中尉，工程师，在12号机组，驾驶；胡佛中尉，军需官，在2号机组，驾驶；斯托克中尉，摄影师，在10号机组，副驾驶；怀特中尉，随队军医，在15号机组，枪炮手。（他在麦克莱伦航空补给站时，为每个机组都配备了急救箱，还把每个队员的血型登记在大家随身携带的身份卡上。）

米勒成了一个特殊人物，既不是航母舰队的在编海军人员，又不是空袭队在编的陆军人员，而是陆军队伍中的海军上尉。他上舰后，碰到不少海军学院的校友和在彭萨科拉海军航空站待过的海军航空兵战友，大家都向他打听：这帮陆军航空队的人马要去干什么？他只能两手一摊、面对一双双疑问的目光，无奈地答道：我也不知道。

负责人中，唯有少校副官约翰逊，因飞机未上舰，正好成了后备队员的领队。

黄昏时节，杜立特集合全队，点名，并告知即将登舰。他强调：上舰后要尊重海军战友的安排和舰上规定，注意保密、注意安全。上舰的陆军将士共计134人，包括空勤和地勤人员，其中有70名军官。此外，米勒上尉也随队上舰。

上舰的时刻到了。站在舷梯下的陆军小伙子们，听到舰上广播：“陆军人员请注意：上舰后请先向舰旗敬礼，再自报军衔、姓名后，由接待的水兵安排各位。”

陆军官兵们上舰后，没有初登大舰的兴奋，却有自尊心受伤的失落。他们觉得不是受到海军战友客人般的接待，而是一种公事公办、按单接“货”式的安排。水兵们按各人军衔的差别将他们带向不同的舱室。进屋之后，水兵指着一张空床对他说：“长官，这是你的床位。如果出去，请记住门上舱室的号码，以免迷失。”说罢，敬个礼，就转身离去。

留下一个不知所措的陆军人员，他拍拍上铺、摸摸下铺，或者摇一摇吊床。这个在陆地上住惯宽敞明亮、舒适的大房的人，对舰上这狭窄阴暗、别扭的舱室毫无思想准备。

他走出门外，看到的也是狭窄低矮的过道，不明白出口在哪里。进来之时只顾跟着走，没有注意是向左、还是向右，是该向前、还是向后。那就向前走吧。走了几步，看到一个楼梯，爬上去，却又推不开上面的盖子。只好退了下来，回头走，看到来

试一试

我觉得航母上的床位真的不太舒适。这就是大黄蜂号航母上的舱房，这间较大能睡十几个人，也有睡两三个人的小房间，床铺大小都差不多

（来源：作者摄于“大黄蜂号航母博物馆”）

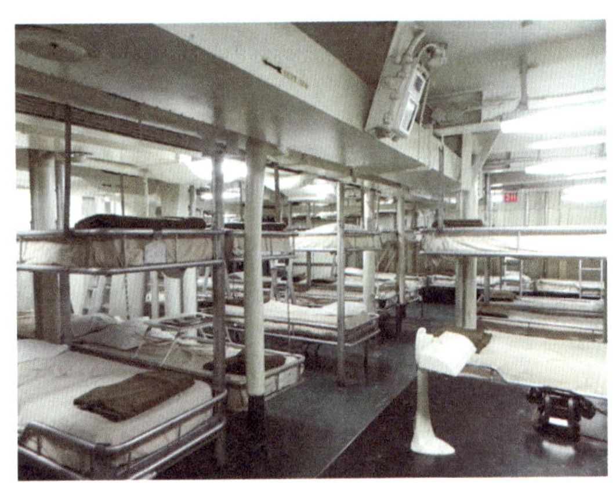

这个舱室床铺就舒适一些

是为病号和伤员准备的。你看，第二个床上还放着伤员吃饭用的桌子

（来源：作者摄于“大黄蜂号航母博物馆”）

了个人。原来是同队的战友。

两人几乎同时问道：“你在干什么？”

两人又几乎同时回答：“没什么，随便走走。”

两人对视一瞬，然后苦涩并心照

不宣地大笑起来……

是的，他们觉得不是滋味。快两个月了，从西到东、又从东到西，已经横跨大陆飞了一个来回，盼望的战斗任务却还在与他们捉迷藏。也不知这艘舰要把他们运到哪里、载向何方？更不知何时能重登机座，翱翔蓝天？

陆军的人员觉得不是滋味。你以为海军的人员就觉得很是滋味吗？完全相反，他们更觉得不是滋味。本来，上了最新、最大的战舰，试航也通过了，更接到了加入战斗序列、开赴西南太平洋前线的命令。于是，兴冲冲地从大西洋开到了太平洋，舰载机和弹药、物资均已装载，可以说万事齐备、只欠东风了。却突然，风向骤变，不去夏威夷、来到旧金山，来搭载陆军航空队的人马。把好好一个航空母舰当成了“运输船”。也不知要把他们送上哪个小岛、运到何处岸边？你看，好好的新式B-25轰炸机，尾巴上却装着两根扫帚杆，显然不是去打仗的。真没劲，怎么会轮到这种“倒霉”差事。加之，海军的人本来就有一种优越感，没把陆军放在眼里。在这样的形势下，你说海军的人员心里是什么滋味？

4月1日 就在陆、海军人员都“不是滋味”的氛围中，大黄蜂号驶出了阿拉米达海军航空站，小心翼翼地来到了旧金山，停泊到军港的9号码头。第18特遣舰队的其他舰只，也都先后来到这里，众星捧月式地依偎在大黄蜂号的身边。

与众不同的是，杜立特这天兴致却很高，不仅是因为米切尔客客气气地把他宽敞舒适的舰长卧室让给了他，并对他说：“这是舰上最大的房间，如果你要召集保密的会议，这里很合适。”

而且，更主要的是他为之忙碌了几个月的目标就要实现了！他把小伙子们叫到一起宣布：“明天就要远航，今天放假，大家都可以上岸玩个痛快。唯一要再次强调的就是：保密！管好你们的嘴！”

接着，他本人也上岸去了。因为，阿诺德司令特别安排，让杜立特的夫人乔（Joe Doolittle）来“妻子送郎上战场”。乔昨天就已到旧金山的宾馆里等他。

当杜立特一进宾馆的电梯，开电梯的侍者望着他那一身戎装，就很“内行”地说：“我知道你明天就要出发了。”这可让他大吃一惊，但他什么也没有说。他在想：保守军事机密有多么困难！真不知道他还知道些什么？

不过，等他平静下来一想：大黄蜂号，那么一个庞然大物停在码头上，还有那么一堆B-25轰炸机“摆”在甲板上，又有那么多陆、海军官兵“一窝蜂”地拥上岸来，显然不是来旧金山“蹲点”的，而是要去什么地方。这一点随便哪个路人都看得出来。想到这里，他也就释怀了。

第二天一早，在与乔一起用过早餐后，他对乔说：“我要出国一阵子，一旦有可能我会尽快联系你。”

乔含笑点了点头。她了解他，当初在公司工作之时，他去任何地方都会事先告诉她。但自从他穿上这身制服之后，她知道自己是军人的妻子，她没有权利知道他的行踪，那是军事机密。而杜立特心里却明白，这一去也许……

两人告别拥抱之后，杜立特就在乔的注视之下，驱车向海军码头驶去。

4月2日　上午10:18，旧金山湾海面大雾迷漫，能见度只有1000码[1]。第18特遣舰队却悄然起锚，开始绝密航行。没有送别的人群和鲜花，更没有军乐和礼炮轰鸣。米切尔和杜立特都不希望惊动“四邻”。米切尔向舰队人员宣布的是：要运送B-25到太平洋前哨阵地。

两艘潜艇早已离去，8艘水面舰只也陆续穿过金门桥，驶向太平洋。这时，一位海军军官给杜立特送上几份通报：

前两份分别来自阿诺德上将和马歇尔上将，祝他一帆风顺！

另一份则是来自金上将的手写便条，上面写道：

“欣悉由你率领随大黄蜂号出征的陆航编队，这使我信心倍增。衷心祝愿你和你的将士们马到成功，胜利归来！”

还有一份则是阿诺德的通知。告诉他：关于他所要求的中国那边需要准备的事项，均已就绪，让他放心。

他要中国那边准备什么？

准备着陆场地、准备导航电台、准备油料补给。

① 1码＝0.9144米

蒋介石与史迪威

这是杜立特空袭的第二天（1942年4月19日），蒋介石（左）与史迪威（右）在缅甸的眉谬（Maymyo，Burma，这里是英国殖民地的夏都）机场。蒋介石与史迪威不和之事，中美皆知，如今宋美龄拉着他们两人，三个人居然能笑到一起，而且笑得如此忘形，这是为什么？为杜立特空袭的成功？为缅甸战场的胜利？还是看见了什么有趣之事？你猜猜吧（来源：wikipedia.org）

因为，如前所述，B-25只能从航母上起飞，却不可能在航母上降落。那么，炸完日本后去哪里降落呢？本来，美国人最希望去苏联控制的海参崴（即现在的符拉迪沃斯托克）降落。因为，空袭完日本东京后飞那里又顺路又近（约520海里，这样就和预定从航母起飞的距离差不多）。但苏联人不愿合作。只好飞往中国，但这样就远一些，也危险一些。因为中国东部已被日方控制。直接飞西部（例如，重庆或昆明），油又不够；太靠东部又怕日军侵扰。中国当时航空极不发达，并不是哪里都有机场。即使有，也降不了B-25这样较重型的轰炸机。因此，经过调查，选了浙江的衢州机场。

也许你会觉得奇怪："二战"中，中、美、英、苏不都是同盟国吗？为什么中国干、苏联却不干？这就是国际政治"奥妙"之处。

原来那是因为，苏联不愿得罪日本。你别看那时中国已经同日本血战了4年，也别看美、英都已同日本开战，但同为"盟国"的苏联与中、美、英的共同敌人（日本）却还保持着"友好"关系。如果你美国飞机炸了日本后，再跑到我苏联来，我怎么向日本朋友交代呢？

正当阿诺德为此事犯愁之际，一个人出现了。这就是在中国颇有名气的史迪威（Joseph W. Stilwell）。1942年2月，时任美国陆军第3军军长的史迪威晋升为中将，并被委以新职：盟军中国战区参谋长兼中缅印战区美军司令。在他出国前、来首都华盛顿开会之时，阿诺德对他说，陆军航空队的B-25要去轰炸日本（没说从哪里起飞），回程希望在中国适当的地方降落，请他协助落实中方的机场，并为该机场配备导航台、英文翻译和储备适量的航空用油。

［链接：史迪威，1904年西点军校毕业，“二战”前曾多次来华，并两度出任美国驻华武官以及其他军职。会说中文，堪称美军中的中国通。珍珠港事件后丘吉尔来美与罗斯福开会，商定成立“盟军中国战区”，推举蒋介石为盟军中国战区总司令，并派史迪威来华协助，任盟军中国战区参谋长兼中缅印战区美军司令。1942年3月来华就任新职（这是他第5次来华）。他为中国的抗日战争做出了贡献，特别是在缅甸指挥盟军和中国远征军对日作战中，战绩卓著，但却因与蒋介石相处不欢，而于1944年10月被罗斯福召回美国（据资料称，两人除在战略、战术、性格特点以及指挥权限方面的分歧外，还有一个过去较少提及的重要方面，即史迪威与共产党方面的合作，最近有一个在大陆热播的电视剧《锁定美军特使》就反映了这一侧面）。中国人民并未忘记这位战友，1991年有关方面将他在重庆市嘉陵新路63号的故居，整修为“史迪威将军博物馆”，以资纪念。］

在中国降落，这件事说起来容易、做起来难。因为，当时的中国形势异常复杂。以预定的浙江省为例，那里已是敌我拉锯区。杭州等大城市、铁路沿线和沿海一带已大多被日军侵占。杭州以西，主要是山区及交通不便的地区仍由我方控制。连省政府都已撤到南部山区，并实行战时行署体制，将钱塘江以南绍兴到诸暨等地划归浙东行署，杭州以西的临安、衢州等23个县市划归浙西行署。但敌我边界并不稳定。以浙西为例，所辖县市中，只有7个尚未沦陷过。而且，除了中日的正面对立之外，还有汪精卫汉奸政权和一些杂牌汉奸势力，其间谍、特务活动猖獗。所以，这种动态变化的敌我边界与日、伪骚扰都给杜立特机队的降落，增加了许多不确定性。再加上，美国人对蒋介石的控制能力也并不那么放心。因此，对于这项在美国本土、军内都

何况连史迪威也并不了解整个计划，他最终得到的最确切消息也不过是：“4月20日白天会有20架左右的B-25去预定机场降落。”

要严格保密的空袭计划，美国人当然不放心向蒋介石公开。这样一来，史迪威就为难了。一来他初上任千头万绪的工作缠身；二来既然不解详情，对这件事的重视程度自然就会打折扣；三来又要用中国的机场和人力，又不想让最高当局知道，这事做起来就更难；四来当时的中国机场少而且设备落后，训练有素的人员也缺乏，导航设备原始，而航空用油本身就是靠美援，本来就不够用，哪来的储备。总之，不好办！

事后才知，其实并不能那么令人放心。知道有美国飞机要来降落是一回事，能否准备好又是另一回事。何况，一直到杜立特空袭队已经飞向日本之时，阿诺德、马歇尔还在与史迪威就场地、无线电信标、是否告诉蒋介石以及保密等问题争论不休。史迪威甚至还提出：希望行动推到5月底，这样就能有比较充裕的时间准备好有关机场的一切。而阿诺德和马歇尔则用非常严厉的口气回答：时间绝不能变！可是，杜立特他们自己的行程却变了，所以一切也就变了，这是后话，暂且按下不表。

不好办也得办！

其实，让史迪威办这件事，有不利的一面，也有有利的一面。因为，第一，他有盟军中国战区参谋长的头衔；第二，中国空军又与美军关系最为密切（这不仅因为积极筹建中国空军的宋美龄是亲美派，而且还有陈纳德飞虎队这层关系）。所以，不经过蒋介石也能“捅”到下面去；加之第三，阿诺德除了是陆军航空队司令之外，还有个陆军副参谋长的头衔，也是史迪威的顶头上司之一，他交代的事，史迪威就算慢，也得办。

不过，阿诺德却容不得他慢慢办。不仅三番两次地急电催促史迪威，而且也直接电令刚到印度不久的第10航空队向中国运送航空汽油和润滑油。3月底，史迪威也电告阿诺德：在标准石油公司那里找到一些高辛烷值的航空汽油；还向中方要到了导航波段的使用权；机场也有了着落，主选机场为中国浙江的衢州机场，备用机场为附近的玉山和丽水机场，也知会了当地有关方面；那里离上海大约300公里、离重庆大约1300公里，可在那里降落和加油后，再飞往重庆。这样一来，阿诺德也就放心了。所以他通告杜立特让他也放心。

再说杜立特，他接到了这一连串令人振奋消息，正待与米切尔分享之际，

又跑来一个海军军官，告诉他：总部打来紧急电话，让他去接。这样一来又让他的心情从天上掉到了地下，他想：可能是阿诺德来的电话，让他停止行动。要不然那个海军军官怎么会“火烧眉毛”似的。

他三步并作两步跑进无线电室，电话员悄声向他耳语一句：“是马歇尔将军。”杜立特也很紧张。他脑中一闪：如果是阿诺德通知中止，他还能争辩两句。可是，如果是马歇尔下令，他却不敢说什么。

> 难怪那个海军军官如此紧张，这可是军队最高首长的电话，再上去就只有总统了。

他惶恐地抓起电话，就听到对方威严的声音：

“杜立特吗？”

“是的，长官。”他忙答道。然后，忐忑地等待坏消息到来。

“我只是想亲口对你说一声：祝你一帆风顺！”马歇尔说：“我们为你祈祷：祝你好运！平安归来！再见！”

“谢谢！谢谢！长官。谢谢您！”杜立特如释重负地连声称谢。

杜立特太高兴了。军队的最高首长居然专门给一位中校打一通如此亲切的电话，特别是在已经发了祝福电报之后。这说明自己所担负的任务在日理万机的长官心中的分量，也证明了这项任务对国家的重要性。他为自己能肩负如此重担而庆幸！他举目望去，时正中午，大黄蜂号已驶进大洋。海阔天空、神清气爽……

回到舰桥之上，他与米切尔来到舰长办公室（现在也是米切尔的临时卧室，大卧室让给杜立特了）。在简短地分享了首长的祝愿之后，杜立特又向米切尔讲述了那天在旧金山宾馆中与哈尔西等人讨论的事项。接着，两人详细地交换了前一阶段各自所进行的准备工作，分析了双方部队的情况。他们一致认为：向部下宣布任务的时刻到了。在这茫茫大海之上，泄密已不是问题。而且，尽早宣布，一来可以平定大家对任务的猜疑情绪；二来还有许多战前准备工作要做；三来有利于融洽陆、海军官兵之间的关系。决定先由杜立特在陆航队中宣布，再由米切尔向全舰队宣布。

4月3日 怀着喜悦、带着兴奋，杜立特召集全队开会。在大家还在互道问候、议论纷纷之时，他突然朗声说道：

“现在我正式宣布：我们的任务是轰炸日本！轰炸东京！”

本来还嘈杂的会场，突然出奇的宁静，几乎能听见小伙子们激烈的心跳声。接着，爆发出了如雷的掌声！在米切尔的舰长舱室中，出现了一幅狂欢的场面：人们拥抱、抛帽、拍肩、嬉笑……

几分钟后，他击掌、摆手，让大家安静下来。接着说道：

“这次任务既重要、又空前，但危险性也很高，机毁人亡、被敌人俘虏、各种预料不到的事都可能发生。所以，我在此再一次强调那句老话：我只要志愿者！现在任何人都可退出，不需理由、也不会被歧视，举手就可以了。”

没有人举手，谁也不会举手。在任务不明确时，都没有人退出，何况是现在。轰炸日本、轰炸东京，这是全美国人民、美军上下一致的愿望，也是每一个轰炸机飞行员长期渴望的战斗任务，终于可以亲自来实现，而且是带头实现。这是千载难逢的幸运，鬼使神差的机缘！这时，在座的每个人只有一个心愿：出色地完成任务，绝不给陆军丢脸……

接着，他对任务的轮廓进行了一些解释。包括整个特遣舰队的编组、领导序列、日程安排等。当然，也讲到了与哈西尔等人讨论过，应该让大家知道的问题，特别是树立“舰队安全第一”的思想。

最后，他总结说：“从现在起进入备战阶段。我要与你们研究、分配任务，商讨作战细节；也要请有关人员给你们介绍目标情况；各机组还要与地勤人员和后备人员一起，对战机进行认真的战前检验和武器弹药的加载准备。”

他也要求候补队员不可置身事外，要有随时替补进来的准备。实际上，候补队员也是个个摩拳擦掌，主动找事干。甚至还有人“悬赏”求战，说他愿出钱奖赏把正式机组成员身份让给他的人。

他说完后，有人问道：“万一在东京上空飞机被打坏了呢？”

“找一处能造成最大破坏的目标，开足马力猛栽下去！”

这，就是杜立特要传达的精神。

4月4日 米切尔让传令官用旗语

通知全舰队随行各舰，同时他自己又亲自用舰上扩音器广播：

“本舰队驶往日本！本舰队载送陆军空袭队去轰炸东京！”

像堤决、似山崩，全舰一片欢腾！这是一次陆、海军官兵的空前大联欢。

陆军小伙子关起门庆贺的“被压抑的”激情，也终于得到释放。从此，他们与海军战友可以坦率地交谈了。而海军将士们也一反常态。如今，在他们身边的陆军人马，不再是“承运的货物”，而是和他们一同奔赴疆场的亲密战友，是一群勇士，是一队即将去轰炸日本的“天兵”！从此以后，海军人员对陆军人员待如上宾。

杜立特空袭队的两位教官朱利卡（上）和米勒（下）
（来源：大黄蜂号博物馆）

在随后的日子里，杜立特忙于落实任务，归纳要点如下：

行程和目标：他告诉大家，起飞地点预定为距离东京约500海里处，起飞时间预定为4月19日下午。首先由他驾驶1号机于黄昏前起飞，3小时后其余15架起飞。入夜可飞临日本本州岛，对以东京为主的附近几个城市，进行夜间轰炸。他将用他轰炸的火焰，为大家指示航向和目标空域。只炸国防工业和军事目标，严禁炸皇宫和居民区。投弹完，迅速撤离，向南再转西，飞往中国大陆东南部。20日白天，在中国衢州机场降落，坐标是北纬30度、东经119度。地面有人接应，归航信标的识别码是“57”。

在那里休息和加油后，再飞往中国陪都：重庆。

编组和任务 杜立特决定：除他的飞机之外，其他15架飞机，编为5个飞行小队，每队3架飞机，分配任务区域。具体任务是：

第1小队 由第2、3、4号机组成，胡佛中尉带队，负责东京北部地区；

第2小队 由第5、6、7号机组成，琼斯上尉带队，负责东京南部地区；

第3小队 由第8、9、10号机组成，约克上尉带队，负责东京以南和东京湾的中、北部地区；

第4小队 由第11、12、13号机组成，格里宁上尉带队，负责神奈川南部（第11号）、横滨造船厂（第12号）和横须贺海军基地（第13号）；

第5小队 由第14、15、16号机组成，希尔格少校带队，负责东京西南方的3个城市：名古屋（第14号）、神户（第15号）和大阪（第16号）。

安全措施 为了尽可能减少被敌方发现的几率。第一，全程无线电静默；第二，超低空飞行，以躲避雷达；第三，拉大各飞机间距离，16架飞机散开在约50平方公里的范围，这样不仅较容易避开敌方战斗机和防空火力，而且可以给敌人造成大机群的错觉。采取了这些措施后，各机实际上是在“单独行动”，这就要求每个机组对自己的任务和行动路线能充分掌控。

介绍情况：由大黄蜂号上的航空情报官朱利卡（Stephen Jurika）海军上尉介绍日本情况。

朱利卡，生于洛杉矶，却长于菲律宾。在菲律宾、日本和中国都上过学，1933年毕业于美国海军学院。毕业后在巡洋舰上干了两年，就转到彭萨科拉海军航空站学驾驶飞机。后来，就到萨拉托加航空母舰的鱼雷轰炸机中队工作。由于精通日语，又是海军航空兵，因此，1939年6月被派往日本，直至1941年8月都在东京的美国驻日使馆担任海军航空专员，负责收集日本的军事和工业情报，还拍了许多敏感地点的照片。从1941年8月到10月，他花了两个多月时间，专门给海军情报部部长提供有关日本威胁的详情。从1941年10月，为了新服役的大黄蜂号未来对日作战的需要，

他被派到这里担任飞行甲板长兼航空情报官。邓肯秘密筹划空袭日本时，也问了他不少有关日本的事。

当大黄蜂号的任务已经公开之后，杜立特与米切尔商定，由朱利卡担任空袭队员的情报教官。朱利卡花了许多时间，给大家介绍了日本的国情、文化，特别详细地讲解了重要的军事和工业目标的情况，并且逐一地与各机组研究了他们的最佳进出路线、投弹目标和时机。同时也给大家介绍了一些中国概况和着陆点的情况。还教大家说了几个中文词汇，例如，“美国”、“朋友”、“衢州”、“重庆”、“蒋介石”等。

4月8日 以企业号为首的第16特遣舰队，在哈尔西海军中将率领下，8艘舰船陆续开出珍珠港，向西驶去。各舰得到的命令是：开往太平洋前线。

4月13日 两舰队在阿留申群岛和中途岛之间的预定海域（北纬38度，经度180度）汇合并完成编组（注：由于天气原因比预定的12日迟了一天）。这时，哈尔西才正式向原第16特遣舰队的全体人员宣布：“本舰队驶向日本。任务是护卫和运送陆军航空队的轰炸机队去轰炸东京！”

可以想象，官兵们听到这一消息的情况，与第18特遣舰队当日的情景非常相似。全舰队也就在欢呼和掌声的伴随下向西挺进。

4月15日 哈尔西命令油船给各舰加油。当日，海上天气很坏，风狂浪高，给加油都造成一定困难。特别是，加油后继续西进时，由于顶风，使得8艘驱逐舰都有点追不上主力舰队列，只好与油船一起在后面跟随。

下午1点半，收听了日本“东京玫瑰”的英语广播，逗得大伙儿大笑一场，因天气而引起的焦躁情绪才算舒缓下来。

广播中说：“……据传言，有3架美国轰炸机在东京投下了炸弹。这是绝对不可能的。在离东京500海里之内，美国人都不可能做这样冒险的蠢事。强大的日本皇军拱卫着大日本帝国。日本人民沐浴在春天的阳光下，呼吸着樱花的芬芳……”

[链接：“东京玫瑰”，是“二战”时美军官兵给日本东京广播电台女播音员起的外号。那是日本为对美进行“心理战”而播出的一个英语节目，播放一些“心理战”文章，它也

奔袭途中

这是企业号航母在驶往日本，旁边伴行舰为范宁号驱逐舰（来源：U.S. Naval Historical Center）

播放一些引起乡愁的英文歌曲来“瓦解”美军。不过，美军并未被瓦解，而音乐，美军官兵倒觉得很好听，因此就给女播音员取了这个诙谐的外号。据说，主持过该节目的多达12人。战后，美驻日占领军曾搜捕这些人。其中，有一个名叫户栗郁子的女播音员最为出名，因她是一名日裔美国人。为她的事，后来在美国还闹得沸沸扬扬，她自幼在美国长大，“二战”时因返日探亲而滞留日本，并被迫为日本广播。战后被美军逮捕，并因叛国罪而被判刑和开除美国国籍，又因在狱中表现良好而提前释放。20年后，福特总统又赦免了她，恢复了她的美国公民身份。]

4月17日 当舰队到达北纬38度33分、东经157度54分海域时，这里离日本只有约1000海里了，哈尔西下令油船再一次为各舰加油。加油后，油船和驱逐舰离队；主力舰（2艘航母和4艘巡洋舰）继续高速西进，航速20—25节。企业号派出战斗和巡逻轰炸机起飞巡逻。

同时，大黄蜂号启动起飞前准备程序。海军的飞行甲板工作人员，把B-25飞机尽可能向后排列，以便为起飞留出尽可能大的空间。杜立特的1号机排在最前面，离甲板的前端有467英尺；而第16架飞机的尾巴则已伸出甲板末端之外。

甲板上直直地漆着两条白线，是用来引导飞机的。飞机起飞滑行时，左轮对准一条，鼻轮对准另一条，这样就可保证与在右侧的“舰岛”有6英尺的间隙。

而且起飞时，航母要迎风，不能有侧风。这样，既增加起飞升力，又确保安全。

当甲板上飞机的排列工作结束之后。米切尔请杜立特到舰桥上，神色

“东京玫瑰”正在广播（来源：CCTV10）

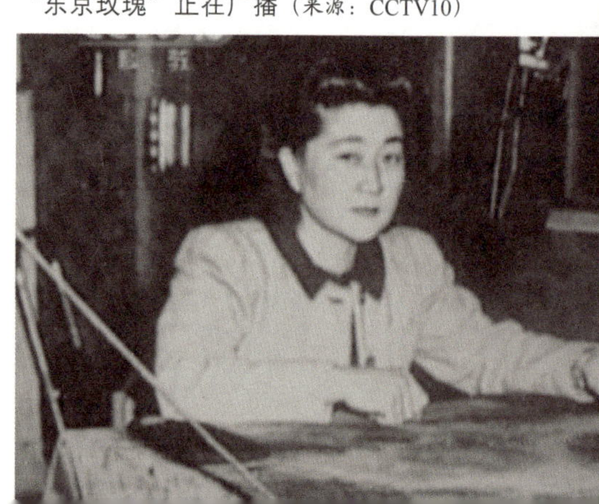

凝重地对他说：“吉姆（Jim,是杜立特名字‘James’的昵称），我们已进入敌人的‘院子’了。从此，任何事都可能发生。我认为，到了需要举行一个小型仪式，讲几句话的时候了。”

他还告诉杜立特，海军部长诺克斯转来了三位海军老兵提供的日本纪念章。这是1908年他们随美国战舰访日时，日本海军赠送的。他们要求诺克斯：“在轰炸日本时，系在炸弹上‘还’给日本人。”

诺克斯部长将纪念章转给了太平洋舰队司令尼米兹，尼米兹又交给哈尔西，哈尔西又派人送到米切尔这里。

这就是航母上的两条线

（来源：作者摄于大黄蜂号航空母舰博物馆）

后来，大黄蜂号上的朱利卡海军上尉知道此事后，又加进一枚，这是他1940年在美国驻日本大使馆工作时，日方赠送的。

于是，杜立特让空袭队的全体人员聚集到甲板上，并搬来炸弹，置于圈中。

首先由米切尔简短致辞，并宣读马歇尔上将、金上将和阿诺德上将对空袭队的祝福。然后米切尔当众将要“还”给日本的纪念章交给杜立特，请他系到炸弹上。

大伙儿情绪高涨，有人还在炸弹上书写标语。例如：

“我不想让整个世界燃烧，只想让东京着火！”

随后，杜立特召集战前的最后一次会议。要求大家准备好任何时候起飞。他说：“如果一切顺利，我们仍然争取19日在预定海域起飞，并在夜间飞达东京。我先起飞，你们随后，我将用我投弹燃烧的火光为你们指示

决战前的欢聚

这是4月17日杜立特（前左）和米切尔（前右）与空袭队员们在大黄蜂号航母上聚会，他手上拿着的就是美国人要“还”给日本人的纪念章（来源：U.S. Naval Historical Center）

杜立特把“还”给日本的纪念章系到炸弹上（来源：U.S. Naval Historical Center）

方位。但米切尔舰长提醒我们，目前已进入敌方‘院子’，也很可能明天就会起飞。一旦起飞命令下达，我们将不再集合，各机组自行登机，各自为战，去完成既定的任务。祝大家好运！”

他要求大家，将所有照片、文件、命令、信件、日记以及一切与大黄蜂号有关的物品整理好留下，海军会把这些东西寄回每个人的家中。

他还提醒大家：这是最后一次申诉退出的机会，过时不候。当然，还是无一人退出。

最后，他还许了一个愿：“记住，当我们在中国重庆再次相聚之时，我将为你们举行盛大的庆功宴会。”

会后，大家就各自准备去了。

至黄昏，各战机的油箱都已加满，弹药和炸弹也均已加载完毕，连引擎的最后一次试运转也已进行。海军人员还为每架飞机配备了：五人救生橡皮筏、救生夹克、手电筒、急救箱、猎刀等。

总之，一切就绪，只待起飞了。

临战前夜，空袭队员反而平静下来，万事齐备，已经无事可做了。他们决心好好睡上一觉，以便保持更旺盛的精力。同时，他们也想做一个好梦，梦到情人的热吻、梦到家乡的芬芳……

可是，天公却不作美。整晚都是狂风暴雨。乌云压顶、浪高三丈。风，卷着浪，漫过甲板；雨，冲刷着战机、淋透了甲板上值勤人员的衣衫……

凌晨，3:10 情况不妙。大黄蜂号接到企业号闪光通信：“雷达发现前方水面有两个未知目标，距离21000码。”并命令改变航向、避免被发现。待雷达上亮点消失，大家才松了口气，再转回航向。

黎明，6:00 企业号派出3架飞机巡逻。其中一架于7:15送回情报：

“发现小型巡逻船，位于北纬36度04分、东经153度10分、方位角276度、距离42英里。”

哈尔西又命令改变航向。但不久，温森斯号巡洋舰上的雷达发现：20000码外有一小船，立即通报企业号和大黄蜂号。这时，大黄蜂号的瞭望哨也报

告：“看到了该目标。”

杜立特想：天已经亮了。如果我们能看到对方，对方也许也看到了我们。

不是“也许”，而是真的看到了。大黄蜂号的无线电员已经截获对方的无线电报。该电报称：

> 也许太紧张了，这个“民兵”船长多报了1艘航母，可能把纳什维尔号巡洋舰也当成航母了

6:30（注：它用的是东京时间，与舰队所在位置的当地时间差1小时），我们在犬吠崎（注：此地为日本东京以东千叶县铫子市的最东端的滨海观光景点，以观日出著称）以东650海里处发现3艘敌人航空母舰。

> 怎么这么困难？924发炮弹挨个排起来也比小船大，是风浪太大，还是小船灵活？是打炮的太慌，还是挨炮的太沉着？看来没有导弹的时代是有点困难。有资料称，在德英的“不列颠空战”中，英军高射炮在初期平均要20000发炮弹才能击落一架德机。

不想发生的事终于发生了。哈尔西随即命令在前方的纳什维尔号巡洋舰击沉敌船。

纳什维尔号接命令后立即出击。一艘大舰与一只小船（约70吨），在这风狂浪涌的大海上，捉起了迷藏。无异于“高射炮打蚊子”。那时美国人还未发明导弹，“纳什维尔号”在离小船约900码处开炮，（海军的资料称）用了20多分钟、打了924发6英寸口径火炮的炮弹，再加上性急的“公牛哈尔西”派出的俯冲轰炸机的炸弹，才总算将这个“小东西”解决了。

这时，时间已是4月18日早上7:55。

哈西尔想，小船虽已消灭，但它的电报已暴露了舰队的行踪，不能等了。为了争取空袭的成功，为了这支宝贝舰队的安全，轰炸机必须立即起飞。

事实也证实了他的想法。这艘敌船，虽然并不是日本正规的军舰，而是“民兵”，是日本第5舰队征用的日东丸23号拖网渔船，用于辅助巡逻外围警戒海域。它这通出自渔民之手的明码电报一发，不仅它的“上司”第5舰队司令部收到，就连日本联合舰队司令部也立刻“炸开了锅”。

山本五十六司令长官立即向各方发出电令：

立即实施《对美舰队作战第三号战术方案》

命令第2舰队司令官近藤信竹海军中将，急率在横须贺基地的全部水面舰艇出击；命令第1舰队司令官高须四郎海军中将，出动第2战列舰队，从广岛湾出发，支援近藤；命令第1航空舰队司令官南云忠一海军中将，立即从台湾南部的巴士海峡掉头东北，围堵美国特遣舰队；命令山县正乡海军少将，派出第26航空战队，从东京的木更津航空基地起飞，向东搜寻等等，等等。你知道山本一共拿出了多少本钱吗？

纳什维尔号巡洋舰

这是1941年4月1日拍的照片（来源：U.S. Naval Historical Center）

日东丸23号被击中了（来源：US Air Force Museum）

5艘航母、6艘巡洋舰、10艘驱逐舰、9艘潜艇、90架战斗机和116架轰炸机。

你看，是不是“穷凶极恶”、“倾巢出动”，一副不灭对方誓不休的架势。

哈尔西的无线电员，也截收到山本发出的这些密集的电令，而且也“看懂”了。你看哈尔西急不急？

不懂倒也罢了。正因为懂了，哈尔西才更着急。其实，对于近藤、高须之流，他倒不担心，因为他们没有飞机，来了也没有制

顺便说一句，美国人早已破译了日本的密码。进行这一破译行动的机构称为“魔术小组”。所以了解日本人的电文，对美国人来说是“小菜一碟”。不过这又是另一个漫长的故事，这里就不多说了。

空权；山县的飞机，他也不太担心，因为很快就可以跑出它们的作战半径之外。他最担心的还是南云的部队，那可是有5艘航空母舰和大批舰载机的庞然大物，被他的舰队咬上，可就大事不妙了。于是，哈尔西当机立断：按既定方针办，命令杜立特空袭队立即起飞。

8:00 大黄蜂号接到企业号用闪光通信发来的命令：

“立即起飞。祝杜立特中校和勇士们好运！愿上帝保佑你们！”

通信官急速地将此命令送到米切尔手中。当然，同米切尔一起站在舰桥上的杜立特也同时看到了这个命令。他二话不说，转身向米切尔挥了挥手，就急冲出去，奔进舱室。

一边向他的部下高呼：“小伙子们，出发！”

一边抓起自己的背包，就向飞行甲板跑去。

与此同时，刺耳的警笛响起，扩音器里传出米切尔的吼叫声：

“陆军飞行员，登机！陆军飞行员，登机！……”

8:03 大黄蜂号位于北纬35度26分、东经153度27分。米切尔下命改变航向，顶风而行，航向方位角310度，航速22节，准备起飞。

只见，飞行甲板上一片忙碌。呼叫声、奔跑声、螺旋桨的轰鸣声，在怒海风声的伴奏下，高奏出一曲精彩的战斗乐章。

不一会儿，一切就绪。海军战友已经在向陆军飞行员道别，祝他们好运！杜立特的飞机已经进入起飞线，米勒上尉正站在飞机旁，最后一次交代离舰拔起的关键，机组人员均已就位，两组引擎也已发动、运转良好，杜立特伸出拇指做了个“可以起飞”的手势，又瞥了一眼手表：当地时间8:20。

8:25 起飞成功了！杜立特的飞机顺利地飞离了甲板！哈尔西在回忆中如是述说：

“那天上午，风在吼，海在哮，海浪拍击船舷，卷起簇簇浪花。吉姆率领他的勇士们起飞了……”

掌声伴随着欢呼，挥别夹带着祝福，在众目关注之下，他甚至还没有用完那短短的467英尺的跑道，就离舰了。

整装待发

这是1942年4月18日，杜立特空袭队在大黄蜂号上起飞前的情景，第一架、停在引导白线上的就是杜立特的1号机（来源：U.S. Naval Historical Center）

7分钟后，第2架升空，那是胡佛中尉驾驶的飞机。接着是第3架、第4架……

当最后一架（法罗中尉驾驶的第16号机）飞机冲出甲板之时，米切尔看了看表，指针在9点24分。16架陆军的B-25中型轰炸机，由一群从未上过军舰的“旱鸭子”驾驶，迎着高达40节风速的狂风，空前的从异常颠簸的航母上起飞，只用了59分钟。平均3.9分钟起飞一架。

真是奇迹！了不起，陆军的健儿们！干得太漂亮了！他看着他的部下们，满带钦佩地挥动着惜别的手。

站在挥别的人群中，哈尔西和米切尔却心情凝重。因为，他们最清楚，这是在一个什么样的情况下起飞的。整整提前了约10个小时。19日的下午，变成了18日的上午，星期天的黄昏，改成了星期六的早晨（注：这里还需要说明一个问题。常言道“百密一疏”，由于计划人员的疏忽，在计算时间时，忽视了国际日期变更线，从而他们所说的19日，实际上是错了一天。因此，他们过去所说的19日，其实就是18日。所以，从表面上看他们好像提前了一天半，实际上只提前了半天。反之，要真是还差一天半的路程的话，他们可就飞不到日本了）。夜晚轰炸东京，却变成了白天，又没有战斗机护航，这会增加多少危险？白天飞往中国，又变成了黑夜，找得到吗？要知道，至今还未见到一张机场所在地区的正规地图。这里离东京还有668海里，比原定的起飞点多出了168海里！汽油够用吗？更何况敌人已经发现，敌人正迎面扑来！杜立特和他的勇士们，飞向的是一个多么艰险的途程呵！

如果哈尔西和米切尔懂得一点中华文化的话，他们也许会在心中泛起一阵

壮志凌云

这是1942年4月18日B-25从“大黄蜂号”上起飞成功的一幅最经典的照片，几乎出现在所有涉及此一事件的书、刊、文件中（来源：U.S. Naval Historical Center）

凄厉的共鸣：

“风萧萧兮海水寒，壮士一去兮难回还！”

但是，他们别无选择。“舰队安全第一”，这是出发前已定下的原则。现在，壮士已经飞去，敌人正在袭来。走，快走！为了未来的胜利，撤出现场、驶回母港。于是，大黄蜂号掉转航向，航向方位角90度，航速25节，追随着企业号，向东疾驰而去。与此同时，米切尔下令，立即将存在机库中的舰载机升上飞行甲板，加油、载弹，飞行员就位，随时准备起飞迎敌。

借用荆轲的诗句“风萧萧兮易水寒，壮士一去兮不回还”。恕我不敬，将千古名句改了两个字。

14:10 又遇两艘日本警戒船，又是巡洋舰和舰载机联合攻击，很快解决。击沉、重创各一艘，美方损失舰载机一架。

勇士出发了

这是当天从企业号航母拍的照片：战机从大黄蜂号航母上起飞，扑向日本

（来源：U.S. Naval Historical Center）

接下来的几天，他们都在躲避日本联合舰队的疯狂追击，但总算有惊无险，并未与追击舰队遭遇。

4月25日 迈克特遣舰队安全回到珍珠港。

再回过头来看空袭队这边。

迎着海风，贴着海面（最低的时候离浪头大约只有20英尺）。为了节约汽油（又多了100多海里，他们更得精打细算），他们没有编队（编队也得花汽油，这是早就定下的），而是分散地、以低巡航速度各自向东京方向飞去（当然看起来仍是颇为壮观的一幅画面，整个机队散布在50英里宽、150英里长的阵面上）。以这个速度，他们大约要飞6个小时才能到达东京。

在海上飞行，他们习惯吗？

习惯。为什么？因为他们原先干的是反潜巡逻，也是成天在海面上飞。

向日本飞去，他们紧张吗？

紧张。为什么？因为那是一个从未到过的空域，何况还有一群没有交过手的陌生敌人把守。

会与敌人遭遇，他们害怕吗？

不怕。为什么？因为这是他们朝思暮想的战斗机会，他们早就憋足劲要与敌人拼杀一场了。

那么，他们有没有担心的事呢？

当然有，而且还不少。是什么？

例如：担心到不了东京，就和敌人打起来，“光荣”了倒不要紧，但未完成轰炸东京的任务，那就十分遗憾；

又如，轰炸东京之后，飞向中国，他们只知道大致的方位，却没见过精确的地图，又变成了夜间到达，找得到吗？地面导航行吗？中方是否接到提前到达的消息？会不会把他们当“敌机”打？油不够，落到日占区怎么办？等等，都在担心之列。

这样一来，他们岂不是“心事重重”地在天上飞？

当然不是。为什么？因为他们是英勇的战士，不是多愁善感的文人。那些

问号，只是在他们心中一闪即逝。他们的心中，充满着完成任务的意志、向往着炸中目标的欢欣。战士，在冲锋的时候，想到的不是失败和挫折，而是胜利！

让我们来搜寻几帧他们在空中的剪影：驾驶员在警惕地驾驶；副驾驶在观察周围空域有无敌情、注意着飞机各机件运行是否正常，特别是那架新装的自动照相机灵不灵；投弹手在摆弄“马克·吐温”瞄准器，还要忙着把5加仑小桶汽油加进油箱，然后再在油桶上刺个洞，把它丢向海中（有了那个洞，油桶就不会漂浮，而是沉入海中，以免暴露行踪）；枪炮手在摆弄机枪、准备着随时向敌人开火；领航员在搜索导航信号，不时还举起自带的相机照两张相（因为他是个摄影爱好者，何况这是一次有特殊意义的飞行，得留下点纪念）。

你看，机翼下已出现点点白帆，这是多美的一幅画面。甚至还有人在向他们挥手。原来他们已经飞临日本近海，那些不识飞机标徽的日本平民，看到了B-25上的“红太阳”。他们在想：这些低飞的战机，是大日本的空中武士们演习后返航。因为那天上午，东京地区正好进行了防空演习。他们哪会想到这是美军的飞机来轰炸东京。

但是，也不是都不识“货”。有一个人就认出来了。这个人还是个大人物，日本首相东条英机的副官西蒲进陆军大佐。那天，他正陪东条视察水户航空学校归来，座机正降低了高度准备降落。这时，他惊讶地看见，舷窗右前方居然出现一架双引擎战机的身影，他正在纳闷：这架飞机有点怪。飞机却已从近处掠过，他恍惚看到了驾驶员高高的鼻子。

他惊呼：“美国飞机！”

只听首相应道：“大惊小怪什么！”

吓得他也就不敢出声了。心想：还是回去后查问一下再说吧。

可是，一切已经迟了。不久，美国人的炸弹就投下去了。怎么会这样呢？那是因为日本军方估计失误：

从山本大将到他的那些正去迎敌的将士们，都认为：以美国舰队的速度，还要一天才能到达美军舰载机能威胁日本的海域，他们做梦也未想到，美国人这可冤枉巡逻机队了。还真有一架巡逻机的驾驶员发回了警讯。他在9点45分，向基地报告:“在距日本本土520海里处，发现了一架美国双引擎轰炸机飞机。”其实，这就是杜立特驾的那架飞机。可是“有经验的”上级军官断定:这是虚警!连航母都还未开近，哪里来的舰载机?而且美军航母上哪会有双引擎的轰炸机?再说哪里有只来一架轰炸机的道理?那不是来“送死”么?在他的心目中，巡逻机应该首先发现美国舰队，而不是飞机。所以，他断定这是信口开河，因而不予理会。

不是用海军的舰载机，而是用陆军的远程轰炸机从航母上起飞。而且，从日本巡逻机队那里，也没有得到“发现敌机”的警讯。

山县正乡的空战队，在10点半时派出32架轰炸机和12架战斗机，往东飞行了一阵后，也无功而返了。在所有日本指挥官的心中想着的都是:

明天吧，明天好好教训一下那些大鼻子的蠢货们!

然而，已经不用等到明天了。就在今天中午，美国战机已经从他们眼皮子底下飞过。B-25上的那个领航员，已经收起了他的业余相机。因为，就在他们飞机的上空，已有两批，共有9架日本战机掠过。他们看见了日本飞机，而日本人居然好像没有看见他们。要不然为什么一点反应也没有呢?他警惕地盯着这些日机渐渐地远去……

日本人是真的没看到呢?还是看到了而下意识地认为是“自己人”呢?这已经是个历史悬案，查不清了。而且也已经不重要了。因为，B-25的机翼下已经是一幅东京都的诱人场景。时间正好中午，一场防空演习刚刚结束。日本军民都沉浸在演习的精彩之中，情绪欢快而松弛，原来在低空布防的防空气球收起来了，巡逻机队也已返航，防空部队正在撤回营房，居民们舒舒服服地吃着午餐，“东京玫瑰”也许正准备报道防空演习的成功、证明东京“固若金汤”的消息……

总之，东京门户大开，歌舞升平地迎接着杜立特和他的勇士们到来。

当他们按照朱利卡上尉的建议从北方进入东京之时，从低飞的战机上不仅清晰地看到了街头拥挤的人群，而且又一次看到了向“自己人”致敬地挥手。当然，更主要的是找到了他们这几天“朝思暮想”的那些目标！

美军的勇士们，立功的时刻到了！

投弹吧！快投下这复仇的炸弹！这是全体美国人、中国人、一切被日寇侵略的人民、全世界爱好和平的人民对你们的嘱托！

是的，他们坚定地按下了按钮，向着军工厂、造船厂，向着油库、弹药库，向着那些支撑日本战争机器运转的企业，投下了炸弹、投下了一颗颗挂着纪念章、写着标语的炸弹！投下了16架战机的、全部32000磅复仇的炸弹，惩罚的炸弹！

他们真的让东京着火了！让日本燃烧了！

当杜立特向东京北部工业区投下第一颗炸弹时，日本人还以为是那里出了事故。但是，当接二连三的爆炸的浓烟出现之后，当横滨、名古屋、大阪和神户也发出爆炸、冒出浓烟之后，日本人“傻眼了”。高射炮紧张地开炮、战斗机慌忙地起飞。可是，他们的指挥官却无法告诉他们敌机在哪里？从哪个方向来？又向何处去？有多少架？为什么四面八方都有敌机？好像很多，而又没有见到那么多。总之，一脑袋糊涂账。要搞清楚，却已来不及了。因为，美国人的炸弹在一瞬间已经投完，而勇士们正急忙地由北向南、再向西，逃之夭夭、飞往中国去也。

这，就是东京上空的30秒！

13:45 东京的市民、日本的国民、华盛顿的领袖们、世界各国的人民，乃至正在向珍珠港急驰的迈克特遣舰队的官兵们，听到了东京广播电台的播音员的声音。她中断了正常广播，清脆而平缓的声音突然变得嘶哑而颤抖，宣读了日本政府的公告，报道了东京等地被炸的消息……

日本本土“绝对安全”的神话破灭了。甚至有文章形容：这是“日本本土2600年来，第一次受到外国的直接打击；也是1922年日本大地震以来，在日本国民中引起的最大惊慌。”

这个“奇迹”，实在太让美国人高兴了！杜立特一夜之间成了全美人民心中的大英雄，名垂青史。当然也成了陆军航空队的大红人，还没回国，一到重庆，就正式接到命令：连升两级，由中校直升准将。回国后，罗斯福总统又亲自给他颁发美国的最高荣誉勋章（Medal of Honor）。

授勋之后，杜立特马上被调到王牌航空队——美国陆军第8航空队去“镀金”，作为领导苗子来培养。5个月后，1942年9月23日，正式任命他为新建的第12航空队司令，派赴北非参战。两个月后，1942年11月，又再升一级，成了少将。4个月后，1943年3月，又委以重任，任命他为盟军西北非战略空军司令，不仅领导他的第12航空队，而且领导英国皇家空军在西北非的战略空军部队。1943年11月，又派他去组建一支新的、类似于第8航空队的战略空军部队——第15航空队，驻扎在意大利，执行地中海战区的战略轰炸任务。两个月后，1944年1月，因美国驻欧空军大调整，又把他从意大利调回英国这边，重回第8航空队任司令，3月再晋升为中将。“二战”后他退出现役，创建“美国空军协会”，并担任第一任会长。

你看，不到两年，他从中校升到中将，当过三个编号航空队的司令，这在美国空军史上也是又一个异数。

在“二战”中，美国投入了千军万马，进行了无数次大大小小的战役，许多战斗之惊险惨烈、许多战役之战绩辉煌，都不比“杜立特空袭”逊色。但是，人们却对它情有独钟。相对而言，围绕这件事出的书更多，还写进了教科书。几十年后，美国人还是念念不忘杜立特的这一丰功伟绩。1985年4月4日，美国总统里根又补授他为四星上将（和平时期的最高军衔）。

1988年，老布什总统又再授给他一枚总统自由勋章（这是美国人的最高荣誉）。

2002年，为纪念“杜立特空袭”60周年，作家纳尔逊又撰巨著，重新梳理这个历史事件，再颂杜立特及其战友们的光辉业绩。书名为：《顶尖英雄谱》（Nelson，Craig. *The First Heroes*）。

锦上添花

这是1984年4月4日，里根总统（Ronald Reagan,左）和参议员戈尔德沃特（Barry M. Goldwater,右）亲手给退休老将杜立特戴上四星上将肩章（来源：U.S. Air Force Photos）

是的，当然会念念不忘，怎么能忘呢?

3个月细密而漫长的准备，就是为东京上空的这30秒，而这30秒就一眨即逝了吗？没有，远远的没有！还有什么呢?

有可能的话，建议你上网搜寻一下，看一看那部《东京上空三十秒》，就一切都明白了。别看它是一部60多年前的黑白片，但我认为它真正做到了“立意深刻、真实感人”。你看到的将是一幅美国风格的“母亲送儿打东洋、妻子送郎上战场”的动人情景。而最可贵的是，作为一部好

请注意，杜立特已经退出现役40多年了，又没有立新功，却还在给他授衔、授勋，还在不断地为他著书立说，由此可见美国人对“杜立特空袭”是多么的念念不忘。

CRAIG NELSON

The
FIRST
HEROES

The
FIRS
HERO

CRAIG NELS

The Extraordinary S
of the Doolittle Ra
America's First
World War II Victo

《顶尖英雄谱》封面

插图是英雄们在大黄蜂号航空母舰上聚会的盛况，前排站立的左起第一人就是杜立特，旁边是米切尔舰长

（来源：作者用原书封面扫描）

莱坞大片，它用了大半篇幅来歌颂中美人民的战斗友谊，当你看到中国人抬着美国伤员走在崎岖山路上的画面，而听到的背景音乐又是《义勇军进行曲》的时候，你会激发出什么样的共鸣呢？这就是我说“远远的没有逝去”的理由。在电影中、在劳森的小说中、在杜立特的回忆录中、在成十成百的关于杜立特空袭的文章和书籍中，都浓墨重彩地描绘了中国军民救援杜立特空袭队员的事迹。还有许多文章控诉了日寇为报复这一救援而屠杀了25万中国人的残酷暴行。这种用鲜血结成的友谊，无论是中国人还是美国人都不应该、也不会忘记。下面就让我们来看看这些令人难忘的历史画面。

神州大地五十天

惊心动魄的30秒钟过去了，接下来就是飞往中国。

这可也是一个艰辛的途程。可以这样来形容：

路遥，途不清；风紧，雨倾盆；人乏，机缺油；天昏，地不明。

我们来解释一下。

论直线距离，从大黄蜂号的起飞点到日本约668海里，从日本到中国浙江省的衢州约1100海里，总计1768海里（3274公里）。实际上，由于“人生地不熟”（他们中任何一个人都没有飞过日本和中国。日本的目标，好歹还有朱利卡上尉的介绍和情报照片作为参考。而中国衢州机场，连老朱本人也未去过，谁也说不清，只有一个大致方向和坐标），导航又不给力，加上又是一项隐秘的任务，因此，他们的实际路线也不可能是一条直线。事实上，事后总结，他们飞行的路程平均约为2250海里（4167公里）。

这样远的路途，对B-25而言已经勉为其难了，幸好它们是经过改装、加了油箱的。但也是针对原来预计的500海里起飞点而言。如今又多出来几百里。还算老天爷帮忙，在飞越中国东海时遇上顺风，省了点油。所以，居然15架飞机都差不多奇迹般地飞到了预定目的地附近的空域。

飞机，无油不能飞。而人，却伟大得多，勇士们从清晨八九点钟离舰，到中午飞到日本投弹，再从日本东面绕向中国东南，时间已是半夜。紧张的他们必须给飞机“加油”，却无法给自己“加油”，从17日晚餐后至今他们已经是忍饥挨饿地飞了一天半。

可是，当他们好不容易飞到目的地上空时，并不是“地面有人接应”，而

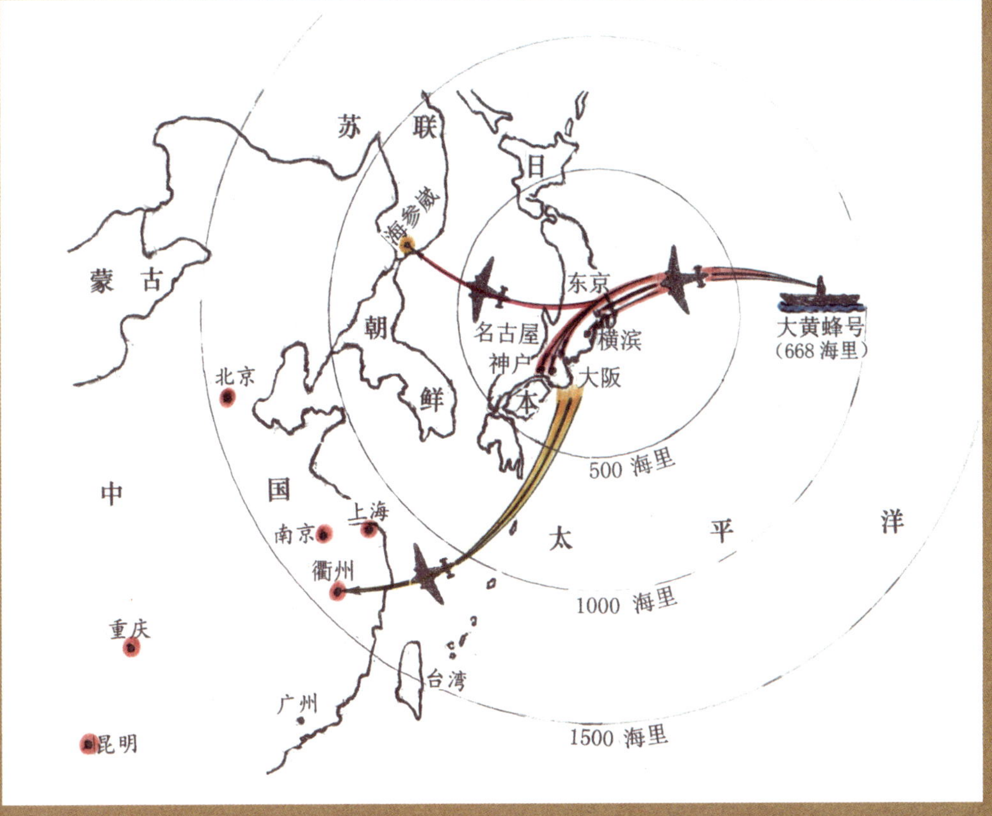

杜立特空袭队飞行路线示意图（来源：作者参考有关资料改制）

是无人接应。而这时，老天爷也不“帮忙”了。当时正值江南雨季，他们到达之时正是风雨交加之夜，地面漆黑一团，既没有引导灯火，又没有无线电导航信号。

怎么搞的？为什么地面无人接应？事后查明情况原来如此：

从美军自己方面来讲，原因有二：

其一是抓而不紧。这点前面已有所述，虽然，马歇尔和阿诺德心知肚明、抓得很紧，但到史迪威那儿就不那么明白了，知其然而不知其所以然的他，就把这件事交给了负责空军事务的比色尔准将（Clayton L. Bissel，1942年1月任史迪威的空军部部长，来到中国；8月任第10航空队司令，在中缅印战场作战；1943年8月奉调回国，成为阿诺德司令部负责情报工作的参谋长助理。以后一直留在情报系统工作）去办。而这位先生对长官叮咛的“这件事要保密”，倒是陈纳德在他的回忆录《一个战士的道路》中无比遗憾地说："如果他通知了我，飞虎队的地面指挥电台就有可能引导大多数空袭队员安全着陆。"

事实上，在1942年1月中旬美军的空战计划部还搞了个更庞大的计划，打算往中国派去若干各种类型的飞机，以便形成对日空战的核心。这点当然是与中国高层详加计议，而且得到赞许和支持的。这本是件好事，但遗憾的是，B-25降落这项"急事"，就与那些长远"大事"混在一起，而搞不清轻重缓急了。

十分在意，不但对老蒋保密，而且对陈纳德这位中国"上下通"也保密。这一来为这件事操心的人就十分有限了。

事情是这样安排下去的：声称"美军将在中国东南沿海登陆，开辟第二战场"，所以要扩建可供B-25这样的重型飞机降落的机场。但是谁也弄不清这条控制"傀儡戏"的线由谁在拉。一句话，没有像美国国内那样"一竿子插到底"的强有力地抓。

其二，事到临头，提前起飞了，但并没有人通知中方。其实，不但中方不知道，连史迪威、甚至阿诺德和马歇尔也蒙在鼓里。为什么？因为哈尔西不敢发报。正在太平洋上逃避日本联合舰队追杀的他，为了舰队安全，仍然保持着无线电静默。他是这样想的：让杜立特空袭队提前起飞是为了舰队安全，如果发电报通知华盛顿方面，我方能收到日方的电报，日方当然也能收到我方的电报，这样一来岂不暴露了舰队行踪。杜立特那边能否成功尚无定论，如果舰队再出事，搞得"机飞舰挨打"（真可谓"鸡飞蛋打"），自己可就是千古罪人了！退一步想，如果杜立特那边得手，如此大事，全世界都会很快知道，中方的接应人员当然也会知道提前了，就会随机应变的。

哈尔西这样想，中方是不是这样想呢？遗憾的是，不是，而且不敢是。为什么？让我们来看看中方的情况、听听中方的说法：

其一，这件事是安排给中国驻衢州的"空军第十三总站"的。［**链接：1937年12月24日，杭州沦陷。中国空军总指挥部电令："衢州空军站为我空军出袭台湾及敌寇本岛之重要基地。杭州空军总站着即改为衢州空军总站，并兼**

理玉山场务，原衢州航空站撤销。”1939年6月，该站又改称“空军第十三航空总站”，负责管理衢州、玉山和丽水机场。其办公处建于衢州城外15公里处常山江南岸汪村的红土丘陵中（该站官兵称其为“石头山”）。]

当时，总站的站长为陈又超上校，是陈诚的侄儿（注：陈诚是蒋介石嫡系，时任第六战区司令兼湖北省主席。）倒也是个可以“通天”的人物。他事先得到的通知是：美军飞机20日白天到。

18日夜，下着大雨，空军官兵的确听到有飞机声，甚至听出不像日本飞机的声音，而且根据他们的经验，日本飞机一般晚上都不出动。但是他们也不能断定就是美国飞机，当然不敢开放机场。他们既不知道，这些美国飞机是取掉了无线电台的，无法与地面联系；也不知道，美国飞机提前起飞了，要提前来到。而且，用陈又超的话说：“当时即使知道是美国飞机，若没有重庆最高指挥部的命令，也是不敢擅自开放机场的。”

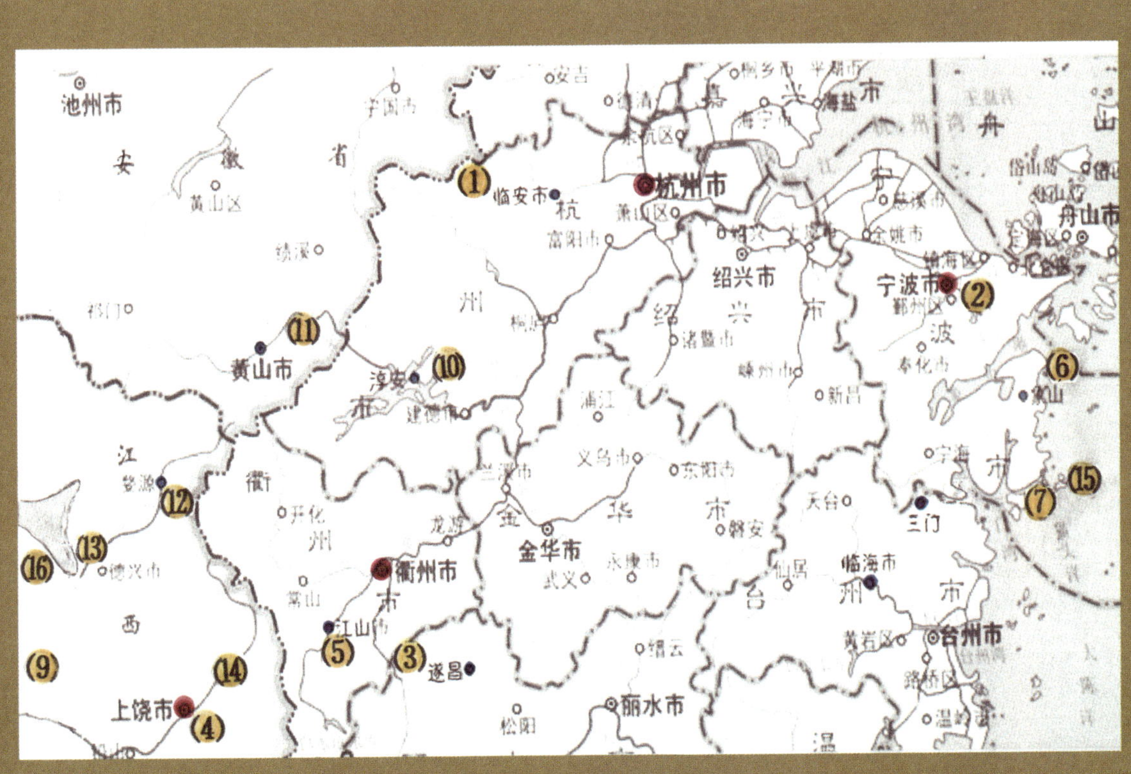

15架B-25坠毁地点示意图（来源：作者用浙江省地图标示）

其二，据在该站工程部门工作过的钱南欣先生回忆，驻衢空军第十三总站的官兵，是在19日凌晨3时许，才从收音机里听到东京被炸的消息。早晨5时许，陈站长才接到通知，随即召集各部门主管，通报美军B-25将由东京回航衢州机场。命令通信、导航、消防、警卫奔赴衢州东门外的机场各就各位，等候美机到来。遗憾的是他们要接的人早已机毁人散了。

由上可见，当杜立特和他的勇士们在18日深夜飞抵欲降落的空域时，没有，也不可能有人在地面接应。因此，他们只能在汽油耗尽之时，选择迫降或弃机跳伞。

事实正是这样。他们在这风雨飘摇的寒夜冒险落下，散布在大约500平方公里的范围内，这是一个中日战线交错、海陆山区俱存的地域。结果是：15架飞机全部坠毁。其中4架坠毁在浙江东部沿海（2、6、7、15号机），4架坠毁在浙江西部山区（1、3、5、10号机），6架坠毁在江西东部（4、9、12、13、14、16号机），1架坠毁在安徽南部（11号机）；而80位机组人员命运却大不相同。1人死亡，2人落海后失踪（判断是被淹死了），8人落于日寇之手（3人被日寇杀害、1人病死狱中，4人被关押到胜利后获释）；64人为中国军民所救，虽有伤残，但最终都安全到达重庆或昆明，其中8人留在中缅印战区，55人回美或转战他处，1人（劳森）回美后因残退出现役。

落入敌手的是6号机和16号机的机组人员。他们都是来自第17轰炸机大队。6号机组人员是第95轰炸机中队的，16号机组人员是34轰炸机中队的。

6号机 在飞到海岸之前4分钟油已耗尽，只好在浙江象山港附近海面迫降。投弹手迪特尔（William J. Dieter，29岁）中士和枪炮手菲茨莫里氏（Donald E. Fitzmaurice，23岁）下士两人当即被海水吞没，最终未见上岸，宣告“失踪”，多半是被淹身亡了；其余3人也在大雾迷漫的海上各奔东西，虽然都侥幸游上了岸，但却落入日寇之手，其中驾驶（机长）霍尔马克（Dean E. Hallmark，28岁）中尉一个月后（10月15日）被日军杀害，副驾驶米德尔（Robert J. Meder，24岁）中尉1943年12月1日病逝于狱中，仅领航员尼尔森（Chase J. Nielsen，25岁）中尉一直被关押到胜利后才获释。

16号机 与6号机相反，是所有飞机中飞得最远的，不仅飞进了陆地，而且深入到了江西南昌上空，但最终还是因无人接应，汽油耗尽，只得弃机跳伞，5人虽然都安全着陆，却不幸的是降到了敌占区，因而全部被俘。驾驶（机长）法罗中尉（William G. Farrow，23岁）和机枪手兼机械师斯帕茨中士（Harold A. Spatz，20岁）于10月15日被日军杀害；其余3人：副驾驶海特中尉（Robert L. Hite，22岁）、领航员巴尔中尉（George Barr，25岁）和投弹手德萨泽下士（Jacob D. DeShazer，29岁）一直被关押到胜利后才获释。

1943年，劳森发表《东京上空三十秒》一书时，认为他们都已殉国，还特别在书的扉页写上：

"谨将此书献给中尉法罗、霍尔马克、巴尔、海特、米德尔和尼尔森；中士斯帕茨和迪特尔；下士菲茨莫里氏和德萨泽。"

且慢，不是16架吗，怎么只有15架，那一架哪里去了？

飞到苏联海参崴去了。为什么会这样？

8号机 由约克上尉（Edward J. York，29岁）驾驶，他的机组人员也都是来自第17轰炸机大队的第95轰炸机中队。他们本来的任务是轰炸东京湾北部的工厂。但在飞行中迷航，他们看到的不是工厂而是阡陌纵横的田野或白雪覆盖的农庄，差不多花了半个小时，他们才算够着东京的边。致使飞机的油料消耗过大。他们已经不大可能再去寻找原定的目标，只能就近找寻适当的目标投弹。

幸好，副驾驶埃门斯中尉（Robert G. Emmens，27岁）发现不远处是个有4个烟囱和3个大货场的大工厂，不但有码头可通河道，而且有铁路直达厂区。不容迟疑，约克立即将飞机拉高到1500英尺、航速每小时200英里，并命令领航员兼投弹手赫当中尉（Nolan A. Herndon，23岁）"立即投弹"。然后，他把飞机从右舵打到左舵，迅速撤离。当在尾部的机械师拉班中士（Theodore H. Laban，27岁）见到厂房冒烟之时，他看了看表，时间已是12点35分。过了一会，机翼下又出现一个机场，约克毫不犹豫地俯冲下去，机枪手波尔中士（David W. Pohl，20岁）射出了愤怒的子弹……

在痛快地轰炸和扫射之后，一个迫切的问题却摆在他们面前：飞向何处？

当然不能降到日本束手就擒，但也去不了中国了，因为还要飞2000多公里。约克估计，剩下的油量，恐怕还离中国海岸500公里油就光了；现在只剩下两个地方油够用，一是日本占领的朝鲜，另一个是苏联的海参崴，它们都差不多1000公里左右，但朝鲜显然也不可取。别无选择，似乎只能飞往苏联。

杜立特曾经警告过大家：不到万不得已，千万别降落在苏联。但约克想：现在大概就是"万不得已"的时候了，好歹也是同盟国吧。于是，约克毅然决定向东北方向"逃"去。当飞到海参崴北面约60公里处时，约克发现一处机场，那里还停有一些苏军的飞机。对于他们的飞临，也不知为什么地面居然全无反应，既没有当成敌机开炮来打，也没有当成友机引导归航。既然如此，约克也顾不得那么多了，筋疲力尽的他于是降低高度，顺利着陆。这也是16架飞机中唯一安全着陆、没有摔坏的飞机。

但是，令人遗憾的是，苏联人并不是热情接待盟国战友，而是将他们扣押。他们在苏联被折腾了十几个月，终于在 1943年5月27日，抓到一个机会：用250美元买通1个伊朗人，带着他们偷越苏伊边境，在英国驻伊领事馆帮助下，5人才得以返美。（也有说法是苏方故意安排的下台阶办法，即以"偷渡"形式放人。真相如何？苏联人未表态。但不管什么原因，他们总算回国了。）

回国后，埃门斯中尉写了《克里姆林宫的客人》一书（Emmens , Robert G. *Guests of the Kremlin*），讲述了他们在苏联的遭遇。

好了，那三桩"意外"稍作交代之后，该来细说中国军民救助美军飞行员的动人事迹了。

杜立特在给一位中国"恩人"的信中说："在1942年4月间，由于中国人民的勇敢，我们当中许多人的性命才能保存下来。"

美国总统里根访问中国时，在复旦大学的讲演（1984年4月30日）中这样说："当法西斯军队席卷亚洲之时，我们和你们并肩抗敌。你们当中有些人会

6号机组人员在大黄蜂号航母飞行甲板上 从左起为：尼尔森中尉、霍尔马克中尉、菲茨莫里氏下士、米德尔中尉和迪特尔中士（来源：USAF）

16号机组人员在大黄蜂号航母飞行甲板上 从左起为：巴尔中尉、法罗中尉、斯帕茨中士、海特中尉和德萨泽下士（来源：USAF）

8号机组人员在大黄蜂号航母飞行甲板上 从左起为：赫当中尉、约克上尉、拉班中士、埃门斯中尉和波尔中士（来源：USAF）

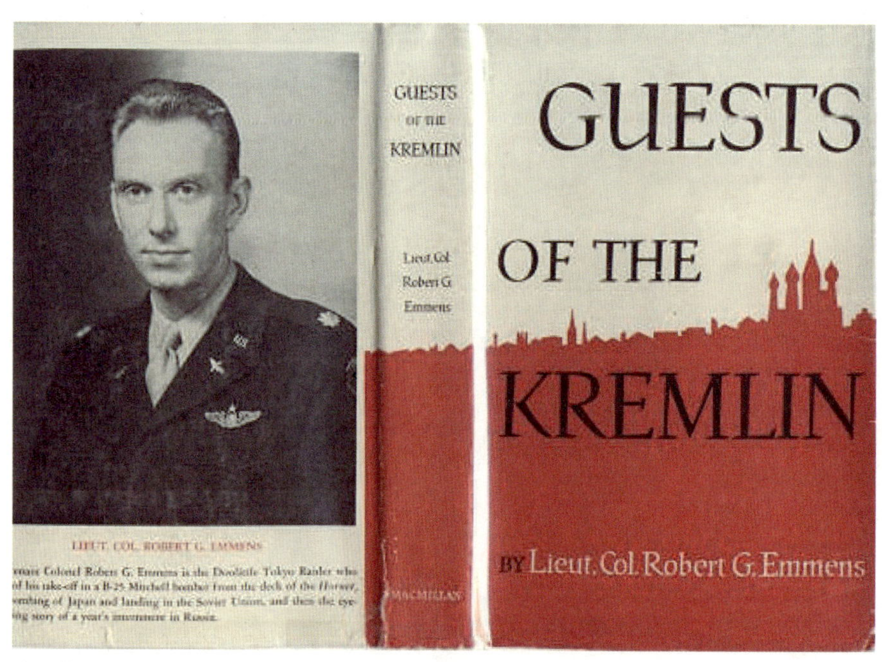

埃门斯中尉写的《克里姆林宫的客人》一书封面（来源：原书拍照）

记得那些日子，记得当我们的杜立特将军和他的空袭队越过半个地球前来助战时，有些飞行员在中国着陆，你们记得那些勇敢的年轻人，是你们把他们藏起来，照料他们，并给他们疗伤，救了他们许多人的性命。”

美国老布什总统，在1992年3月17日的致纪念杜立特空袭50周年活动的信中说：“那些善良的中国人，不顾自己的安危，为我们的飞行员提供掩护，并为他们疗伤。在这具有特殊意义的时刻，我们向他们表示崇高的敬意。感谢他们做出的人道主义努力，是他们的帮助才使我们的飞行员们能够安全回国。”

特别庆幸的是，由于中美双方都很珍惜这段友谊，所以不仅有美方当事人杜立特、劳森以及其他著者写了厚厚的专著，而且还有许多中方的当事人和热心人也广为探询，写出了一系列文章，其中尤以朱学三、曾健培、钱南欣、庄月江、郑伟勇、阮大正、陈野风以及其他一些人对当时当地作了详细的见证和考证，为我的这段描述提供了丰富的素材，特向这些中外人士致谢。

1号机 读者朋友最关心的可能是杜立特的下落。比较起来，他驾驶的1号机还是比较幸运的。更确切地说，是他的技艺高超。从大黄蜂号起飞之后，他就一马当先直插敌营。贴着海面，掠过树梢，在中午以前，他就已飞临日本的本州岛。

这时，他在2500英尺的上空发现有日本人设的防空气球，而且发现有几架日本战斗机正在袭来！艺高人胆大的他，立即将高度降低，几乎是在山谷中穿行，出了山谷，他又飞了几个“S”形，也就不见日本战机的踪影了。

情报显示，在东京的东面，朝向太平洋方向，日本人设有两道防空线，大部分敌机都集结在那一带。为了绕过这些防线，他不得不侧向北方飞行，绕过它们之后，再转回东京上空。将近中午，东京的景象已历历在目了。为了寻找目标，他飞得更低。用他的话来说“有几次，我几乎触到了人家的楼顶”。正因如此，他看得很清楚。

他发现，这东京并不像想象中的帝国都城，虽然也有一些高楼大厦，但大多数是小巧的、两层楼的店铺或住房。黑色的木梁、红色的砖墙，再配上白色的窗，纵横交错，倒显得整洁、清新。

当然，他无心观光。正如前面所说，刚刚结束防空演习的东京人，还在对着他的飞机指手画脚，似乎在说："今天的演习真的太逼真了！快来看，这架飞得这么低的飞机，多像一架外国的战机。我猜想：这是帝国的空军在告慰国人，他们已准备得万无一失了。"

这时，杜立特已经飞过了银座、掠过了皇宫，到达到东京北部的中心工业区。杜立特将飞机拔高到1200英尺，并下令投弹手布拉默中士投弹。当4颗炸弹呼啸而下时，他已经飞离现场了。

这是东京第一次尝到炸弹的滋味，燃烧的熊熊烈火构成东京的一道新的"风景线"。

这时，他们正飞经一个飞机制造厂，银翼上漆着个大红"圆膏药"的飞机就停在工厂的广场上。领航员波特中尉在想：真是不巧，我们的炸弹已经投完，要不然也偿它两颗，该有多好。

而副驾驶科尔中尉和枪炮手伦纳德中士却看到的是另一番景象：公路上一队坦克和炮车正在行进。

伦纳德和布拉默手都痒了，向杜立特问道："要不要给他们几梭子？"

"放过去吧"杜立特却说："你看，他们还在招手呢，就让他们认为我们是'友军'吧，不要一下子把动静搞得太大，后面的飞机就不好办了。"

就这样，他们在来也"欢迎"、走也"欢送"中掠过了东京、飞出了本州岛，向南、再向西飞向中国、飞向战友的疆土去了。为了省油，他以每小时150英里的巡航速度飞行，以这个速度，飞到目的地大约需要8个小时。

飞着、飞着，景象不断更新。太阳已经西沉，雾气正在上升，地面已经被夜幕笼罩，雨也下起来了。杜立特也已经飞进中国大陆一会儿了。他看了看表：晚上9点15分，再看了看方位：北纬30度15分、东经119度。他认为：应该已经是中国军队的控制区了。但地面并无接应，他判断是中方不知道他们提前了。又苦于没有电台联络。再看看油量，大概还能飞半小时。但是，往哪里飞？再飞进去可能反而离衢州远了，而且浙江省是中日交错区，老这样在天上转，很可能会惊动日军，那就更麻烦了。如果迫降，下面地况又看不清。于是，他命令："全体准备！弃机跳伞！" 然后，关上了油门。

按条令，由军衔最低的先跳，然后依次向上，杜立特殿后。因此，伦纳德和布拉默先跳，然后是波特。当轮到副驾驶科尔跳时，他的伞被座位绊住，杜立特帮他解开，所以两人稍迟了一点才跳出。失控的飞机滑行一段后，坠落在浙、皖两省交界处昊天关的山坡上，由于关了油门，所以没有起火，但他也听到了心爱的座机撞到山崖上的响声。杜立特惋惜地想着：不知它落在什么地方、成了什么样子，真希望能再看它一眼。

他们5人，则相继安全地散落在浙江省西天目山南麓的临安县境内。

杜立特降落在白鹤镇盛村的稻田中。

透过雨幕，他看到西边不远处有户农家尚有灯光。心中暗喜，遂上前敲门，并用他从朱利卡上尉那里学来的中国话喊道：

"我是美国人！"

他不喊也许还好一点，他这洋腔洋调地一喊，可把房里的人吓坏了。本来他们听到远处"轰隆"一声（那是杜立特的飞机坠地，但他们以为是日军轰炸），已经很紧张了，如今似乎鬼子又找上门来。于是，也顾不得听清是哪国话了。赶紧吹灯、杠门，躲起来了。

怎么办？他当然不能破门而入，无奈之下只好找到附近的水磨房中，暂避风雨。"饥寒交迫"的他，本已困倦万分，但却难以入眠，因为他挂牵着他的战友、那些冒险追随他的空袭队员们，加上他这个"加州汉子"（注：杜立特出生的加州是个干燥的"阳光地带"，雨量稀少），碰上了阴雨连绵的江南之夜，冷得他直打哆嗦，他干脆做操驱寒。好容易熬到东方泛白，这已是19日的黎明，雨也停了。他走出磨房，举目望去，是一个陌生的世界，眼前是种满水稻的谷地，不远处却有起伏的山峦，青松挺拔、翠竹迎风、柑橘成林，好一片异国美色，令他目不暇接。他深深地吸了一口雨后的朝气，顿觉清醒许多。他判断：这里不像是沦陷区。于是，就沿着田间小径向有房舍的方向走去。不久，碰到一个农夫，他又讲那句生涩的"我是美国人"。对方仍不明白，他突然灵机一动，捡起一根树枝在地上画了个火车（意思是要找火车站），农夫笑了，领他向一排房舍走去。但他觉得这不像车站。其实，这是驻扎在白滩溪的浙西行署青年营的营房。哨兵带他见到一个军官，此人略识英语，但却不信杜立特描述的关于他的“故事”，要杜带他到着陆点查看，直到找到降落伞，他才相信。

副驾驶科尔中尉，还算走运。他降落在杜立特的降落点东南约6公里的射干村高粱山上。不是在泥泞的稻田里，而是在一处松树林中。他事后这样描述：

“我的降落伞挂在一棵大约30英尺高的松树上。我爬上树，四下张望，周围漆黑一片，天下着雨，我又筋疲力尽。我想：与其摸黑冒险乱闯，不如以逸待劳、天亮再说。于是，把降落伞结成吊床，像个被网兜住的白尾兔那样，昏昏睡去。”

早晨，他走出树林，碰见一个村民（事后得知此人名叫张根荣），村民把他带到保长家，保长又把他送到浙西行署青年营。于是他与杜立特劫后重逢、皆大欢喜。

接着，青年营的李营长就亲自将他们送往浙西行署主任贺扬灵的公馆。该公馆就在天目山坡上，是一座庭院式建筑，原为一乡绅的别墅，取名“潘庄”。

［链接：抗日战争爆发后，日寇进犯浙江，杭州等地沦陷，浙江省政府南迁，时任浙江省主席的黄绍竑于1939年1月在於潜县西天目山的禅源寺建立“浙江省政府主席兼国民抗敌自卫团总司令行署”，代行省政府职权，1939年冬改称“浙江省政府浙西行署”。浙西行署设主任一人，由贺扬灵担任。下设秘书、政务、警保、经济四处和视察、会计二室。负责管辖浙西的23个县市（包括沦陷和非沦陷区），直至抗战胜利。而浙西行署青年营，则是行署直属的武装主力之一。

天目山，距杭州84公里，山深林密，素有“大树华盖闻九州”之誉。如今是旅游胜地。当年，共产党领导的新四军也曾以天目山地区为根据地，进行抗日活动和与国民党周旋。周恩来还于1939年3月来禅源寺做过团结抗日的讲演，现设有纪念亭。]

于是，杜立特见到了浙西行署主任贺扬灵，这就方便了。为什么？因为，贺扬灵是武昌师范大学毕业，不仅是个官员，而且可以说是个才子，还写过一些研究诗词和经济的书，并通晓英文、法文。他在事后写的《杜立特降落天目记》（中国文化服务总社印行，1947年8月初版）中这样写道：

“7:30，李营长陪着他们上来。

那个短小精干的美国朋友一上来就握着我的手，说了许多感谢的话，一面他又夸说自己的运气，和上帝的佑护，才不致降落在敌人控制区域里。他率直地介绍自己叫杜立特（Dolittle），领导这次轰炸东京的就是他，那个高个子叫科尔中尉（Cole），是一个得力的助手。最后他又幽默地介绍他的靴子，说是昨夜他降落在一个刚施过肥的水田里，这靴子灌满一肚子臭水，他讨厌它就丢在地上不要了，但是第二天走路认为还得用靴子，又把我的老伴找回来了。他说得那么认真，滔滔不绝，叫你怎么也不相信他是经过了20小时的风雨和饥饿迫害的人物。继芳（贺扬灵的夫人）来叫我们去进早餐，这才使他收拾起话匣子……餐后他们都洗了个澡，换上他们陌生而我们穿惯了的服装，拖着布鞋蹒跚而行，还是满口的‘顶好’、‘顶好’，引得我们哄堂大笑。”

饭后，杜向贺进一步说明了有关情况后，即请贺组织人员，找寻降落在附近的同机战友，以及营救迫降或坠机在浙、皖、赣境内的其他机组的飞行员们。

同机组的其他3人下落如何呢？

领航员波特中尉就没那么顺利了。他的降落点，离科尔不远，在向东约4公里的青云乡碧琮村的高

杜立特，可以说是相当幸运。他降落在中国，不但人未受伤，也未受太大惊吓，而且作为美军空袭队的领队，竟然一下子就与中国浙西的最高行政官员接上了头（再往上就只有浙江省主席黄绍竑和第三战区司令顾祝同了）。就算想专门安排，也不大会这么凑巧吧？真的只能用“鬼使神差”来形容。

岭。在山上待了一夜，清晨下山来到村边，被村民看见，疑为“奸细”，报告了保长，保长俞根生急带几个乡丁，荷枪实弹前来“捉拿”。俞至现场，见是一洋人，不知是敌是友，遂朝天鸣枪示警，波特本欲拔枪自卫，但见对方人多势众，又不像要伤他，决定缴枪就缚，以求平安。其实，俞根生见他身材高大、棕发、碧眼，不像“倭寇”，并无伤他之意，于是将他绑了，暂押至“吴家祠堂”（注：这是吴姓家族的祭祀场所。在旧时，农村常把该村大户人家的祠堂，用作村民聚众议事之处），以便向上请示，再作定夺。

正在这时，又有村民来报，西边山上，也有一洋人。俞根生复出查看，见来人虽然身材较小，但也棕发、碧眼，不似“倭寇”，又没有带枪，就未加捆绑，也带到吴家祠堂。

原来，这是投弹手布拉默中士；他的降落点，正好在波特和科尔两人降落点之间，距波特更近一点，不到2里路，是在离由口村不远的於潜镇毛公岭上。波特与布拉默相会，高兴异常。两人忙着向众人解释，英语夹杂从朱利卡上尉处学的“衢州”、“重庆”、“蒋介石”……但也是“鸡同鸭讲”，谁也听不明白。俞与众人商议，这二人肯定不是日本鬼子，还是速将他们送交上级为妥。于是，一群人闹哄哄地“押解”二人上路。

也是“无巧不成书”，话说由口村住着一位教书先生（不是老秀才，而是小青年），名为朱学三。那日正是星期天，休闲在家，正在早餐。听外面人声嘈杂，立刻出门查看。见众人押着两个洋人正在赶路。他毕竟多喝了两年墨水，一看这两人装扮，似为盟军。就上前来了一句“How do you do”（您好），这一来，本来无精打采的波特和布拉默顿时精神猛增，像机枪似的轮着发话：“我们是美国人”、“我们轰炸了日本东京”、“跳伞下来的”、“我们要去衢州、重庆”……

虽然朱先生只是个小学老师，英语并不精通，但一连串地听下来，也弄清了真相。忙向俞根生和众人解释：这是美国朋友，他们昨天轰炸了日本鬼子的东京，飞到我们这里，是跳伞下来的。

众人皆大欢喜，忙着松绑、致歉。很少与外界接触的村民，一听是从天上

跳下来的，更视为“天人”，欢天喜地的让进朱学三家中，递烟倒茶。朱学三也急忙在自己吃了一半的早饭桌上，加了两双筷子，又添了几碟小菜，请客人入座。

两人饿了两天两夜，见到饭菜也饥不择食地吃了起来，可惜不会用筷子，那美味小菜怎么也夹不到嘴边，只好用手去抓，引起众人一阵欢笑。这时，朱学三的母亲，又端上了专门为他们煮的一小锅鸡蛋，两人又狼吞虎咽地一扫而光。

[链接：48年后，1990年9月9日，由原美国西北航空公司副总裁穆恩，率领一个6人考察团，来浙江省临安市（该市由原临安、於潜、昌化三县合并而成）寻访当年1号机组降落遗址和救命恩人。成员中就有波特，空袭东京那年他才23岁、如今却已年逾古稀了。在临安他见到了朱学三，两位老人相见恨晚、相拥而泣。波特当场赠给朱学三一块特制的“多谢”牌和一本名为《目标东京》的书。“感谢”牌上面有44名被救美军飞行员的签名，并且专门用中文写上“多谢”二字。朱学三也拿出他的珍藏多年的纪念品给波特看，那是一块上面刻有波特名字的美军飞行员腕章，是当年波特告别时送给朱学三的。当天，波特还要“救命恩人”带他到他们吃第一顿、“有生以来最好吃的”中国早餐的朱家老房子去看看。可惜，房子已经改建、朱母也已过世，老波特绕着旧地新房转了两圈，不胜唏嘘。]

饭后，青云桥区的李区长也闻讯赶来，李区长告诉朱和波特：他要送他们去浙西行署。于是，波特二人向朱母鞠躬道别，在众人簇拥下向村外走去。

谁知到了村头，又有人来说南边的山坡上也发现一个洋人。于是，众人又忙赶去。待到近前，只见村民们敲锣打鼓、正在搜山。李区长立即上前叫住众人，不可鲁莽。

其实，这个人就是枪炮手兼机械师伦纳德中士。他降落在由口村附近的东社村燕子坞的山坡上。虽是顺利着陆，但着陆后也不知向何处为好。他这样形容：

“我好像掉进了地狱。我向山下爬了20英尺，找不到出路；又往山上爬了

字不在多有心则明，礼不在重有情则诚

这是1990年9月9日波特赠予朱学三的“多谢”牌，它表达了空袭队员感恩的心，赞美了中美人民深厚的情谊

（现存衢州市档案馆）

20英尺，也一样走投无路。只好回到原处，用降落伞裹着身子，靠在一簇竹子上，蒙头大睡。”

他甚至风趣地说：用降落伞裹住睡觉，这是一个在雨天保持干燥和温暖的好办法，以后要作为经验，传给其他飞行员。

天亮后，他又在周围寻找其他战友，仍无所获。回到原地，却发现4个乡丁，他们都扛着土枪。其中一个示意他举起手来，另外三个则抬起手中的枪，有一个还由于慌张而走了火。与此同时，伦纳德也有些紧张，遂拔出枪来朝天开了两枪。未见过大阵仗、也不知对方虚实的乡丁，听到这两声清脆的枪响，吓得转身就跑。伦纳德也赶快找了一个隐蔽之处躲了起来。乡丁回村“搬了救兵”，就敲锣打鼓地搜起山来。

这时，锣停鼓息，波特和布拉默出声大喊：“我们是波特和布拉默，你是谁？是伦纳德吗？快出来，没有危险！”

伦纳德闻声，从隐蔽处向外张望，见波特他们两人与一大群中国人在一起，还有几个小孩在旁嬉笑，料无险情，遂奔出，与波特和布拉默紧紧地拥抱在一起，众人爆发出一片掌声和欢呼声。

1点左右，李区长护送波特等3人来到潘庄，杜立特惊喜地张开双臂与他们拥抱，并欢快地说：

“伙伴们，我们成功了，我们都活着！”

就这样，1号机组的5人顺利地劫后重聚，而且是一下子就见到了当地最高领导，真是奇迹！

过了2点，贺夫人备好午宴，才请他们入席，大家喝着浙江的绍兴酒，欢庆劫后重逢、欢庆胜利。饭后还在门口照了一张相。

潘庄门前长有一棵千年古枫。你看下面就是当年拍的那张照片，波特身后就是那棵枫树。

[链接：48年后（1990年9月9日），波特来华寻访故人，旧地重游，潘庄已是人去屋空，他双手紧紧地抱着这颗巨枫，久久难以释怀……]

你想，杜立特等人从18日早上8点飞离大黄蜂号到现在（19日下午4点）已

难忘的聚会

这是1942年4月20日杜立特1号机全体人员，在中国浙江省西天目山“浙西行署”主任贺扬灵的公馆——潘庄门前与接待人员的合影。从左到右为：布拉默中士、伦纳德中士、沈鸿（浙西行署参谋）、科尔中尉、杜立特中校、赵福基（浙西行署秘书）、波特中尉、贺扬灵（来源：US Air Force Museum）

经整整32个小时，没有好好合过眼。人是从天上到地下，心情也是从天上到地下，紧张、兴奋、惊恐、担忧，五味俱存地度过了这一天半，如今酒足饭饱之后，自然面带倦容了。

这时，贺扬灵告诉杜立特，已在山下一处设备尚为“完善”的旅舍里，为他们安排了几间客房，由赵福基秘书和沈鸿参谋送他们去休息，有什么需要，也请告诉他们。

杜立特等人连声称谢，贺扬灵送他们步出潘庄。忽见阶前有两株樱花，杜立特回过头来像一个预言家似的对贺扬灵说：

日本就像他们崇拜的樱花的命运那样，容易开，也容易谢。

送走杜立特等人后，贺扬灵除了向下部署营救事宜外，也立即向上，向黄绍竑省长和顾祝同司令汇报这一突发情况。

次日（20日）天气晴和，10时许，杜立特等人由赵秘书陪同上来，到潘庄见贺扬灵，寒暄之后，杜与贺又谈及轰炸东京的经过和当前的战争形势。

午饭后，接到报告：在离浙西行署30多公里外的安徽省宁国县啸天乡的昊天关山坡上，发现坠机残骸。

贺告诉杜，并问要不要去看一下？

杜高兴得像小孩似的，马上应道："是的，我想立刻就到那边去看一看，希望我们那个照相机还没有损坏或丢失。"

下午2时，赵秘书带了几个随从，陪同杜立特一行翻山越岭前往昊天关。沿途山里的乡民都来看这些"从天上掉下来"的客人。又是一番热闹场景。

一行人来到昊天关，只见飞机碎片遍布山坡，散落在几亩地大的范围内，杜立特触景生情，凄然泪下。

杜立特后来在书中这样回忆：

"再也没有比飞行员看到自己的飞机残骸更伤心的事了。这可是我参战后的第一项空袭任务呀！我参与了从策划到实施的全过程，可是，怎么会这么糟？！我认为我是一个罪人、一个失败者……我的战友们有多少幸存？有多少被日寇俘虏？又有多少消失在来中国的途中？……

我坐在一个翅膀的残骸旁，沉思着，不忍离去。这时，机组中最年长的伦纳德，上来为我照了张相，并打破僵局问道：

'中校，你猜回国后会发生什么？'

'我猜：会审判我，再把我送到利文沃思堡的监狱中。'

'不，长官！我告诉你：他们会升你为将军。'

我苦笑着瞟了他一眼，但他仍继续说道：'而且，他们还会奖给你一枚国会勋章。'

我仍苦笑着再瞪了他一眼，而他则不为所动地坚持说完：'中校，你放心，我认为他们会再给你一架飞机。到那时，我还是要求作你的机组成员，与你一起翱翔蓝天。'

说明一下，在1号机组人员中，除杜立特之外，伦纳德最大，29岁；其次是科尔，26岁；布拉默，25岁；波特最小，23岁。

利文沃思堡（Fort Leavenworth），是美军一个有着180多年历史的军事要塞。位于堪萨斯州利文沃思市东北部。那里除了有许多核心军事机构外（例如举世闻名的“陆军指挥和参谋学院”。大家耳熟能详的阿诺德、艾森豪威尔、马歇尔、麦克阿瑟、巴顿、史迪威等许多美军名将都是校友）。还有美军唯一设防最严的监狱。

果然，伦纳德并未信口开河。不仅准确地“预言”了杜立特的获奖，而且忠实地履行了自己的诺言。回国后，他追随杜立特去了北非战场，1943年1月18日在那里为国捐躯。

这是一个机械师能够给飞行员最大的鼓励。他的真诚和信任，使我热泪盈眶……”

[链接：关于1号机残骸的处理：贺扬灵在他的书中有如下回忆：这一架具有历史意义的残机，是第一次轰炸东京的最好纪念物，它曾带领15架其他的飞机，在东京上空警告日本军阀：他们所造成的血的恐怖，必须用血来偿还。在1943年的秋天，浙江省主席黄季宽先生巡视到浙西，我们把它安置在天目山忠烈祠前面的广场。也是奉安它的忠魂！]

22日上午，从坠机地回到潘庄后，贺扬灵告诉杜立特一个好消息：据报有4个机组的人员已到衢州。这才使杜立特从沉闷中缓解过来。他立即请贺扬灵为他电告重庆，让重庆的美国驻华使馆给华盛顿的阿诺德发个电报，报文是：

东京轰炸成功。但因天气恶劣，可能飞机均已坠毁。迄今为止，已有5个机组人员在中国境内找到。

同时，杜立特迫不及待地向贺扬灵表示：他打算明天（4月23日）就启程赴衢州，去与那几个机组人员会合。贺很理解杜急于见部下的心情，故也未作挽留。并决定当天下午，在朱陀岭（浙西行署干部训练团所在地）为他们举行了一个盛大的“欢迎会”（其实也是欢送会）。

战时的山区，房厅虽然简陋，热情却很高涨，学员们赶制了欢迎美国航空

沉痛

这就是1944年4月22日，伦纳德在昊天关的坠机现场，为杜立特（上方）照的相。他坐在一个翅膀的残骸旁，沉思着（来源：USAF）

队的英文横幅，还写上了他们5个人的名字。与会的除干训团学员外，还有天目山各界人士，包括公教人员、中小学生、剧团演员、士兵，甚至还有和尚与尼姑，约2000人（贺扬灵的形容是“差不多把山上60%以上的人口集合在一起了”）。在会上，杜立特向中国战友们讲述了轰炸东京的经过，大家为他们的壮举和对敌人的惩罚爆发出阵阵掌声和欢呼。讲演结束，群众把他抬了起来、捧到半空中。他激动地说：

“中国人太可爱了！”

然后，由民族剧团演出话剧《雷雨》。他们完全没有想到在这趟惊险的中国之行中，还能看到这样精彩的演出。［链接：48年后，波特来访时，还专门要朱学三陪他们去朱陀岭，重访他们第一次观看中国话剧的旧址。可惜并非“雕栏玉砌应犹在，只是朱颜改”，而是草房木楼不复在，却有“君颜”改。只剩下两位老人依稀的情怀和对岁月的感叹。］

这两天，对杜立特而言，真如洗了一次“三温暖”：看到自己的座机残

患难见真情

这是浙西行署为杜立特等人举办欢迎会时的留影。正中双手扶栏杆者为杜立特，4位穿飞行夹克的从左到右为：科尔、波特、伦纳德和布拉默（来源：US Air Force Museum）

骸，使他的心情掉到谷地；伦纳德一席话，又使他倍感温馨；找到4个机组的喜讯和热情的欢迎会，更使他欢欣鼓舞。

带着疲劳、怀着欣慰，杜立特很快进入梦乡。他梦到：其他机组人员比他还要幸运，早已平安着陆，并且也同自己现在一样，沉浸在中国战友热情、周到的照顾之中……

当然，这个梦，只是代表他的愿望，他真心的盼望如此，从而才“日有所思，夜有所梦”。事实呢？他才是最幸运的一个，其他的机组经历，都要比他曲折得多。这点我们陆续将会看到。

次日，贺扬灵命赵秘书陪同杜立特等人前往衢州。临别时，杜立特交给贺扬灵一封信，道出了他的衷心感谢和共同杀敌的决心。他在信中这样写道：

浙江行署主任贺扬灵将军阁下：

此次我们到达天目山，承蒙赐予种种款待与协助。我谨代表我本人和各同

伴，向阁下、赵秘书以及其他贵方同事致以衷心的谢意。此次经过贵国，幸得机会与你们携手打击敌人，我等深感荣幸，并盼此仅为无数打击之开端，更盼能于不久的将来，能自贵国将侵略者驱逐出境、永享和平。

美国陆军航空队中校杜立特谨启

1942.4.22.

杜立特一行，途经於潜、分水、桐庐、建德、兰溪，安抵衢州。沿途情况，赵秘书在给贺扬灵的书面汇报中作了详细描述，反映了中国军民对美国战友的热情和周到，是一个难得的史料。特摘录如下：

本月23日职奉命护送美国航空队杜立特中校等5人赴衢州，当日下午抵於潜，下榻观山简师。周专员、沈县长设宴招待，晚由简师同学举行欢迎会，陶总指挥也在座。

次日上午9时离於，中午抵麻车埠小学校进午餐。小学生集合献花，并请杜中校演讲。杜颦蹙者再，始略陈辞。后告职"生平仅对军人演讲，对儿童讲话，此实为第一次。"

过麻车埠后，行程加速，几乎昼夜不停，每站除县长欢迎外，民众欢迎多不胜举。

24日下午5时抵分水。钟县长鸣炮郊迎。饭罢，即连夜舟赴桐庐。25日上午4时泊岸，黄县长及王局长来舟中致敬。晨5时易夫启淀，下午4时泊严东关。县长之代表杨委员来迎，杜中校谨谢，未登岸，略憩二小时，即行。

26日晨9时抵兰溪，徐县长迎赴县府进早茶，63师赵师长亦在座。当由徐县长电衢州机场，派汽车来迎。

中午职及杜中校一行6人，偕乘汽车赴衢州，3时抵机场，当由陈站长接待。

衢州空军总站刻尚有美空军人员21人（杜等在内）。25日曾送走一批，计25人，另有5人自南城径赴鹰潭，转赴重庆。闻西伯利亚降落一架。就以发现者计算，安全飞返者尚不止12架。

日本广播谓击落9架云云，足证其无稽。

（注：此段摘自贺扬灵遗著《杜立特降落天目记》）

4月25日16时，船停在建德的严东关码头休息时，还有一奇遇：突有一人登船，并用英文大声问道：

“有美国人在船上吗？”

这可把舱中的他们吓了一跳。但伦纳德从来人的口音判断：日本人不可能说这么纯正的美语。于是走出舱门，看见了一个瘦高个子、未修边幅的白人。原来此人名叫伯奇（John M. Birch），27岁，是一个在杭州的美国传教士。日寇占领杭州后，四处躲藏。在码头上听说这船上有美国人，于是前来相认。

与伯奇相遇，大家都很高兴，特别是伯奇那一口流利的中文，更能帮上大忙。伯奇随船陪他们一直到兰溪，才与他们分手。

他们在兰溪登岸，陈又超亲自到兰溪，接他们去衢州第十三航空总站。4月26日下午3时安抵衢州机场。

赵福基完成任务，告别众人，顺道先去上饶向第三战区司令顾祝同汇报，然后回浙西行署交差。［链接：抗战胜利后，1947年，杜立特不忘旧情，报请美国政府，特邀赵福基赴美留学。］

当杜立特等人到达衢州之时，更是惊喜异常。因为陈站长告诉他不是4个机组，而是7个机组的人员先后到达这里，由于这里常遭轰炸，为了安全，昨日已将25人先期送往重庆。这里尚有16人，加上杜立特他们5人，如今共有21人在此。

现在就来讲述这7个机组是怎么来到这里的。

3号机 其机组人员是来自第17轰炸机大队第95轰炸机中队。格雷中尉（Robert M. Gray，22岁）为驾驶。副驾驶曼奇中尉（Jacob E. Manch，23岁）、领航员奥扎克中尉（Charles J. Ozuk，25岁）、投弹手琼斯中士（Aden E. Jones，21岁）和枪炮手兼机械师法克特下士（Leland D. Faktor，21岁）。

这个机组，就不像1号机那么幸运了。他们在飞往日本途中偏离了预定航线，当飞临东京上空时，已是12点40分，遭到了高射炮击。但他仍坚持将4颗

3号机组人员在大黄蜂号航母飞行甲板上 从左起为：奥扎克、格雷、琼斯、曼奇、法克特（来源：USAF）

炸弹分别投向了钢铁厂、煤气公司、化工厂和一个小工厂密集区；并且，在用机枪扫射了一个军营之后，飞往中国。

大约在晚上9点，飞机飞越海岸线。他又继续向内地飞了约1个小时，眼看油料即将耗尽，但却一直未收到导航信号。在雨夜中，也看不清地面，打了两颗照明弹，仍然找不到可供迫降的平地，只好命令弃机跳伞。事后才知该处是浙江省江山和遂昌交界的山区，地形十分复杂。

飞机坠毁在遂昌县柘岱口乡北洋村对坞尾的山坡上。人员则散落在附近悬崖峭壁之中。

机长格雷中尉是看着大家都跳出后，才离机的。他在1942年5月2日，在中国重庆，正式给杜立特上交了一份《执勤报告》。他在报告中说：

“我提前30分钟发出准备弃机跳伞的命令，15分钟后再次确认。当众人跳出后，我打开自动驾驶仪，而后跳出（高度为6200英尺），着陆点是在一个山崖上，并待在原地未动。天亮后，举目四望，未见众人踪影。步行下山，用了一天才找到村庄，住了一夜。次日早晨才与琼斯中士会合。又过了一天，直到第二天下午16:30才见到曼奇中尉。然后又乘了一昼夜的船，次日傍晚到达衢州。在衢州停了一周，就乘汽车和火车，到衡阳。再从衡阳乘飞机到重庆。”

他的报告，官样文章，干巴巴地，没有过程，只有结果。事实上，他就是个不善言辞的小伙子，所以人们只知道他是最后一个跳伞，降落在一个悬崖上，就地睡了一夜，次日下山，遇上了村民，留宿一夜。第二天他被送到乡公所，与也被村民送来的投弹手琼斯喜相逢。如此而已。而副驾驶曼奇中尉描述的过程却生动得多。我们来听听他是怎么说的。

曼奇是个身高2米的彪形大汉，不仅是机组中最高、最壮的，而且比一般美国人还要高出一头，故同事们反讽之，给他取了一个外号:“矮子”。他对当时的情况是这样回忆的：

在看到领航员奥扎克中尉和投弹手琼斯中士跳出之后，他又用手电向后照，在确认枪炮手兼机械师法克特下士也已准备跳出后。他急忙又往夹克里塞了一些糖果和香烟，这才带上随身的各种武器装备，向下跳去。他认为，那个24英尺的“小”降落伞，配他这个“巨人”有点勉强，所以使他重重地跌落在一个坚硬的崖上，而后又滚入约有70英尺深的山谷中。在这风雨飘摇的黑夜，他认为不宜乱动，就在原地用他的飞行员靴，踢踏出了一块地盘，把降落伞往身上一裹，蒙头大睡起来。

天亮醒来，雨已停了。他先是忙着四周搜寻。干什么?原来他慌忙中从飞机上带出的“宝贝”洒落一地。待收拾妥当之后，他吃了点干粮，这才往坡上爬。到得顶上，举目一望，见不远处有一村舍，就迈步走去。走至近处，见一老妇正在拾柴。他正欲上前搭话，老妇听见响声，仰头一看。哎哟，不得了了！只见一个“天神”般的棕发、碧眼巨人来到跟前。这一惊非同小可。幸亏山中老妇身手健朗，急忙拔腿闪进柴门之中，随手掩上了门。

“矮子”上前叩门，无人回应，推开虚掩的门进去，只见院子、房内都是空的，绕到后门去看，也不见人影，只听得不远处的竹林中尚有飕飕地奔跑声……

他循声跟去，却又不见踪迹。只得顺着估计的方向继续向前探索。如此上坡下坎地走了一阵，他已是大汗淋漓。好容易见到一条山溪，立即跳下溪谷，捧起水来，洗面润发，顿觉清爽，顺势躺在溪边崖石之上，休息起来。正在这时，军人的警觉令他感到右边的灌木丛有些异常。果然，一个中国人，笑着向他走来，并且伸手示意拉他上岸。接着又走出几个中国人来。他想：这些人大概是老妇搬来的“兵”。

“矮子”对这段经历印象极深，他后来这样向同伴述说：

“我见这几个中国人都背着17世纪那种旧毛瑟枪，但又毫无恶意，我也就顺从他们的意，跟他们走。这时我才发现，原来这山上还有小径，并不需要像我那样登崖、攀树地越野‘爬行’，这样走就容易多了。但即使这样，走了一阵之后，我还是渐渐跟不上他们了。经过长途飞行，跳伞后又重重地摔了一下，又走了这么半天，这几十小时下来，筋疲力尽加上饥肠辘辘的我，向他们表示：我实在走不动了。

这时，一个中国人，弯腰、指背，向我示意他可以背我走。我哈哈大笑，比画我的身材，示意我与他不成比例，我比他高出一头（对方约1.85米，也不算矮了）。但他一脸认真地坚持，而其他人也都笑着在旁催促。于是，我在众人的连推带扶下，被他背起。接着，奇迹发生了，他不再像先前与我一同走时那么慢，而是像山羊一样奔跑起来，上山下坡，如履平地，而且就像背上没有我一样。就这样，大约黄昏之时，我们进到他们的村庄。我曾拍过他几次，示意将我放下来，我认为像我这样又大又重的人，让他背了这么久，真太难为他了；而且，这样在村子里走，也令我十分尴尬。可是，他不予理会，一直到进了他的家门，才放我下地。

进屋之后，一个中国妇人，我想是他的太太，立即给我递上一杯中国茶。然后大家就僵在那里了。我连声说：‘Thanks’（谢谢），她又递上一把扇子，我又说：‘No, Thanks’（不要，谢谢）。他们都一脸茫然。看来，我与他们的沟通成了问题。不过，很快这个问题就解决了。

背我的那个农民，拿了根树枝，在土地上画了一杆日本旗，不知道他是想问我是日本人呢还是轰炸了日本？我想大概是前者。于是，我指指我的鼻子，又用鞋将日本旗抹去。中国人都咧嘴笑了；他接着去找出一张从报纸上剪下的老式英国飞机的图片，并指着英国徽记，我又摇了摇头；然后，他又拿出一张4年前的《周末邮报》，上面有罗斯福的像。我指指罗斯福和我，笑着点头，大家也跟着笑了起来，热情地上前与我握手。

然后，那几个人同他说了几句，就与我道别了。接着，他太太摆上了饭菜，我与他们一起吃了一顿我从未吃过的中式晚餐。饭后，他们安排我睡觉，我很快就沉沉睡去。

第二天早晨，早饭后，来了不少村民，还有人模仿飞机下坠姿势和声音，示意让我跟他们走。于是，我跟着他们来到另一个村庄的一处山坡，看见了自己飞机的残骸。进到村中，他们又给我看了在飞机内找到的衣物。最使我惊讶的，是见到了枪炮手兼机械师法克特下士的尸体。战友阵亡，使我陷入深深的哀痛之中……"

［链接：有资料显示，背"矮子"的中国农民叫毛介富，做饭的是他的妻子吴梅兰，他们家住在江山市双溪口乡东积尾村。该村与坠机的遂昌县柘岱口乡北洋村仅 山之隔，第二天村民们带领"矮子"，从东积尾村走到了北洋村。

1998年12月，"矮子"的好友伍德里奇（John Wooldridge）还专程来到该村探望毛介富。］

法克特为国捐躯了，他是16个机组人员中唯一在跳伞后不幸立即阵亡的。尸体在飞机残骸处发现，而降落伞尚未完全打开。

事后，在村民的引领下，"矮子"就与格雷和琼斯会合，并由乡公所安排他们从乌溪江上游的周公口上船，顺水而下去往衢州。4月22日，到了衢州，由第十三航空总站接待。

现在就剩下领航员奥扎克下落未明了，难道他也遇难了？不是，他跳伞是成功的，但着陆时降落伞挂在松树上，又将他荡起来，碰在峭壁上，磕伤了左腿。劳森在他的《东京上空三十秒》中这样描述：

“领航员奥扎克不那么幸运，着陆时，降落伞被钩住，他被重重地撞伤了胫骨，流了很多血。奥扎克当晚和次日一整天就被吊在那儿。到下一个早晨，他才鼓足力气勉强攀上崖顶，然后就昏过去了。醒来已是下午，腿不能走，只得靠手膝慢慢爬行，直到被中国人发现。”

有资料显示，那位发现他的中国人名叫刘芳桥。他在山上发现了重伤的奥扎克后。将他背起，走了30多里山路，把他背回村。他伤势较重，右脚划了约30多厘米长的伤口，只得在村里休养2天。另有资料显示，当时参加救援的还有廖诗原和周兰花夫妇。廖当时是村里保长，事后他雇了轿夫将奥扎克送到江山县长台镇，再由那里转送至衢州。如果不是刘芳桥、廖诗原等人的这一义举，重伤的奥扎克后果将不堪设想。

法克特的降落伞为什么会未完全打开？这很难说，也可能是他操作有误，因为飞行员一生中，弃机跳伞的“机会”并不多，何况他年仅21岁，一年前，1941年4月，他才从飞机机械学校毕业，分配到第17轰炸机大队第95中队的；也可能是伞本身有问题。叠伞，也是一项专门技术，并不是人人能叠。即使在空降兵部队，也是要有经过专门训练的叠伞员的。总之，法克特是因为降落伞出了什么问题而牺牲的。据格雷后来回忆，当他用对讲机通知机组人员准备弃机跳伞时，法克特曾问：“你说什么？我没听清”。格雷就又重复了一遍，没听到反应，他才叫曼奇关照一下后面的法克特。所以曼奇说他“用手电向后照”。可惜，法克特还是难逃此劫。有资料称，法克特的遗体由当时柘岱口乡乡长李祖富购买上等棺木予以装殓，用木船从乌溪江运往衢州。由陈又超站长安排一块墓地，1942年5月9日安葬在汪村南面的一个小山坡上。战后，美军又派人前来移灵。1949年4月27日安葬在他的家乡：美国艾奥瓦州普利茅斯（Plymouth, Iowa）的波希米亚人墓地。

［链接：50年后，1992年，为纪念杜立特空袭日本50周年，美国特邀当年参加营救飞行员的中国人代表赴美，共襄盛举。一行5位老人中，就有遂昌的

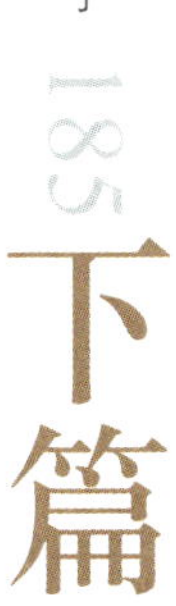

刘芳桥。其他4人是：临安的朱学三、台州的陈慎言、三门的赵小宝和嘉兴的曾健培。史称“五老人访美”。他们5人，在美国参加了纪念大会，会见了杜立特空袭队的幸存人员，访问了白宫、国会、五角大楼，召开了两次记者招待会，参加了7次群众集会，与会者达4000人次。老布什总统专门写了感谢信。美国空军学院向他们每个人颁发了一份感谢证书，美国明尼苏达州州长还向他们颁发了荣誉市民证书。

当年，已是75岁高龄、身体又不好的奥扎克，专门让自己的女儿带上他的感谢信和纪念品，前来会见救命恩人，他在信中说：“中国人民50年前的救命之恩我时刻铭记在心。”]

4号机 其机组人员也是来自第17轰炸机大队第95轰炸机中队。由霍尔斯特罗姆中尉（Everett W. Holstrom，25岁）驾驶。其成员是：副驾驶扬布鲁德中尉（Luvien N. Youngblood，23岁），领航员麦库尔中尉（Harry C. McCool，23岁），投弹手斯蒂芬斯中士（Robert J. Stephens，27岁）和机械师兼枪炮手乔丹下士（Bert M. Jordan，22岁）。

他们也不太顺利。快到东京前，霍尔斯特罗姆就接到枪炮手乔丹的报告：上部炮塔的机枪旋转平台失灵。于是他想：最好不要碰上敌机，因为，在遇敌机袭击时，就只有前鼻舱的0.3英寸口径的机枪可用了（尾部机枪又是假的）。谁知，事与愿违，偏偏才到东京湾上空，就真碰上了4架日本战斗机。最不妙的是，杜立特遇上敌机未被发现，而他们不但被发现，而且向他们发起了攻击。接着，高射炮也向他们开火了。大事不妙，他只好命令投弹手就近向东京湾的目标投弹。也顾不上看是否炸中了目标，就仓皇逃离，飞向中国。

飞入中国大陆后，也是因为油尽，又无导航信号，只得弃机跳伞。事后得知他们是降落在赣闽交界处、江西上饶的山区，正、副驾驶降落处是上饶县五府山镇甘溪村附近的山上。据霍尔斯特罗姆回忆，他着陆后，降落伞的绳子就被一大丛灌木缠住，在那漆黑的雨夜，他怎么也解不开，又累又气的他，只好用伞布裹住睡觉。第二天黎明，他才发现，他就在一个约50英尺高的悬崖边，如果他昨夜解开了被灌木缠住的伞，他可就掉下悬崖了，真是不幸中之大幸。

美国空军学院的感谢状

（来源：www.showchina.org）

THE WHITE HOUSE

WASHINGTON

March 17, 1992

I am delighted to send warm greetings to my fellow World War II veterans and to all those who are gathered in Red Wing, Minnesota, to commemorate the 50th Anniversary of the Doolittle Raiders' historic mission. Special greetings to the survivors of that heroic mission and to the Chinese citizens who protected our downed air crews.

When then Lieutenant Colonel Doolittle and his squadron of B-25 bombers accomplished their extraordinary feat on April 18, 1942, they helped to lead the way for the many victories that the United States and its allies would later achieve in the Pacific Theatre. Colonel Doolittle and his men showed that the United States and its Allies could carry the battle to the enemy. The success of the Raiders motivated and inspired our Armed Forces for months, and even years, afterward.

On this special occasion, we also salute those good people in China who, following the raid and without regard for their own well-being, provided shelter and protection for wounded Americans. Thanks to such humanitarian efforts, these Raiders were able to find their way back to safety.

Although half a century has passed since their bold strike in the name of freedom, the Doolittle Raiders continue to inspire respect and awe among the American people. We will never forget their extraordinary contribution -- nor that of their Chinese rescuers -- to the worthy cause of libery and justice.

Barbara joins me in sending best wishes for an enjoyable reunion. God bless you.

[signature]

老布什致纪念大会的贺信

ARNE H. CARLSON

Governor of the State of Minnesota

HONORARY CITIZEN OF MINNESOTA

BE IT KNOWN THAT

ZENG JIANPEI

IS HEREBY GRANTED HONORARY CITIZENSHIP OF THE
STATE OF MINNESOTA
"STAR OF THE NORTH"
AND IS AUTHORIZED TO BEAR THE TITLE
"MINNESOTAN"
THIS OFFICE CHARGES THE BEARER WITH THE
RESPONSIBILITY OF DISSEMINATING WITHIN
YOUR HOME COMMUNITY, WORD OF MINNESOTA'S
FRIENDLY PEOPLE AND THEIR WARM WELCOME TO ALL.

Arne H. Carlson

GOVERNOR

友谊长存

这是美国明尼苏达州给5位中国老人颁发的“荣誉公民证书”和颁发现场。图中前排从左第3人起为曾健培、朱学三、陈慎言、刘芳桥、赵小宝（此处证书样品为曾健培的）（来源：www.showchina.org）

4号机组人员在大黄蜂号航母飞行甲板上 从左起为：麦库尔、 乔丹、霍尔斯特特罗姆、斯蒂芬斯、扬布鲁德（来源：USAF）

上饶，是第三战区司令部所在地，驻军云集。所以，他们5个人都先后被中国村民发现，送到当地驻军手中。而后又将他们送到上饶第三战区司令部，在那里他们受到热情周到的款待，最后都顺利地被送往衢州，在那里他们惊喜地见到比他们早到的5号机组人员。后来，5人之中，有4个人都留在中缅印战区。只有麦库尔因着陆时摔伤背部，被送回美国治疗。

5号机 其机组人员也是来自第17轰炸机大队第95轰炸机中队。由琼斯上尉（David M. Jones，28岁）驾驶。其成员是：副驾驶威尔德中尉（Rodney R. Wilder，25岁）、领航员麦克古尔中尉（Eugene F. McGurl，25岁）、投弹手特鲁罗夫中尉（Denver V. Truelove，22岁）和枪炮手兼机械师曼斯克中士（Joseph W. Manske，21岁）。

比较起来，他们算是顺利的了。从航母起飞后，虽然途中炸弹舱的气体储罐曾出现漏气，但也不伤大雅，仍平安飞抵东京。而在东京上空的遭遇也比4号机好一点，没有碰上敌机，只遇上高炮轰击，但日本的高炮对这些低飞而又

5号机组人员在大黄蜂号航母飞行甲板上 从左起为：麦克古尔、琼斯、特鲁罗夫、威尔德、曼斯克（来源：USAF）

高速的零散目标，并未起什么作用，大多虚惊一场而已（事后美方统计，只有一架飞机中了一炮，而且也未被击落，仍然完成任务，逃到了中国）。所以，琼斯他们在炸了发电厂、储油罐和一个大型制造厂之后，顺利飞往中国。琼斯老练地按仪表指示飞行，使之比较准确地到达衢州附近。当然，与前几架一样，在漆黑的雨夜，地面既无灯光指示、又无导航信号，油也将尽。琼斯下令：弃机跳伞。5人均安全降落在玉山境内，无人受伤。

琼斯后来这样回忆：

“我原地睡到天亮，雨也停了，但有雾。我整理行装，发现不仅有香烟，居然还有一瓶威士忌。我带上手枪、背上军用背包、向西行去。不久，听到了钟声，又看见了牛和人群。人们友好地围了上来，我当即从背包里拿出笔记本并画了一幅中国地图的轮廓，但他们显然不懂我的意思。我灵机一动，又画了一个火车头、并学着Choo-Choo-Choo（火车开的声音）。这一来，效果甚佳，众人欢笑，气氛轻松起来。我递上香烟，大家一边抽着，一边领我走向铁路。大约走了半英里，来到一个小站。［链接：有资料称，当时他是到了江西省玉山县岩瑞镇的八都村。当时有村民姜文忠（他还略通英语）、姜文恭、毛达佳、吴德军等许多村民在场。］

车站有个年轻职员，还会写一点英语。我用英语拼写了'Yushan'（玉山），告诉他我要去那里。这时，副驾驶威尔德也走了进来。年轻人有一台手摇路轨车，把我们送了约3英里，来到另一个站，那里不仅有火车头和闷罐车箱，而且还有二、三十个士兵。谢天谢地！他们不是日本人，而是中国友军！

于是，我们上了闷罐车。火车开了约15英里，来到一个大站，这就是玉山。

当闷罐车门一开，奇迹发生了：外面人潮涌动，成千上万的人挥舞着小旗，还有一个横幅用英文写着：'热烈欢迎英雄归来，你们为我们狠揍了日本鬼子！'

这时，一个身着西服的绅士走上前来说道：'我是玉山县长，姓杨。大家是来欢迎你们的。'

当时的时间是4月19日下午5点，离我们轰炸东京不过一天，居然连这个中国的小县城都已轰动，真让人难以置信！"

有资料显示，他们降落处是在玉山县岩瑞镇八都村的山石岭岗上。在玉山，杨县长送上了干净的军服，又招待了一顿丰盛的中国餐之后，即把他们送往衢州。当他们到达第十三航空总站时，其他3人已于19日上午在江山获救，并被村民送到那里了。于是，他们就成了第一批到达第十三空军总站的杜立特空袭队员。后来，琼斯和特鲁罗夫回国后被派往欧洲战场，而其他人则留在了中缅印战区。

10号机 其机组人员是来自第89侦察中队。由乔伊斯中尉（Richard O. Joyce，22岁）驾驶。其成员是：副驾驶斯托克中尉（J. Royden Stork，25岁）、领航兼投弹手克劳奇中尉（Horace E. Crouch，23岁）、投弹手拉金中士（Elmer I. Larkin Jr.，23岁）和枪炮手兼机械师霍顿中士（Edwin W. Horton Jr，26岁）。

在所有杜立特空袭队的16架飞机中，10号飞机是空袭队序列中负责轰炸东京市区的最后一架，也是遭遇最不好的一架，因为敌人已从前面的轰炸中惊醒过来，从陆地、海上和空中都在进行反击了。杜立特在回忆录中这样说：

他们在东京上空遭到了最猛烈的高射炮轰击。但未损伤。机组人员顽强地坚持飞到了预定目标，轰炸了东京南部的特种钢厂和旁边的精密仪器厂，然后逃往中国。弃机跳伞，5人均无大碍。

但也有资料描绘得更惊险：说它一进入东京湾，就被停在湾内的日本航母发现，用舰载高射炮向它射击，好不容易逃出火力网，飞到了东京上空，又遭到地面高炮的轰击，机身被飞来的弹片撞了一个直径约7英寸的洞，使它成了16架飞机中唯一的"伤机"。接着，又受到日本战斗机的拦截。乔伊斯快速钻

10号机组人员在大黄蜂号航母飞行甲板上 从左起为：克劳奇、乔伊斯、霍顿、斯托克、拉金（来源：USAF）

进云层，才得以逃脱，飞往中国。

其实，飞往中国的飞机，最终都难逃坠毁的命运，他们的飞机到底受没受伤，不必探究，也无从查证了。关键是“5人均无大碍”，就谢天谢地了。因为，不管怎样，他们完成了任务，而且飞到了中国。当时天气恶劣，乔伊斯仅靠仪表飞行，还坚持飞到了接近预定着陆的地区。5个人都安全跳伞，无人受伤，这才是不幸中之大幸。着陆点是浙江江山和淳安东面一带的山区。

领航兼投弹手克劳奇中尉，对他们的跳伞情景这样回忆：

当飞抵中国时，天气很糟，漆黑的雨夜，只能隐约看见下面是山区，根本找不到飞机可以着陆的地点。这时乔伊斯用对讲机对大家喊话：“我认为油最多还能飞一刻钟，所以看来必须弃机跳伞。霍顿先跳，接着是拉金、然后克劳奇、再后斯托克。”他又特别叮咛拉金：“注意等霍顿跳出之后，你再打开舱门，以免碰伤霍顿。”最后乔伊斯喊道：“跳吧，伙伴们！我们衢州见！”

接着，霍顿高声应道：“谢谢，长官！我跳了，祝大家好运！”对于这个我们机组中年龄最大、平常又腼腆而内向的枪炮手，突然这样大声一叫，真让大伙儿吃了一惊，看来是从大黄蜂号到中国这14个小时的经历对他触动太深了。

其实，真正触动最深的还是克劳奇自己，要不然在劳森的、杜立特的以及其他一些人的书中，也不会基本上都是引用他的话，来介绍10号机组的经历。他甚至细致地描写了他如何跳出机舱、如何打开伞包、如何操纵伞绳、又如何重重地摔在潮湿的洼地上。

着陆以后，他爬了十几米上到一个小坡，本打算用降落伞盖上睡上一觉，伞却被灌木缠住、拖不过来。只好和衣而卧。你想，在这阴冷的雨夜，他哪里能入睡。迷迷糊糊熬到天亮，他跑进一个村庄，拿出地图向村民问路，村民带他去见村长，而后又带他到另一个村庄，并与霍顿相会。

作为机长，乔伊斯中尉是最后一个跳伞的，当他还在空中飘浮的时候，就亲眼看见自己心爱的座机，冲向山崖、爆炸起火。正当心中十分难受之时，他已摔在地上，使自己大吃一惊。他暗自庆幸：还好，安全着陆了！

后来，不仅他们5人得以在当地军民帮助下团聚，而且意外地与12号机组人员喜相逢。他们怎么会碰上呢？

原来，12号机组也是在淳安上空跳伞，降落在淳安南部靠近邻县开化的山区。情况如下：

12号机 其机组人员来自第17轰炸机大队第37轰炸机中队，由鲍尔中尉（William M. Bower，25岁）驾驶。其成员是：副驾驶布兰顿中尉（Thadd H. Blanton，23岁）、领航员庞德中尉（William R. Pound，23岁）、投弹手比热尔中士（Waldo J. Bither，36岁）和枪炮手兼机械师杜奎特中士（Omer A. Duquette，26岁）。

他们的任务是轰炸横滨造船厂，但当他们飞到东京湾上空时，竟然被卷进了几架日方战斗机的编队中，幸好日寇并未察觉（看来日军是被突然来的空袭炸昏了头，糊里糊涂慌忙升空，也不知敌人在哪里，更没想到敌机就在身边）。不过他们却发现造船厂上空遍布防空气球。于是，他们就近炸了小仓炼油厂、两家工厂和横滨码头旁的大型仓库后，急速逃离，飞往中国大陆。

当他们飞越海岸，又往内地飞了一阵之后，鲍尔把飞机降至6300英尺的低空往下看，仍只见地面是漆黑一团，油却已所剩不多，而这时引擎又出现杂音。鲍尔只得命令弃机跳伞。投弹手比热尔忙中出错，居然在舱中莫名其妙地就把伞碰开了，搞得只好请求领航员庞德帮他重新叠伞。可是比他年轻十几岁的庞德，比他还没有经验。只好他自己干，总算也凑合叠好了，于是急忙跳了下去，降落在一个陡坡上。

所幸5人最终都平安着陆，仅枪炮手兼机械师杜奎特膝盖受了伤。他们的着陆点正好都是在浙江淳安县的南部山区。而飞机则在无人操纵的状态下又飞了一会，飞过了开化县，最终坠毁在江西省婺源县梅林乡钖源村东的江北湾上。

5人均受到当地军民的友好接待，并得以同10号机组人员会合。最后，中方又安排两个机组人员坐进他们从未见过的轿子，由中国士兵护卫，把他们送往衢州第十三航空总站。

[链接：据记者方俊勇报道，《淳安文史资料》上说，当年淳安县和遂安

12号机组人员在大黄蜂号航母飞行甲板上 从左起为：庞德、鲍尔、杜奎特、布兰顿、比热尔（来源：USAF）

县（注：这两县在1958年10月已合并，统称淳安县，划属金华专区。1963年又划归杭州市）的县长均曾接获顾祝同（司令部）打来的急电，命令他们搜救美军飞行员。且《遂安县志》上记载，发动搜寻，找到9人，系轰炸日本横滨、横须贺之机组人员。笔者认为，这可能就是10号和12号机组人员。同时，报道还说，遂安境内枫树岭镇荷家坞村村民王木寿在该村一个土名叫“显眼谷”的茶园中发现1位美军飞行员，腿部受伤。他与朋友用自制竹子滑竿将他抬了100多里，送到了遂安县府。我想，他可能就是杜奎特。

另据衢州郑伟勇称，12号机机长鲍尔之子曾来信要求他寻找该机残骸。后来，他终于在婺源县找到一块，并寄去。而正在病中的鲍尔得见此物，竟使病情好转。]

11号机 其机组人员是来自第89侦察中队，是由格里宁上尉（Charles R. Greening，27岁）驾驶。其成员是：副驾驶雷迪中尉（Kenneth E. Reddy，21

11号机组人员在大黄蜂号航母飞行甲板上 从左起为：卡普勒、格里宁、加德纳、雷迪、伯奇（来源：USAF）

岁）、领航员卡普勒中尉（Albert K. Kappeler，28岁）、投弹手伯奇中士（William L. Birch，24岁）和枪炮手兼机械师加德纳中士（Melvin J. Gardner，22岁）。

他们的任务是轰炸神奈川南部的码头、炼油厂和仓库。但当他们进入目标空域时，遇到日方战斗机的截击。他们机智迎敌，击伤了两架敌机，并将4颗炸弹投向炼油厂，当看见了储油罐爆炸的火光之后，逃向中国。在途中还看到日本的巡逻艇，伯奇“顺便送了”日寇几梭子机枪子弹。

飞临中国海岸之时，天气恶劣。格里宁使尽浑身解数，希望自己或领航员卡普勒可以看清地面，但均无效果。只好按仪表又往内陆飞行了80英里。油已所剩无几。在打算弃机跳伞之时，加德纳提出，如果看见地面有些许发亮，也许就是水稻田，便可迫降。格里宁也有同感，于是降低高度并打开前灯，以便能看清一点，但当降至4500英尺时，惊见飞机翅膀已快扫到树梢，慌忙拉高至1万英尺以上，以保安全。显然这里是山区，无法迫降。但眼看油已将尽。格里宁下令弃机跳伞。5人均降落在浙江省的淳安县与安徽省的歙县交界的白际山区。

弃机跳伞，对于飞行员而言也是“稀罕”之事，谁也不敢吹有什么经验，而他们这次跳伞的情景，更给每个人都留了下深刻的印象。让我们来看看：

他们跳的顺序，同10号机相似。也是枪炮手打头、机长殿后，中间的顺序是投弹手、领航员和副驾驶。

所以，在格里宁下令之后，加德纳第一个跳出，开伞顺利，但着陆在一个斜坡上，地面坚硬而潮湿，滑了一跤，不幸扭伤了两只脚的脚脖子。

接着，伯奇跳出，当他还在默默祝愿上帝保佑，想着不知是掉在江、河、湖、海上，还是掉在平地、山区或日占区之时，他已经掉到一个约30度的斜坡上，夹在两棵松树之间。他暗自庆幸：谢天谢地、没有受伤。他想，漆黑的雨夜也不宜乱动，干脆以逸待劳，裹上降落伞，一觉睡到天亮。

卡普勒是第三个跳伞的，他的感受就比伯奇差得多。他这样回忆：

当我的降落伞被一棵高树枝钩住、使我栽倒在一个陡坡上时，我感到一阵头晕和恶心。周围漆黑一团，我试图站起来，却反而又滑出几尺远。伞绳缠身，使我连翻身都困难，我只好就这样别别扭扭地躺在那里，待到天亮。可是，我的军用水壶和手枪却还梗在我的身下，真是难受极了，而那不知趣的毛毛细雨还整夜不停地往我的脸上淋。

机长格里宁，当然是最后跳出的人，他真舍不得他那心爱的“坐骑”。但是，油箱的指针已经指到零了。他是个心灵手巧的人（记得吗，就是他为空袭队发明了“马克·吐温瞄准器”）。临跳前，他想：在战时的中国，食品一定紧张，而且着陆处也可能是偏僻的山区，可不能让兄弟们挨饿。于是，他慌忙收集了一大包为飞行员配备的军用干粮以及糖果、罐头之类食品，抱在胸前，跳了出去。可是，到了空中，他才想到：总得腾出手来开伞吧？这时，他灵光一闪，想起了物理课中的落体实验，不是说自由落体不论轻重都会以同等速度下落吗？据他回忆当时他是这样想的：我松开手，快速地去拉降落伞的开伞绳，食品和我会以相同速度落下，伞打开后，我再用手去抱住它们。正在高速下降的他，哪有时间去多推敲，想到就马上干。你猜，会是什么情景？

就在他自以为用“迅雷不及掩耳”的高速，去拉开伞绳之时，伞倒是开了，但食品却并未“乖乖地”随身下落，而是四散“逃逸”了。伞打开后，下降的速度慢了，他才回过神来，恍然大悟：原来他并不是在真空之中！

值得庆幸的是，他着陆很顺利，没有受伤。就地睡下，但很难入眠。因为，一来他惦记他的同机战友们，担心他们的安全；二来他也放心不下那些“逃跑的宝贝”；三来他认为他的着陆点一定离山涧不远。因为一整夜他总是听见潺潺的流水声。每当他即将入梦之时，那水声就使他产生一种幻觉：好像是日寇的潜行脚步声，正在搜寻他们，就使他蓦然惊醒，伸手去掏手枪。就这样似睡非睡地迎来了天亮。他在附近找了一会“宝贝”（当然找不全，能找到一部分他已心满意足了），就循着山涧向东走去。因为飞机是向西飞的，他是最后一个跳伞，那其他人着陆点一定是在他的东面。果然，他找到了离他最近的雷迪。

对呀，怎么没有说第四个跳下来的副驾驶雷迪呢。因为，他实在是太狼狈了。当他把伞包背上，要往舱外跳时，又发现手枪腰带未拿，这可不行！于是，慌忙抓在手上，又觉得应该腾出手来、准备开伞。不得已，只好把它叼在嘴上，就这样跳了出去。那腰带上不仅挂着他的手枪，还有两个备用弹夹、一个小急救包和一个军用水壶。这一大串东西、用嘴叼着、在空中晃荡，能是滋味吗？他只好又换到左手上。然后，用右手去拉开伞绳，谁知竟毫无反应。这可让他急了。于是，咬紧牙关，使劲一拉。这一来，伞倒是突然开了。但张开时那股意外的气流，不仅把他整个人向上猛然一提，而且把腰带上的子弹夹也弹了出去。同时，前面的胸带，在紧绷时打在他的下颌上，不仅脸上紫了一片，而且连牙齿都碎了一小块。

不幸的是，麻烦还不止于此。在着陆时，他又摔了一跤，真是“祸不单行”！这一跤，可非同等闲。不仅摔肿了膝盖，而且头又碰在岩石上，划破了头皮，流了不少血，还有一小片尖岩石嵌入肉中（后来到了衢州，才由第十三航空总站的医生为他取出）。

所以，他这一夜可比伯奇难受多了，受尽浑身上下伤痛的折磨。熬到天亮，他才找了根竹子当拐杖，顺着一条小溪向西踉跄行去，希望能碰上人帮他。而他正好与格里宁相遇。

看见满脸血污的伙伴，真把格里宁吓了一跳。他首先帮雷迪清洗了脸庞、包扎了头部伤口，又查看了他的腿伤，然后搀扶着他向山下走去。早晨8点，他们总算看见了农舍、遇到了村民。几经问询，终于找到了当地驻军。

再说伯奇，天亮以后，他割了一条降落伞布，既可当围巾，又留作纪念。他也与格里宁持同样的想法，认为向东可以找到比他先跳下来的同伴。眼见四处无人，毫无伤痛的他，精神抖擞地在山区高声喊叫。几次断续喊叫之后，终于有了回音。他隐约听见山那边有人回答，接着又有对空鸣枪的声音。他欣喜地听出这是加德纳的声音。于是，两人保持呼叫、相向而行，终于相遇，他们激动地拥抱在一起。

稍事休息之后，两人继续西行，因为他们认为越向西，离日占区越远。走了几里路，遇上了村民，把他们带给当地驻军，一个士兵又带他们到另一个村子，去与卡普勒会合。折腾了一天，深夜10点才到达一座小县城，这就是安徽省的歙县。饭后即安排他们住宿。次日起来，他们惊喜地发现：原来格里宁和雷迪，竟与他们住在同一所旅馆之中。

5人劫后重逢，高兴异常，于是专门上街去请歙县的黄山照相馆为他们照了一张纪念像。毫发未伤的伯奇，尤其珍惜这张照片，下面就是他的珍藏，左下角是他的签名。照片上方中文为：

“盟空军痛惩东京凯旋归来，民国三十一年四月二十日摄于皖歙，黄山照相馆”。

关于他们在歙县，还有一段佳话流传。由于他们之中有3人或多或少都有些伤，因此在歙县留他们在当地休养了两天才去衢州。时任歙县军邮站站长的曾健培，毕业于上海圣约翰

劫后重逢

这是11号机组人员在安徽歙县的合影。由左起为：伯奇、卡普勒、格里宁、雷迪和加德纳。这时雷迪的头上还缠着绷带。（来源：USAF）

两箱啤酒寄深情

这是在纪念杜立特空袭队轰炸日本50周年会上，卡普勒（右）向曾健培赠酒时的情景。这不是两箱普通的啤酒，而是两颗感恩的心。（来源：sina.com）

大学，能讲一口流利英语，就充当了他们的翻译。当曾健培问他们还有什么需要时，伯奇半开玩笑地说："如果有一瓶啤酒就太好了。"

啤酒，当时在中国民间本来就不流行、何况又是战时。可是出人意料的是，曾健培居然找来了一瓶（据说是"上海牌"啤酒）。伯奇异常感动，他回忆说：这是他"一生中喝到的最可口的啤酒"。半世纪后，曾健培参加"五老人访美团"赴美参加纪念杜立特空袭50周年活动之际，已经78岁的卡普勒代表他和伯奇（那时，格里宁、雷迪、加德纳都已经去世），专门拉来50瓶啤酒（寓意：一年一瓶）回赠曾健培。可见11号机组人员对当时中国友人对他们的接待印象之深。

临走那天，中方专门让旅馆为他们做了丰盛的美式早餐，然后送他们上了一辆美国通用动力公司制造的军用卡车，向衢州驶去。

13号机 其机组人员是来自第17轰炸机大队第37轰炸机中队。是由麦克洛依中尉（Edgar E. McElroy，30岁）驾驶。其成员是：副驾驶诺布洛奇中尉（Richard A. Knobloch，23

13号机组人员在大黄蜂号航母飞行甲板上 从左起为：坎贝尔、麦克洛依、威廉姆斯、诺布洛奇、波尔乔斯（来源：USAF）

岁）、领航员坎贝尔中尉（Clayton J. Campbell，25岁）、投弹手波尔乔斯中士（Robert C. Bourgeois，24岁）和枪炮手兼机械师威廉姆斯中士（Adam R. Williams，22岁）。

他们的任务是轰炸横须贺海军基地。他们准确地找到了目标，命中了正在干船坞建造的大鲸号潜艇母舰、一架起重机、一艘运输船和附近的仓库。然后，匆匆飞向中国。

他们飞进内陆后，天气不好，风雨交加，能见度极低，麦克洛依只得降低高度，在6300英尺的高度飞行。就这样又飞了200多英里。

油已耗尽。投弹手波尔乔斯后来风趣地回忆说：

“我们的引擎在缺吃少喝的状态下卖力工作，有一个已经超额干了几分钟后罢工，而另一个也已经在喘气了。这可不是吓唬你，这时只有两个选择：要么在飞机上等死，要么跳伞也许还能活。你选那一个？时不我待，跳吧！”

本来，航油耗尽之后弃机跳伞，是“天经地义”的事，他们为什么还要“思想斗争”呢？原来，他们谁也没有从飞机上跳伞的经验，不知道跳下去到底是什么滋味。你听，副驾驶诺布洛奇是这样说的：

“我推开舱门往下张望，看见的是个无底深渊，风使劲地向我刮来……这时我突然闪过一个念头：饿了，要是有一块汉堡、再加一杯奶昔就好了……”

那么，跳下去又是什么感觉呢？那可大不相同。请看：

风趣的波尔乔斯跳下去后，就没有心情幽默了。因为他明明看见下面是稻田，谁知着陆时，却不偏不倚地掉在一个水稻田内、积肥用的粪池中。他说：

“真倒霉！又臭又脏、又冷又湿，见鬼的雨水还不停地往脖子里流……那情景，不瞒你说，实在狼狈极了！我费了好大劲才爬到一个小丘上，在雨地里整整坐了一夜。”

他困极了，却睡不着。因为不仅又冷又饿，而且整晚都有狗在断断续续地叫。幸好后来雨就停了。待到东方露白，他才发现：原来不远处就有间茅草农舍。他想，但愿能碰上一个好人。于是，走进茅屋。他照朱利卡上尉教的说“我是美国人”，但对方毫无反应。他又想起朱利卡上尉告诉过他们：“你对中国人微笑，他也会回报你一个微笑。日本人则不。”于是，他就笑了一笑，果然对方也笑了，还给他递上一杯热茶。正在这时，门又开了，领航员坎贝尔出现在门口。两人皆大欢喜。

不过，他们认为，这里不是久留之地，看来这村民也帮不上什么忙；而且说不定这里还是日占区，保险起见，还是赶快逃往山中为妙。

再来看“饿了”的诺布洛奇，他是位福将。同样降落在稻田之中，但他与波尔乔斯的感受却截然相反。他说：

“我降落在软绵绵的稻田中，虽然是黑泥地，但我觉得舒服极了……如果有下一次，我还是希望掉在这样的稻田中。”

而更让他满意的是，他很快就与驾驶麦克洛依碰上。他们一起向村子走去。临近村前，两人商量：不知是不是敌占区，还是小心一点好，决定由诺布洛奇进村探看，麦克洛依在村外接应。

诺布洛奇进村后，村民都很友好，这个摸他的衣服，那个摸摸他的脸。他笑，对方也跟着笑，他掏出打火机来，本打算请对方抽烟，谁知他一打火，村民却不知这是什么“武器”，吓得四下奔逃，躲起来了。

他退出村来，与麦克洛依商量：估计这些村民可能帮不了什么忙，还是另找出路。他们决定沿着村外的小河走。

可是，与他们的估计相反，帮忙的人却主动找上门来了。突然间，蹿出一个男孩来，一出现就拉着诺布洛奇的胳膊，比画着用枪打头的姿势，并喊出“啪！啪！”的声音，然后倒地装死。两人明白，这是告诉他们日本人就要来了，这里危险。于是，他们赶紧跟随这个机灵的男孩，穿林越野，终于找到了一支中国连队。

连队的队长姓王，是个上尉，略通英语，这就方便多了。王队长知道了他们的身份后，对他们很好。这时，他们也才知道，他们的降落处是在衢州以西约100英里的区域，这里是鄱阳县东北的凰岗镇、游城乡和高家岭镇之间。

由于担心日军搜捕，他们提出要马上上路，但王队长让他们耐心等待，以便寻找其他三位飞行员。因为，中国的战场形态与欧洲不同，在那里两军阵线分明，而在这里中日处于一种相互穿插状态，敌我双方都有小股部队在这一带活动。

第二天，5人会齐之后，中国战友护送他们上路，并找来毛驴给他们骑。由于驴矮、人高，他们常需把脚抬起一些，才不至于拖在地上。这样当然也很不舒服，所以后来又让他们换乘轿子和马车。终于，在次日下午，他们到了鄱阳县郊外。

王队长没有让他们马上进城，却又未告知为何要等。一小时后，他们听到了喧哗之声，而且越来越近、越来越大。这时，他们才发现，他们已处于一个热情友好的游行队伍之中，领头的是一支乐队。后来他们才知道：这支乐队居然一夜未眠，只为练习演奏美国国歌《星条旗永不落》（*The Star-Spangled Banner*）。

波尔乔斯激动地说：

“太让人感动了，他们还专门制作了一面美国国旗！当我们5人听到他们演奏美国国歌时，激动得眼泪都流下来了！我们被抬着，走在队伍中央，穿过这个大约有30万人口的城市。每户房前都挂着横幅，上面写着：

‘欢迎勇敢的美国飞将军’

‘向首批轰炸东京的英雄致敬’

游行持续了几小时，市民们一边燃放鞭炮，一边欢呼雀跃……”

当晚，鄱阳天主教会特设美国风味的晚宴招待他们，有他们喜爱的土豆泥、水果派和酒。第二天，又安排他们用大桶洗了个热水澡，这对劫后余生的他们来说，无疑是一段终生难忘的经历。

然后，又护送他们去衢州第十三航空总站。在那里，他们得以和其他机组人员欢聚一堂。

14号机 其机组人员是来自第89侦察中队。是由杜立特任命的执行官希尔格少校（John A. Hilger，33岁）驾驶。其成员是：副驾驶西姆斯中尉（Jack A. Sims，23岁）、领航员兼投弹手马希亚中尉（James H. Macia，26岁）、机械师兼投弹手艾尔门中士（Jacob Eierman，29岁）和枪炮手贝恩中士（Edwin V. Bain，24岁）。

他们的目的地是名古屋。在那里虽然也受到高射炮射击，但并未受伤。他们不但轰炸了名古屋日军兵营、三菱飞机制造厂和燃料库，还扫射了伊势湾中的两艘日本油轮。然后，顺利到达中国大陆。当飞临预定空域时，也是昏天黑地、阴雨绵绵。他们盘旋几圈，既未收到导航信号，又苦于看不到迫降场地，而航油却已耗尽，只好弃机跳伞。事后得知，他们已飞过衢州，到了江西省上饶的沙溪和广丰地区。飞机坠毁在广丰县壶峤乡的一个叫苦坑的地方。三人平安着陆，两人摔伤。

领航员马希亚是第三个跳伞的，他是个跳伞的新手，所以先坐着安定了一下情绪、找到开伞绳并把它握在手中之后，这才放心地跳出去。一出机舱，他就感到有飞机擦身而过，一股强烈的气流将他冲出，吓得他赶快拉开降落伞，而后就在风雨中向黑暗的“深渊”飘去……

14号机组人员在大黄蜂号航母飞行甲板上 从左起为：马希亚、希尔格、艾尔门、西姆斯、贝恩（来源：USAF）

不过，总算有惊无险，当他还未回过神来之时，已经脚踏实地。谢天谢地，没有受伤，他原地睡了一觉。天亮后，取道西行，不久就碰到了机械师艾尔门。老艾就没有他那么幸运了，他着陆时狠狠地摔了一跤，行动困难。幸好，他被马希亚找到，两人搀扶而行。以后的事，马希亚这样回忆：

“我们到了一个村庄，村民把我们挨个地从一个人传到另一个人手中，好像我们是‘俘虏’一样。”

其实他误会了，村民们不懂他们说的“洋话”，又看出他们不是日军，只好挨个交代，希望能碰上一个能与他们沟通之人。

正当他这样一边走着、一边想着千万别落入敌手之时，突然看见200码外来了一辆敞篷卡车，上面还有一伙士兵。天啊！他们还跳下了车，一个看来像是个领队的青年军官还向他们走来……

他紧张地盘算：来人是敌、是友？过去听人说过：日军都穿军服，而中国人大多穿不上军服。这就相当不妙，因为这一伙人却是穿着整齐的军装，怎么办呢？

当他还未理出头绪之时，青年军官已经来到近前发话了：“美国军人，我们是你们的朋友！”

马希亚和艾尔门喜出望外！于是，他们被请上车。上车一看，他们更惊呆了！为什么？

原来他们看到机长希尔格少校早已在车上！是呀，希尔格怎么会在车上呢？事情是这样的：

希尔格与其他机长一样，最后跳伞。降落伞带弹到脸上打得他头昏眼花、鼻子流血；接着，又摔在山崖上，再把他弹起来，又跌下去，扭伤了左手关节，痛得他昏了过去。醒后才发现幸好降落伞被树枝缠住，把他挂在悬崖边，救了他一命，要不然就摔下崖了。而他正躺在一个狭窄的台地上，真庆幸自己福大命大！他解下降落伞，换到一处安全的地方，把降落伞卷在身上，既挡风雨又防虫蚁，然后就昏昏沉沉地睡去。

早晨醒来，雨停、风息。走下山坡，举目望去，只见农民戴着斗笠在田间忙碌，水牛拉着木犁正在耕地。他这样述说随后的经历：

“我走进村里，见到他们的白胡子族长，他身穿黑长袍、头戴瓜皮帽。我陡然感到好像来到2000年前的中国。一个小伙子自告奋勇，带我去安全的地方。我们走着走着，迎面开来一辆满载士兵的卡车。士兵们跳下车来，用枪指着我，并高声吆喝，我也不知他要我怎样。小伙子也高声回应，但枪手们好像并不相信他的解释。最后，幸好有个年纪大一些的军人，辨认出我的军服上的美军标志，才算皆大欢喜。”

[链接：根据上饶新闻网报道，他的着陆处是在离广丰县很近的下溪乡杨村后山的岗坞尖。进的村庄就是杨村，带他的小伙子是村民洪礼臣，洪把他带到杨村的洪家祠堂，见到了他们族长，而后送他去观音村，在路上就碰上了这辆军车。]

然后，大家已经知道，又碰上了马希亚和艾尔门。正是：

生离死别跳伞下，意外相逢在车上。

谁说一夜时间短，惊魂异地见闻长。

他们彼此互道别后，不觉之间已到部队驻地。到军营后，中国战友给他们换上了干净的中式军服，又吃了第一顿令他们终生难忘的、丰盛的中餐。希尔格特别对其中一道肉菜赞不绝口，后来才知道原来是狗肉。饭后，将他们送到广丰县城。

现在该他们担心副驾驶西姆斯和枪炮手贝恩的下落了。不过别着急，中国军民很快就把他们送来了。

西姆斯降落在一处山坡上，在这阴雨的深夜，他决定原地不动，于是把降落伞绑在树上做成“帐篷”状，以挡风雨，就这样睡去。早晨走进附近村庄，村民报告乡政府，乡政府派人将他送往广丰县城。事后得知，他与希尔格是降落在同一个乡的区域内，只不过希尔格是在下溪乡的杨村，而他是在下溪乡周村密良坳对面的山坡。天亮后去的就是密良坳。

贝恩降落在一个小水坝上，他丢掉降落伞，就向邻近的路亭走去，竟有幸遇上一个名叫林国元的老师，带他到自己教书的学校（纪家祠堂学校）舒舒服服地睡了一夜。可以说，他是空袭队员中跳伞当夜运气最好的人。他的降落处就是吴村乡前村纪家的小水坝（名叫槌头坝）。天亮后，林老师又把他送到乡里，乡政府又派人用黄包车将他送到广丰县城。

就这样，当天（4月19日）下午，他们5人就从不同地方陆续被送到了县城。然后，由广丰县长张任石安排他们在县城西街烟叶公所的楼上住宿，并找来英语老师俞百岩当翻译。在县里休息一天后，送他们到上饶。最后，又按他们的要求，将他们送往衢州第十三航空总站，得以与5号、11号、12号机组欣然相聚。

后来，希尔格见到杜立特时对他激动地说起当时的心情：

“我这一生中，再也没有比当时见到琼斯、格里宁、鲍尔以及他们的机组人员那么高兴的事了。我当时简直就像小孩回到久别的家那样兴奋。”

比较起来，除了杜立特的1号机组外，他们就算是最顺利地找到中国当局的机组。也留下了与当地军民在一起的纪念照。希尔格回国后，在接受记者采访时，把其中两张交给美国《国际新闻》（*International News*）发表。下面就是这两张珍贵的照片。

第一张是4月22日那天，14号机机组人员中的4人，在离开广丰县时在县城的府前街与中方人员的合影。中间被抬着右手者为驾驶希尔格少校，他右手负伤；其他3人是第1人后的左边三位，从左数是：导航兼投弹手马希亚中尉、副驾驶员西姆斯中尉和枪炮手贝恩中士。他们都穿着中方给的棉大衣。

这张照片中独缺机械师艾尔门中士，他因伤重另用担架抬着，在第二张照片中左前方第一位盖着被子的就是他，他后面站着的是副驾驶西姆斯中尉，右

走在小镇上

这是1942年4月22日14号机组人员中的4人，在离开广丰县时在府前街与中方人员的合影（来源：Thirty Seconds over Tokyo）

患难之交

这是14号机组人员与中国军民在广丰县的合影（来源：Thirty Seconds over Tokyo）

后最后一位是机长希尔格少校。

现在接着讲杜立特到达衢州后的经历。

当4月26日杜立特带领1号机组的成员到达第十三航空总站后，先到的队员见到了自己的偶像和领导，杜立特见到了日夜思念的部属和战友，那场面之热烈，令人感动。正是：

突袭敌寇离母舰，狂飙横扫东京湾。

神州战友情意暖，出生入死救危难。

魂牵梦萦思战友，劫后余生大团圆。

千言万语说不尽，百般激动涌心田。

杜立特和他的队员们，当然也特别感谢陈站长和所有中国战友热情周到的接待。对于这些陆续到来共同抗日的美国战友，在地处抗战前线、日军又不断骚扰的情况下，第十三航空总站的确是下足了工夫招待的。虽然陈站长也通英语，却还专门安排了翻译官陈琳和在该站工作的钱南欣先生与他们沟通；为了他们能吃好，又特别请来会做西餐的厨师；为了给伤员治伤，又专门增聘了医术精明的西医；为了他们的安全，又在营区周围加派岗哨和警卫。他们在那里度过了几天终生难忘的日子（战后，杜立特空袭队员们还成立了一个“杜立特东京空袭者协会”，每年的4月18日他们都要聚会，纪念那段惊心动魄的日子，回忆轰炸日本的痛快经历，怀念中国战友的热情救助）。

在那里，他们既深切感受到中国军民的真诚友好，也亲身体会到日军的凶残可恶。自从他们空袭日本、又在中国降落之后，侵华日军不仅穷凶极恶地四处搜捕他们，杀害救助过他们的中国百姓，毁灭他们到过的村庄；而且日本大本营，还秉承天皇御旨，下令要不惜一切代价炸毁可供美军飞机降落的所有中国机场。衢州机场自然更成了日军的重点空袭目标。所以，在第十三航空总站的这几天，躲警报也成了他们的日常要务。为了让他们既能安全隐蔽，又能休息养伤。中方特别在营区后、大约相距1里多的岩上，改造了一个可容100多人的石头溶洞，并安排了伙房和医疗站。你想，在那样紧张艰苦的日子里，有几个防空洞能够带有舒适的餐厅？他们对中方如此周到的安排印象颇深，特别给这个石洞取了一个大名：“石头防空餐厅”。临行前还专门摄影，说是要留作永久的纪念，并带回国给亲友观看。下图就是部分队员当时在洞口的合影。

杜立特急于去重庆汇报。又鉴于日寇频繁骚扰、战事日益紧张，杜立特和陈又新都认为，为了这些队员的安全，决定不等其他尚未找到（或未到来）的队员，而先行转移去重庆。经两人商定，并向重庆请示获准。即日启程，先取道江西上饶。因为，第三战区顾祝同司令邀请他去见面，而他也想当面向中方在这个战区的最高长官表达感谢中国军民救助之情。

然后，从那里再乘车（汽车加火车）至衡阳，再由衡阳换乘飞机赴渝。

4月27日，陈又超在石头防空餐厅，为杜立特等人举行了告别宴会后，就送他们启程，直奔上饶。11号机组的副驾驶雷迪描述了他们在上饶的见闻：

顾祝同将军异常热情地接待了我们，他特地前行许多里路来迎接我们的到

劫后重逢

这是在“中国空军第十三航空总站”会合的部分机组人员，在“石头防空餐厅”洞口前合影。很明显，最高的那个人就是“矮子”，站在他右边、头上包着纱布的就是雷迪。至于其他人，有兴趣的话你慢慢地辨认吧（来源：US Air Force Museum）

来。军乐队演奏着中国的迎宾乐曲，还演奏了他们认为是美国人喜闻乐见的美国乐曲。顾将军既表达了中国军民对我们空袭日本的赞赏之意，又叙说了罗斯福总统以及美国人民的兴奋之情，还讲到媒体的评论：这是2600年来日本本土第一次受到外军的袭击，也是自1922年日本大地震以来对日本人的最大震撼。

由此可见，中国军民并非被动、而是主动地在为营救美国战友而努力。但事出突然、又下落茫然、从而忙乱也就必然，而基层民众（特别是山区村民）更不知其所以然。即使这样，绝大多数空袭队员都安然，这也是一段令人欣然的中美友谊史话。

[链接：顾祝同，保定陆军学堂毕业。是蒋介石的“五虎上将”之一，时任第三战区司令兼江苏省主席。统筹苏南、皖南、赣东和闽、浙两省战事。司令部设于江西上饶。据他的亲信、原第三战区参谋处长岳星明少将在其《浙赣战役回忆》一文中说，当时是由顾祝同偕参谋长邹文华和他前去迎接杜立特等人，并

对他们“嘉慰有加”。同时，在该文中也提到“4月18日深夜，顾祝同司令长官曾打电话给我，命我通知当地政府和部队全面出动，协力营救跳伞的美军飞行员。”]

在上饶，杜立特除了感谢中国军民对空袭队员的救助之外，还与顾商讨从汪伪政府手中用钱买回在象山被俘的3名（6号机组）人员的可能性；也研究了派兵营救在南昌被俘的5名（16号机组）人员的可能性。对于前者顾表示同意；对于后者，由于牵扯到整个战局，顾表示要进一步研究。但他们后来才得知，被俘人员是直接由日军掌握，并未在汪伪政府手中。其结果，前面已经谈过，不再赘述。

在上饶欢宴之后，即上路赶赴衡阳。在衡阳，由于离前线较远，所以接待条件较好，杜立特一行在那里住进了舒适的旅馆，吃着可口的饮食。

4月29日下午，一架美制C-47运输机，载着杜立特和他的勇士们飞往重庆。这是轰炸日本之后他们第一次登上飞机，虽然不是自己的战机，但也让这些曾经日夜以飞机为伴的小伙子们欢欣鼓舞。从晴空中俯视陌生而又亲切的中华大地，禁不住发出感叹：多美的山河啊，如今竟被日本鬼子搞得四处烽烟！于是有人当即下定决心：到重庆后，要向上级请求留在中国，与这些救助过他们的、可爱的中国军民并肩战斗！（后来，他们中的一些人的确留在了中缅印战区，有的甚至在此献出了年轻的生命。）

到重庆后，他们被直接接到美国大使馆。4月末、5月初的重庆虽然潮湿多雾，还不时有日机轰炸，但天气不冷不热，又是大后方，也使过了一段心惊胆战日子的他们感到舒适。重庆这个中国的战时首都，给他们留下了很深的印象。他们不仅赞赏这个地处长江和嘉陵江交汇处的山城的雄伟气势，而且惊叹它的历史悠久，它竟然经历了2000多年的岁月，这是任何美国城市都无法比拟的。更重要的是，这里还发生了令他们“一生中最大的震惊！”（这是11号机副驾驶雷迪在日记中的话）什么震惊?

4月30日，早上9点，史迪威的空军部长比色尔将军向首批抵渝的空袭日本的勇士们，传达了罗斯福总统、马歇尔将军和阿诺德将军的亲切问候，并宣

布：授予每人一枚“飞行优异十字勋章”。

你想，一个普通的飞行员，能直接收到最高统帅的问候，同时又荣获规格最高的军功章，谁能不感到意外和惊喜呢？何况又是在异国他乡、在历经生死劫难之后。

美军的飞行优异十字勋章

（来源：wikipedia.org）

还不止于此，当天晚上，意外惊喜更是接踵而来。而且，看来年轻的雷迪真有点“受宠若惊”之感，他在日记中这样来描写当时的感受：

“我们受邀赴中国元首官邸宴会（注：那是蒋介石在他的重庆郊区的住所“林园”宴请他们）。优雅而独具风格的中式园林，时髦而典雅的家具、镶银的烟灰缸、人字形的硬木地板再配上散发着柔光的壁炉，真让人舒服极了。

在丰盛的宴会菜点中，最特别的是那道好像是“月亮花”做成的酱，谁也尝不出它是什么，真是无法形容的美味佳肴。

最后，蒋夫人的出现，使宴会达到高潮。我异常荣幸能见到拥有如此高贵气质的夫人。她不仅能说一口流利的英语，而且还熟练地运用着美式幽默。我觉得她真是美丽、睿智、光彩夺人。更特别的是，她还是中国空军的副总司令，以这个头衔，她为我们颁发了中国空军的最高奖章——“云麾勋章”。我们都为能接受如此崇高的荣誉而骄傲和欣喜若狂！

他误会了，宋美龄当时是担任“中国航空委员会”秘书长。

颁奖之时，还出了个意外的、与我有关的插曲。当蒋夫人朝我走来之时，手上的勋章突然掉地。这时，起码有4个人争先恐后地抢着捡起来给她。

然后，我们分成几组分别同她合影。轮到我们组时，她竟然就站在我的右前方。我忍不住地低声喃喃自语：‘带这张照片回家时，我女儿一定吃醋’。不料，居然被她听到了，她风趣地问道：‘是金发的还是深色头发的女孩？’”

[链接：云麾勋章（英文翻译为The Order of Clouds and Banner）是根据1935年6月15日中华民国公布的《陆海空军勋赏条例》规定，授予陆海空军有功人员，非军人或外籍人有贡献者亦可授予。分为九等。绶带规格为：1、2、3等为大绶（即由右肩斜至左胁下），4、5等为领绶（即佩于领下），6、7、8、9等为襟绶（即佩于左襟）。授予标准为：将官授予1至4等，校官授予3至6等，尉官授予4至7等，准尉及士兵授予6至9等。其图案为：中间为：“云”端

云麾勋章（来源：president.gov.tw）

“麾”（古代指挥军队的杏黄色旗）旗招展，周围光芒四射。象征荣获此章者，善于指挥作战、参赞戎机、功高云表、荣誉之光四射。

中华民国有多种勋章，其等级排列的顺序是：国光勋章、青天白日勋章、宝鼎勋章、忠勇勋章、云麾勋章、忠勤勋章。]

看来，美国客人对宴会的男主人印象不深。在纳尔逊的《顶尖英雄谱》中，这样评论：“蒋介石发表了冗长的讲话，却无翻译，以至于美国人都莫名其妙。”

其实，嘉奖令是老蒋签发的，老蒋不说英文，是宋美龄用英文宣读的。而且云麾勋章既不是专为空军，也不是最高奖章。只不过飞行员们听到“云”字，就理解为翱翔云端的空军。他们之所以如此兴奋，还因为那时颁给他们的美国的飞行优异十字勋章并未运来，只是宣读了嘉奖令而已，但中国的云麾勋章却是真戴上了。

这个宴会，杜立特当天迟到了，因为他先去大使馆参加为他举行的庆功会。在那里，当然他也只听到破格提升他为陆军准将的命令，却也无准将的“星”徽可以佩戴。但比色尔正好也是准将，灵机一动，他就把自己身上的佩“星”摘下，给杜立特戴上。而后，杜立特才赶到“林园”官邸来，又是宋美龄亲手给他戴上、还是从别人身上摘下的云麾勋章。这是一个有趣的插曲，杜立特印象很深，他在回忆录中专门写了一段：

4月30日，我们受中国元首蒋介石及其夫人之邀，去他们的官邸受勋。我在重庆的队员们都得到了勋章。我的副手希尔格的勋章等级，在队员中是最高的。当我进去时，蒋及其夫人彼此相视，看来颁奖仪式的准备好像出了点问题，他们没有合适的勋章给我。这时，蒋走到一个佩有勋章的、他的高级将领面前，从那位将领的颈上取下勋章，然后把它给我挂上。

杜立特当然惊喜，但那位中国将领却一脸错愕。

[注：还要说明一点，雷迪和杜立特记忆的时间各不相同。雷说（载于《顶尖英雄谱》）是5月1日蒋、宋为他们授勋，而杜说（载于《我绝不可能再那么幸运》）是4月30日。我认为杜说比较合理，因为他们到的第二天，中方

林园授勋 这是宋美龄（左1）、杜立特（右2）、希尔格（右1）在授勋仪式上（来源：google.com）

既为他们接风洗尘，又同时给他们授勋，较合常情。而且两人都说杜迟到了，如果是5月1日，杜没有理由迟到，他头一天（4月30日）在大使馆庆功，第二天才来见中国元首，还要迟到，不合礼仪。与此相似，雷说杜是5月9日离渝返美的，而杜说是5月5日。我也认为是杜记得可靠。因为，首先，华盛顿方面催他尽快回国；其次，随后的行程日期也才对得上。这些我们下面即将谈到。]

杜立特接到命令："尽快回国！"杜立特要先走了，队员们都有些依依不舍，不知道将来还有没有机会在这个偶像的麾下工作。行前他们为他开了一个小型欢送会。会上杜立特发表了异常感性的讲话，而小伙子们都暗下决心：将来要像他那样。

5月5日，杜立特开始了漫长的返美航程。第一段航程是由重庆经昆明飞往缅甸的密支那（Myitkyina, Burma）。乘坐的是一架中国航空公司的DC-3型民航客机，驾驶名叫陈文宽（Moon Chin），广东台山出生，自幼随父迁至美国马里兰州的巴尔的摩市，并在那里上了航校、学了飞行和机修，后回国应聘至中国航空公司当驾驶，已在该公司飞了近十年。飞到中途，陈文宽接到地面无

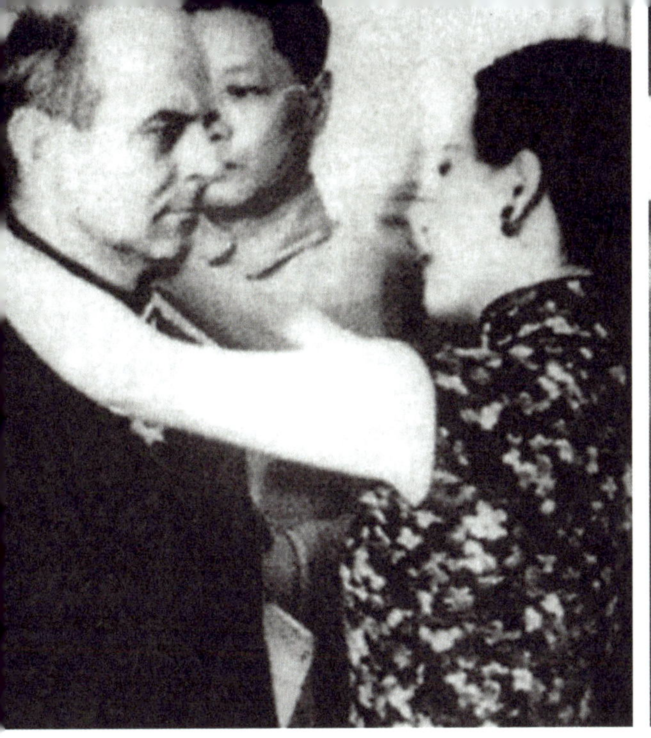

宋美龄为杜立特戴上云麾勋章（来源：google.com）

宋美龄为希尔格别上云麾勋章

（来源：Nelson. The First Heroes）

线电通知，昆明正遭日寇空袭，让他临时改去昭通机场降落。在那里大约待了一小时，才继续飞往昆明，加油后再度起飞。当他们到达密支那时，日军已经迫近，机场一片混乱，到处是逃难的人，上百人围着飞机，想要登机。

DC-3飞离重庆时，机上只坐了几个人。当停在密支那机场加油时，陈文宽就让等着的人登机。于是，人们马上蜂拥而上。杜立特在旁默默地数着：30人、40人、50人……还在上！

虽然基本上都是妇女、儿童或怀中的婴儿，而且行李很少。但是杜立特还是有些担心了，因为他知道这架DC-3定员只有21人！于是，作为一名有经验的驾驶，他终于忍不住提醒陈文宽："我真希望你明白你是在干啥。"

"我们这是在战争期间，"陈文宽满不在乎地回了一句，好像他每天都载这么多人似的。当他注意到杜准将担心的神色时，又补充了一句："在这里你就得干许多在国内不干的事。"

直到挤进第60人，陈文宽才关上了机门。然后，从人群中费劲的挤往驾驶舱。尽管如此超载，DC-3总算飞起来了。松了一口气的杜准将不禁在心中暗叹："真是只好鸟！"

这么挤，当然很不舒服。按原定计划是先飞汀江机场（Dinjan Airfield，在印度的阿萨姆邦，是"二战"时的美军机场），但为了少一次起降，陈文宽决定直飞印度的加尔各答（Calcutta）。飞了4小时，着陆后杜立特又大吃一惊：从本来放行李的后舱中，又钻出8个衣衫不整的华人来。杜立特这样回忆道："我敢保证，这创造了DC-3的搭载纪录！"

下一段航程是飞往埃及的开罗。需要换乘航班，为了候机，他在加尔各答待了4天，也等来了第12号机组驾驶鲍尔和其他几个战友，启程前还为他们开了个派对。然后登机启程。这回乘的是英国海外航空公司的水上飞机。这一程对归心似箭的杜立特的耐心，的确是个考验。因为一路上在印度、伊朗和埃及途中停了8次，才于5月11日到达开罗。然后，又停了两天，5月13日才又启程。

这回算是乘上陆军航空队自己的飞机了，但路途也更为曲折。先飞往苏丹的喀土穆（Khartoum，Sudan），再飞往塞内加尔的达喀尔（Dakar，Senegal），然后，飞越南大西洋，到达巴西的纳塔尔（Natal，Brazil）。在飞往首都华盛顿的途中，又在波多黎各（Puerto Rico）休息了一夜，这才到达终点站。这时已经是5月18日了，全程整整飞了两个星期。说也凑巧，正好是杜立特空袭日本一个月之后，他回到了他朝思暮想的首都华盛顿。就要见到首长和亲人的兴奋，令他一扫长途跋涉的困倦，他精神抖擞地走下飞机，而停机坪上已经有阿诺德办公室派来的专车在等着他。

接下来当然是去拜见领导。杜立特如是回忆：

"司机专门领我从后楼梯直达'快乐'将军在五角大楼的办公室。'快乐'将军非常热情地接待我。我们长时间谈论了执行任务的经过、人员下落，特别是被捕队员的情况。我向他检讨：我只完成了一部分他交代的任务。他却表示：没有人会责怪你。

然后，我们一起去拜见马歇尔将军。看得出来将军的心情非常愉快，他亲切地含着微笑听完了我的简要汇报。

告辞出来后，'快乐'将军建议我先去军需库，领新的准将军衔的制服。然后，他就让我去华盛顿西北部

Q街2500号的公寓，在那里休息，不要外出也不要与外界联系，直到他打电话为止。

我原本打算，见过首长后，就与在西岸等我消息的乔通话，告诉她我已回到华盛顿。这一来我连这个电话也不敢打了。”

杜立特全然不知，阿诺德在他回到国内之时，就已经给乔打了电话，并且为她安排了一个异常“紧凑”的行程。要她马上到华盛顿来，但却未告诉她为什么。只是让她立即动身，已经为她预订了商用航线的下午航班，先飞匹兹堡（Pittsburgh）。这架飞机上只有她一个女眷，而厕所却始终被男乘客占用着。所以，坐了一夜飞机，她也未能上一次厕所。本想到了匹兹堡再说，谁知，飞机刚着陆，一个陆军军官就急切地带她上了另一架军机，直飞华盛顿。在华盛顿机场，阿诺德办公室已派车在机舱门前等她。刚下飞机，一个年轻军官就接过她的提包，放在后车厢。她说她想去方便一下。而年轻军官却礼貌的答道：“杜夫人，对不起。来不及了，我们必须在10分钟内赶到白宫。”就这样她来到了白宫，并被带进了椭圆形办公室（注：即总统办公室，因呈椭圆形而得名）的接待厅中。而直到这时，她仍然莫名其妙，不知道为什么带她到这儿来。也直到这时，她才有机会向秘书“求救”，解决了“方便”问题。

秃笔一支，话分两头。话说在招待所傻等的杜立特，终于接到了“快乐”将军的电话。告诉他过几分钟后下来，有车接他，但同样未告诉他要去哪里。当专车到时，他大吃一惊，原来阿诺德坐在后座，右边则坐着马歇尔将军。他向他们敬礼，并在司机旁边就座，车就开了。下面是他的回忆：

“我终于忍不住打破寂静，问我们上哪儿去。

‘快乐’将军应道：‘吉姆，我们要去白宫。’

我愣了一会，然后说道：‘是吗，我的事未办好，我不想让任何人尴尬，我们去那儿干吗？’

马歇尔将军答道：‘总统要给你授勋。’

我异常震惊而急切地说：‘将军，我们执行任务的每个队员，都与我经受了同样风险。我没有资格单独

享此殊荣。'

'我认为你该得！'马歇尔将军语带不悦地说。

接下来，谁也不说什么了。但这是我唯一的一次既感到'快乐'将军在生气，又感到马歇尔将军的不悦。本来嘛，陆军最高军衔的首长做出的决定，我怎能在不合适的时间，不合适的地点妄加议论呢。

我们到了白宫，并被带进了乔在其中的接待厅……"

读者朋友一定不难想象，当杜与乔在这样的环境中意外相逢时的欢乐情景。当他们两人相向扑去、热烈拥抱之时，阿诺德在一旁得意于自己的精心安排，而马歇尔也露出了会心的微笑。这可是生离死别后的重逢呵！虽然离他们在旧金山宾馆的道别，只不过一个多月，但杜立特却觉得那已经是很久、很久以前的事了。他旁若无人似的，擦拭着乔激动的泪珠，追问着儿女们的近况……

但秘书的邀请打断了乔的倾诉，他们被请进了椭圆形办公室。罗斯福总统热情地欢迎他们的到来。愉快的、长时间的、有力地与杜立特握手，并赞扬他出色地完成了空袭日本的任务，达到了预期的效果，极大地振奋了国人的士气！

接着，由马歇尔宣读了授勋令，并顺手递到乔的手中。乔正在发愣，因为，她做梦也未想到，她这辈子居然会来到国家领导人的办公室。所以，她下意识地拧着接在手中的授勋令。马歇尔这时轻声地在她耳边提醒：

"在你还未把它揉破之前，我会把它抢走。"

最后，罗斯福亲自给杜立特戴上了勋章。

这一切就发生在杜立特回到首都的第二天，5月19日，这是他生命的高潮，也是他人生的一个转折点。那一切，以后我们还会看到。已经安抵故土、荣勋加身的他，如今更惦念那些没有与他在衢州相会的战友。我想：读者朋友也一定想知道那几个机组人员的情况，下面我们就来谈谈。

2号机 机组人员是来自第17轰炸机大队第37轰炸机中队。由胡佛中尉（Travis Hoover，24岁）驾驶。其成员是：副驾驶菲兹夫中尉（William N.

授勋

这是1942年5月19日罗斯福亲自给杜立特授勋的情景。图中从左起为阿诺德、杜立特夫人、杜立特、马歇尔（来源：FDR Library）

美国国会勋章

Fitzhugh，27岁）、领航员魏德纳中尉（Carl R. Wildner，26岁）、投弹手米勒中尉（Richard E. Miller，26岁）和枪炮手兼机械师雷德尼中士（Douglas V. Radney，25岁）。

胡佛是一路上紧跟着1号机。在对东京皇宫以北的一家弹药工厂投弹后，仍然跟着杜立特飞行。用伦纳德的话来说是：“我看见胡佛一直紧跟在我们的左后方。”直到傍晚，已见中国海岸之时，胡佛发现引擎开始晃动和下沉，再看油表，前油箱只剩10加仑，后油箱只剩40加仑。他想：不能再跟着飞了，得自寻出路，找一个适当的地方迫降。终于，他发现一处较为平坦、长度也足够的农田。他命令全体人员作好防护、准备迫降。然后，绕了个圈，将高度降得更低，并关了引擎，让飞机滑翔下去……

可见杜立特的省油技艺比他高。

又可见他的技术还是很不错的。

你看这是多么令人无奈，飞机平安降落了，却还得把它毁掉！

他们有惊无险地平稳迫降在农田之中。这是16架飞机中最早着陆、而且唯一在中国平安迫降的一架。副驾驶菲兹夫中尉看了看表，时间是18点20分。这是在哪里呢？当然他们不知道地名，根据坐标，领航员魏德纳中尉认为应该是在浙江东南部海岸，但很可能会是敌占区。胡佛想：飞机大致完好，如果落入日寇手中就麻烦了。他让大家把可以带的东西尽可能拿上，并让投弹手米勒中尉带领枪炮手兼机械师雷德尼中士设法销毁飞机。

毁掉，也不是容易之事。因为油箱几乎空了，怎么烧得起来。最后，他们想出办法，把所剩无几的汽油沾在降落伞上，制成油布；又把引擎也打开，让机油漏出。然后，再点火。飞机终于着火爆炸了。他们又找来一些树枝，作了简单的伪装后，急速撤离。

他们不敢走上大路，怕遇上鬼子。只好沿山林走。当爬上一个山顶之后，他们又不约而同地回首，向心爱的座机“坟墓”投下最后一瞥。然后，根据罗盘的指引，迅速向西奔去。（事后得知，迫降处是中国浙江宁波附近鄞县的咸祥镇南星塘的棉花田里。当地非常靠近敌占区。）

就这样，他们5人避开人烟，吃喝就只靠飞机上带来的一点东西：每人1个军用水壶的水、一份给飞行员配备的军用干粮和一些糖果；睡觉则是在无人的窝棚或崖洞露宿。在山区坚持走了3天之后，终于，到了“弹未尽、粮已绝”的境地。这使得他们不得不去找中国农民帮忙。胡佛回忆道:

“我们在一个山中找到一位农民，向他要了些食物和水。他有一个小儿子，与我们用画图来沟通。画一个中国地图，再画一杆日本旗来表示日占区。小孩很聪明，他甚至勾画出了日、中分界线。他示意我们降落处是日占区，而这里一星期前日军刚刚撤离，所以现在是个两不管的游击区。”［注：所谓两不管的游击区，是指一种似是而非的占领状态，或者说无稳定的政权管治状态。白天不时有日寇巡逻车来耀武扬威，晚上却是中国游击队的天下。］

既然如此，他们就可按农民指引的安全方向走了。不久，他们碰上了咸祥

2号机组人员在大黄蜂号航母飞行甲板上 从左起为：魏德纳、胡佛、米勒、菲兹夫、雷德尼（来源：USAF）

镇公所的人，镇长朱孟荃把他们送到一支在这一带打游击的国民党“战工队”。［注：“战工队”，相当于共产党领导的“武工队”之类的小股抗日武装，亦有资料说是一小队“忠义救国军”］战工队得知他们是美国飞行员，就立即派人护送他们，辗转从宁海县强蛟镇薛岙码头登陆，沿西山线前往衢州。但在宁海的深圳，却与小股日寇遭遇，幸好在当地群众掩护下脱险，到达设在宁海县龙宫大庵的抗日游击区指挥部。在那里又为他们找到了一个翻译，名叫刘冬生。

刘冬生何许人也？据胡佛回忆，刘告诉他们：1937年7月，卢沟桥事变前，他原本是在北京的大学上学。当鬼子入城时，他和家人一起逃往内陆，到昆明继续求学，他学的是航空工程。毕业后，他到上海去结婚。当他打算回昆明时，英国领事馆拒绝给他经由香港、缅甸去昆明的签证。于是耽搁下来。后来，打听到有一条路，可以偷越前线去往内陆，他就跟着一伙人（大多数是商人）上了路。他们既不敢坐轮船，又不敢乘火车，只能走僻静小路，以免碰上

2号机组人员在衢州与中方人员合影 从左起为：魏德纳中尉、中方人员、菲兹夫中尉、胡佛中尉、刘冬生、米勒中尉、雷德尼中士（来源：USAF）

日军。前两天晚上，当他们住在宁海的一个旅馆时，听到了有飞机的轰鸣和爆炸声，以为是日军轰炸。昨天，有个本地人找到他，问他会不会英文，他说会一点，就把他带到一个大厅，厅内有许多军民，并已摆好3桌丰盛的饭菜。接着就见到了胡佛他们。

有了翻译，就更好办了。指挥部让刘告诉他们：将会派一队战工队，专门护送他们安全走出游击区，并送往衢州。

从此之后，他们在战工队的掩护下，每天平均走二三十公里。往往是清晨上路，日军巡逻车常出现的中午就隐蔽休息，晚上常住山上的古庙。除了步行，交通工具则是五花八门：滑竿、轿子、人力车、汽车、火车都坐过。沿途也都有浙江省的地方官员或乡绅接待。就这样，走走停停，一周后，4月29日，到了衢州第十三航空总站。

胡佛是这样回忆的：

“大约用了一个星期，我们到了衢州。那里虽然有大的机场和旅馆，也已经是中国人完全控制的非沦陷区。但是，由于是地处前线的空军基地，几乎天天受到日军轰炸，致使中、美飞机都无法在此安全降落，自然也不可能有飞机运载我们。

所以，到衢州后，我们在那里待了一周，然后，就与其他人一起分乘两辆巴士去了衡阳。即使在衡阳这个离前线较远的内陆，日机也常常下午飞来，往机场跑道上扔炸弹。

不过，中国军民总是连夜将弹坑填平，以保证机场可用。我们在衡阳等了大约一周后，一天早晨（5月14日），中国空军基地的官员通知我们：准备出发。不久，一架美制C-47运输机到达，载着我们飞往重庆。”

对于“恩人”刘冬生，他们并未遗忘。杜立特在回忆录中追述：“二战”后，1947年，刘冬生应邀赴美，在明尼苏达大学研读航空工程，获博士学位。于1954年入籍美国，并进入美军的莱特—佩特森空军基地任航空工程师，直到退休。

[链接：莱特—佩特森空军基地（Wright-Patterson Air Force Base）在俄亥俄州代顿市附近（Dayton, Ohio），是美军设在国内的最大的空军基地，在当地设有“美国国家空军博物馆”，展品极丰。

另有资料称，2008年，衢州中国银行职员郑伟勇（他在收集空袭队员资料上颇有建树），在汪村的“石头防空餐厅”洞内石壁上，见到美国飞行员当年刻在石壁上的飞行员图像和英文名字。两个英文名分别是“FITZHUGH”和“RADNEY”。

我认为，前者是2号机的副驾驶菲兹夫，后者是2号机的枪炮手雷德尼，估计是他们滞留当地时刻的。]

9号机 机组人员是来自第17轰炸机大队第34轰炸机中队。是由沃森中尉（Harold F. Watson，26岁）驾驶。其成员是：副驾驶帕克中尉（James N. Parker，22岁）、领航员格利芬中尉（Thomas C. Griffin，24岁）、投弹手比塞

9号机组人员在大黄蜂号航母飞行甲板上 从左起为：格利芬、沃森、斯科特、帕克、比塞尔（来源：USAF）

尔中士（Wayne M. Bissell，20岁）和枪炮手兼机械师斯科特中士（Eldred V. Scott，34岁）。

他们的任务是轰炸东京湾地区。虽然在那里遭受到来自地面和军舰上防空火力的猛烈射击，但他们仍然圆满完成任务，轰炸了东京湾岸边的川崎汽车厂、东京煤气厂、东京电气工程公司和坦克制造厂，然后飞往中国。

看来，驾驶沃森的技术有点好，飞得很省油；看来，领航员格利芬的运气又有点差，没领向预定空域，而是偏向西南。这一来，就让他们飞得比其他飞机都远。深入中国内陆300多英里，飞过了衢州，飞过了上饶，飞到了江西省的宜黄地区。

其实，格利芬也很冤枉，他抱怨说：作为一个领航员，他真是倒霉透顶！天气极坏，暴风雨“吞没”了飞机，四周一片漆黑，既看不到天，又看不到地，搞得只能靠罗盘和手表来判断方位。在飞机连续飞行了15个多小时后，引擎吃不消了，油也耗尽了。尽管机长沃森意犹未尽，也只得下令：全体准备弃机跳伞！尽管这个机组的5个人都毫无跳伞经验，也只得一个接一个地从1万英尺的高空跳下，跳向黑暗的、神秘的深渊。他们的感受更是大不相同。

枪炮手兼机械师斯科特第一个跳出机舱。他的感受最轻松。用他的话来说："我还未来得及害怕，我的降落伞就被树枝抓住了。然后，伞绳一荡就把我抛到了一个理想的平台上。"

虽然"理想"，但他却不敢乱动，因为暴雨虽已停止，但周围仍是漆黑一片，伸手不见五指，不知身在何处。作为机组中年龄最大而又性格开朗的他。干脆以逸待劳，从他的"百宝囊"中掏出烟、拿出酒，靠着树干，一边逍遥、一边盘算下一步怎么办。可是，当他抽完烟，丢出烟头之后，可把他吓坏了！为什么？因为他看见那小小的亮光，往下落呀、落呀……似乎永远落不到头！乖乖，看来这地方也并不那么"理想"！他连忙伸手去拉一拉伞绳。谢天谢地！它们还相当结实、牢靠，看来如果不乱动，安全暂时无虑。既然如此，就一切等天亮后看清处境再说。于是，他继续把美味的小酒喝完，身体也暖和了，丢掉酒瓶，就蒙头大睡起来。

领航员格利芬就没有斯科特那么潇洒。他跳出机舱后，就有点发懵。身处神秘的空间，他产生了一种幻觉：风很大，却又什么也听不到；明明在下降，却又好像没有动；他甚至怀疑他会飘到地球以外去；幸好还看得见头顶上有个降落伞，而且好像它也有感情，愿意陪着自己一起往下掉。他不由得祈祷起来：但愿它不要漏气才好。果然，那个有"感情"的降落伞轻飘飘地把他"送到"了地面。用他的话来说："这可能是所有跳伞者中，最柔和的着陆动作了。"

感受最不好的莫过于沃森了。作为机长，他最后一个跳伞。当看到大家都跳出后，他将飞机换到自动驾驶。但当他要跳时，降落伞的伞绳却缠住了驾驶盘。就在右引擎已经停机，飞机还没有掉得太低之前，他才理顺伞绳、奋力跳出。为了安全，他必须马上开伞。可是，当他拉开降落伞时，悲剧发生了！

那个"爱缠"东西的降落伞绳，这回是缠住了他的右臂。你想，降落伞的张力把他猛往上拉，他那200磅身躯的重力，又把他猛往下拉，会发生什么？他的肩关节脱臼了！痛得他大声哀号！

幸好，他没有掉在崖上，而是掉在小河中，摔得较轻。但河水的冲刷，肩臂的疼痛，加上又无法用双手去解开降落伞，那份难受，真是难以形容。他好不容易爬到岸边，又独臂在急救包中取出吗啡针，几经周折，终于自己注射成功。疼痛缓解了，而他也虚脱了。他竟然就这样昏睡了15个小时。醒来后，被几个村民救助，既给他烘干了衣服，又给他包扎伤口和提供饮食。好心的村民还让他在村里休息了两天，体力稍为恢复，才送他到宜黄县与战友们会合。

其他人怎么到宜黄县城的呢？这又说来话长。

第二天早晨，格利芬很快就遇到了斯科特。接着，又与副驾驶帕克相会。他们顺着山中小路下山，就找到了当地村民。村民带他们回到房中，并要为他们烤干衣服。他们脱下衣服，并把手枪放在桌上。不一会，情况突变！

来了一个军官拿手枪指着他们，对他们喊：“举起手来！”

格利芬一看，他放在桌上的手枪已不见了。而这时，窗口、门口都站满了拿着步枪对着他们的士兵。就这样他们变成了“俘虏”；那间民房也就变成了“囚室”。

次日，才来了“救兵”。两个在当地传教的天主教士，用流利的双语能力，为他们与执枪的军人间进行了沟通。疑团化解，皆大欢喜！“俘虏”又变成了英雄，“囚室”又变成了客厅。随后，他们被送往宜黄县城。在那里，他们受到了英雄式的夹道欢迎和上宾般的周到接待。

过了几天，村民把沃森也送来了。一个传教士还露了一手“绝活”，他让沃森喝了一大碗酒，然后把他那垂下的胳膊抬起，猛然一拉一送，只听沃森大叫一声，痛得他又昏了过去。醒来，他的肩关节算是复位了，但仍然肿胀疼痛。

又过了一天，投弹手比塞尔也来了。他的经历更加惊险。他着陆倒还顺利，但天亮后却成了一伙人的俘虏。这可不是像格利芬他们与当地驻军那样的误会。他遇上的却是货真价实、凶神恶煞的土匪，对他很不客气，过了几天胆战心惊的日子。好不容易让他抓住一个机会，趁土匪松懈之时，逃了出来。遇上好人，才把他带到这里。

9号机组人员在宜黄县城重聚之后，又被人们带去看了座机的残骸。这时，杜立特一行已经离开衢州，浙赣战役也已打响。所以，他们没有再去衢州，而是直接取道衡阳。在那里，他们不仅见到了2号机组的战友，而且还见到了1位7号机组的战友和4位15号机组的战友。他们15人一起飞往重庆。到重庆时已是5月14日了。

7号和15机组的这部分人员是如何来到这里的呢？这又是一段较长的故事。

7号机 在所有15架飞到中国的机组中，7号机组可以说是最特殊的一个。那就是他们有三个“唯一”：

其一是，他们受伤比例最大，5个人都受了伤，而且有一个全队唯一的截肢者；

其二是，由于伤残，劳森退出现役，因而在紧张的战时，他却有时间进行回忆与写作；所以，他们最早、最详细地出书叙述其经历（1943年出第一版，而那时美军也才刚刚正式公布杜立特空袭的过程，他的书正好满足了人们的好奇欲），而且是唯一经历被拍成电影者；

其三是，由于受伤人既多又重、疗伤时间长，也是最后一批返美的空袭队员。因此，他们是唯一与中国军民接触最多者，也是唯一中方资料最全者。关于他们如何被中国军民营救的过程，只要上网看看电影就清楚了。因此，我们在这里根据劳森的书和这些年陆续发现的一些资料摘要讲述一下，以方便那些暂时未看电影的读者，也对电影作一些延伸性注解。

7号机机长劳森驾驶飞机在轰炸了东京之后，才飞到浙江东部三门湾上空，这时油已将尽。他只好通知大家准备在沙滩迫降。劳森在他的书中这样说：

“我们发现陆地时，是当地时间下午6:30（我们的表是下午8:30）。当时，浓雾从岛上升起，我关掉自动驾驶仪，几乎是盲目地在云中穿梭，连飞机的鼻子我都看不太清。我只得把飞机拉高一点，以防止碰撞。这时两条路摆在我面前：一条是继续低飞，找合适处迫降；另一条是爬高，穿出云层再往西飞，直到油尽后，弃机跳伞。而后者则意味着失去飞机，同时意味着我们不知散落何处；还意味着飞机可能落在居民区，伤及中国房舍和人。所以我决定还是找一处沙滩迫降为妥。如果成功，我们可以在机中待到天亮，再设法去衢州。这时我的飞机还差不多有100加仑汽油。于是，我通过对讲机告诉大家：去掉降落伞、穿上救生夹克，准备迫降。同时，关照大家带好武器，以防万一是日占区，与敌人遭遇。

这时，副驾驶达文波特报出：‘飞机速度110英里/小时’。当我选定前方海边的沙滩准备迫降之时，不知为什么，飞机引擎突然抖颤并失去动力，我试着拉起，无效，接着飞机向海里冲去，栽到离海滩约1/4英里的浅海中。”

真是不幸，飞机未能安全迫降在平坦的海滩，而是栽到了浅海中，猛烈的撞击使5人中的4人，包括劳森中尉、达文波特中尉和领航员麦克卢尔中尉、投弹手克利维尔中尉都受重伤。只有枪炮手兼机械师撒切尔中士受伤较轻，也许是由于他在尾部机舱，再加上他最年轻（刚满20岁）之故。但也真是万幸，如果飞机不是栽在浅滩，而是撞到山崖或礁石之上或栽在深海中，那可就大事不妙了。

这样的结局其实并不意外，只要想想他们在飞机上的位置和坠机情况也就明白了。劳森与达文波特在最前面的驾驶舱，而且劳森正在手忙脚乱地企图挽回局面，飞机就栽下去了。而撒切尔正是在翘起的尾部，其他两人居中。

按照劳森的描述，他虽然受伤最重，但却在强烈的求生欲望和海浪的推涌下最先爬到岸边，然后是达文波特，再后是麦克卢尔和克利维尔，也都蹒跚地到了岸。最后是撒切尔，他虽然头也碰破了，但受伤较轻，而且还有力气一个个扶助众人靠到一块礁石旁躺下。

天很黑，雨越下越大，在这荒滩雨地，冷得5人直哆嗦，正当劳森在“幻想”能升起一堆火来烤烤或者能找到一处兽穴躲躲之时，撒切尔突然掏出手枪，在劳森耳边轻声问道：

“我要开枪吗？中尉”。

这时劳森才从幻觉中猛醒，看到在不远的堤岸上站着两个穿着蓑衣的人。但他制止了撒切尔。

而达文波特则看出是中国村民，放声喊道："嘿！"

这两人向他们走过来，在打量了一番之后，发话了。劳森虽然听不懂，但听出不是日文，而是中文。他放心了，于是他们又七嘴八舌地说起学过的中文词来，"衢州"、"美国人"、"重庆"……夹杂着他们的呻吟。中国人也一样，虽然听不懂，但从发音和他们的长相已断定他们不是日本人。这时又从岸上下来了6个人，将他们抬起或扶起，走了一段路来到一间屋中。

原来，他们坠机处是浙江省象山县南田岛大沙村的浅海滩。村民是许尚友、许尚标以及孔宪灯等人。村民把他们送进屋后，替他们包扎伤口，并找来了保长许尚春和自卫队长郑财富。郑财富曾在外国轮船上当过水手，粗识英语，还有一个英文名字。他仔细地查看了飞行员们的装束，基本上判定他们是美国人后。开口说道："我，查理（Charlie）……美国人？"

这一来，像是给受伤的人们打了一剂强心针，在一连串的回答"yes，yes，yes"之后，便连续发起问来：

"我们这是在哪里？"

"我们能很快到衢州吗？"

"最近的医生在哪里？"

"查理，你能帮我们吗？我们有钱……"

郑财富一脸茫然，因为他那半吊子英文水平，实在承受不了这些"连珠炮"的攻击。还算撒切尔伤轻，头脑也清醒一些，知道对方英文不行。只好连比带画，单词加手势，让郑财富明白了：他们是美国飞行员，炸了日本，要去重庆。知道是友军之后，许尚春就连忙安排给他们更衣吃饭。同时郑、许二人商量，大沙村距日军驻守的石浦镇很近，万一被日军发现就麻烦了。而且4个人伤势很重，需及时治疗。因此决定尽快把他们送往隔海相望的三门县，（注：象山县的南端与三门县就隔着个三门湾。但当年，象山已被日寇占领，三门县尚由我方控制。所以，海面常有日、伪船只巡逻，而岛上则常有三门县的自卫队员活动，岛上渔民均与自卫队员相熟，共同与日、伪周旋）于是，由郑财富出去找了滑竿和脚夫，于19日中午，带领6个自卫队员把他们抬上了崎

恩泽医院旧址（来源：www.showchina.org）

岖的山路，撒切尔跟着走在劳森的滑竿旁。劳森让撒切尔最后一次再往心爱的座机坠毁方向看看，尽管撒切尔翘首引颈，可是却失望地告诉他：什么都未看到。最后，把他们送到一个渡口，当晚用渔船偷渡三门湾，把他们送往三门县府所在地海游镇。穿过五屿洋海面时，还差点与日军巡逻船遭遇，他们甚至听到了日本人的吆喝声，还算郑财富机智，才躲过一劫。凌晨到达海游镇。

海游镇虽是三门县府所在地，但在镇上，却只有一个简陋的“三门卫生院”，医务人员一共只有3人：院长兼医生任超民、护士洪漪和卫生员周祖森。战争期间药更缺乏，连止痛药都没有，只能进行简单的伤口清洗和包扎。幸好当天，三门县县长陈诚，正在三门县南邻的临海县开会，得到消息后，立即吩咐与临海的“恩泽医院”联系。

当年，恩泽医院有3个医生、6个护士，是方圆百里之内“最好的”医院。它原本是一所英国人办的教会医院，后来英国人走时，由如今的院长陈省几买下。他们父子都是医生，在当地颇有一点名气。得悉后，其子陈慎言医生，立即连夜亲自奔赴几十里外的海游镇去接伤员。陈慎言到达后就告诉他们：必须尽快离开，因为日寇已经发现美国飞行员踪迹，并在浙江省沿岸加紧搜索。他将带他们去他父亲的医院。

21日早晨7点，陈慎言就带着他们5人，乘三门县安排的轿子，从海游出发前往临海。由于是伤员，又要躲敌人，只能走僻静山路，所以直到晚上10点，才到恩泽医院。

到恩泽医院后，飞行员们虽经旅途劳累，但感觉却好得多。看到这二层的

维多利亚式小楼，就让他们有一种回家的感觉。加上小陈医生［注：在劳森的书中把陈慎言叫“小陈医生”（Young Dr. Chen），把陈省几叫“老陈医生”（Old Dr. Chen）］这个上海东南医学院（注：安徽医科大学前身）的高才生，可以说流利的英语，除此之外，还有两件事，更带给他们意外的惊喜。一件是，医院的厨师，居然会做西餐。这个厨师姓王，他原来是在上海的基督教青年会当厨师，日本人来后，逃往内地，才在恩泽医院做事。另一件是，他们在这里遇上了几对传教士洋人夫妇。一对是派克夫妇（Mr. and Mrs. George Parker）。先生是英格兰人，太太是苏格兰人；另一对是菲茨杰拉德夫妇（Mr. and Mrs. Fitzgerald），先生是英国人，太太是美国人。他们有一个女儿和一个才1岁的儿子；还有一个名叫玛丽的英国修女（Mary Small）。

当然，主要还是，这是一所较正规的医院，尽管战时医疗器械和药品供应很差，但陈氏父子医术高明，护士也颇有经验。再加上那些洋人帮忙护理，撒切尔很快痊愈，达文波特、克利维尔和麦克卢尔的伤势也都有所缓解；最令人

护送战友

中国战友用轿子抬着7号机组伤员，护送他们转移（来源：Thirty Seconds over Tokyo）

担心的还是劳森，他左腿伤势危急，又缺可用药品，很可能不得不截肢。可是在这样的医疗条件下，又是外国人，他们父子难下决心。

正当他们骑虎难下之时，一个“救星”来了。他就是杜立特空袭队的随队军医怀特中尉（Thomas G. White）。他来后即与陈慎言合作，给劳森作了截肢手术，既保住了英雄劳森，从而也使世人有幸看到劳森写的书和根据书拍成的电影《东京上空三十秒》，真可谓大功一件！

说到这里，读者可能纳闷：怀特怎么会来呢？这就说来话长。

15号机 军医怀特中尉，是分配在15号机组兼作枪炮手。他们这个机组的人员都是来自第89侦察中队。驾驶是史密斯中尉（Donald G. Smith，24岁），其他人是：副驾驶威廉姆斯中尉（Griffiyh P. Williams，21岁）、领航兼投弹手西斯勒中尉（Howard A. Sessler，24岁）和机械师兼枪炮手塞勒中士（Edward J. Saylor，22岁）。

他们的目标不是东京，而是神户。所以在轰炸了神户钢铁厂、川崎飞机厂和电力机械厂后，也无伴可寻，“独自”向中国飞来。当史密斯终于看到不远处有陆地时，威廉姆斯提醒他：燃料将尽。于是只好通知大家：准备海上迫降。亏得他技术不错，在这能见度很差的雨夜，居然能将飞机平缓地降到海面。趁着飞机缓缓地下沉，大家急忙拿枪械、配给的食品和背包等；而怀特则忙着拿他的“宝贝”（药品箱和外科手术箱）。塞勒甚至还抢出了橡皮救生筏，让大家搭载。可惜筏小，人和物又多，在疾风狂浪中，未能坚持多久，就撞在飞机残骸的尖刺上漏气了，人和物均浸入海中。

他们落水处是在浙江省象山县石浦镇附近的海面，离檀头山岛不到半里，众人虽受惊吓，但并未受伤，因此坚持游上了岸，找到一个能挡风避雨的棚子，里面还有干草，就躲了进去。

檀头山岛在象山县的东南方，离象山湾较远、却离三门湾较近，面积约11平方公里，是一个渔民居住的近岸岛屿。据岛上渔妇赵小宝回忆：

“那年我才19岁，新婚不久。大约是春天的一个晚上，天阴沉沉的，忽然从外面传来“轰”的一声巨响，房子都被震动得抖动了一下，我以为又是日本人来轰炸了，赶忙拉着丈夫麻良水冲出屋门，跟随村民们往山上跑。在山上躲了半天没动静，大家便陆续下山回家。”

赵小宝的家在檀头山岛的大王宫村，他们回家后，发现有4个外国人躲在他们家的猪圈里，这4个人是史密斯、威廉姆斯、西斯勒和塞勒。而怀特因找寻他的“宝贝”，与众人失散了。

麻良水看出他们是高鼻子、大个子的外国人，不像倭寇、又无伤人之意，且周身湿透，便领他们进屋。这时邻居也都来了，但都听不懂他们说的是什么。于是去把村里“最有学问”的俞茂金请来。俞是一位教私塾的先生，也不通英语。俞先生只好在地下画一个日本国旗，飞行员满脸愤恨，并用鞋将它抹掉。却从背包中拿出一幅印有美国国旗的地图，指指自己，又做出飞行模样……如此这般，一阵比画之后，终于搞清了他们是美国飞行员，在轰炸了日本后飞来这里。赵小宝又忙着给他们找干净衣服换，做饭吃。众人退出后，就

15号机组人员在大黄蜂号航母飞行甲板上 从左起为：西斯勒、史密斯、怀特、威廉姆斯和塞勒（来源：USAF）

安顿他们在自己的房中休息，而夫妻俩却去柴房栖身。

次日天一亮，麻良水就陪着4人去海边找怀特。饥寒交迫的他，躲在村口的一块岩石下，见到众人后还在遗憾：只找到了外科器械箱，大黄蜂号医务室特意为他准备的药箱却丢失了。

回到麻良水家中，赵小宝安排他们吃早饭，麻良水则与保长俞友桂等人商量。大家一致认为，必须尽快把飞行员们送出日占区，就近前往三门县的海游镇。于是，当晚麻良水和林阿方等人就让5人化装成渔民，用渔船载他们偷渡三门湾。

说来也巧，当他们到达五屿洋海面时，郑财富带领7号机组的人刚刚过去不久。被郑财富惊动而出动的日军巡逻艇，还正在海上搜索。吓得麻、林等人忙将渔船掉头，划往高塘岛的箬渔山，在石洞中躲了一夜。第二天，麻良水找到了三门县的自卫队队长陈利生，在自卫队的掩护下，利用日军巡逻的间隙，偷渡过五屿洋海面，终于安全到达三门县海游镇。

正如前文所述，6号机组的人员被象山县爵溪镇的渔民营救后，在转移途中被日寇发现，不仅飞行员被捕，掩护他们的10位中国人也都被当场杀害，而后日寇还去爵溪镇烧杀奸淫。可见，象山和三门两县民众在救这两个机组人员时冒了多么大的风险。中国军民对共同抗日的战友如此拼死相救，怎能不感动美国飞行员呢?

15号机组已是第二批来此的人员。象山和三门两县的民众，从凶残的日寇眼皮底下，救出了美军7号和15号机组飞行员，这是非常勇敢的行为，冒的不仅是当事人员的生命之险，而且如果被日寇发现将是灭村、甚至灭岛之祸。你看，50年后，已经71岁的威廉姆斯，还在一封信中深情地写道：

那天晚上，我们落入海中，游上岸时已筋疲力尽。虽然语言不通，但中国人看到美国国旗，认定是反抗共同敌人的朋友，就毅然接我们到家中换衣，进餐，帮我们逃过了灾难。次日晚上，勇敢的中国人又为我们乔装打扮，冒险将我们送出日寇的封锁线，使我们能够重返战场、对抗敌人、取得胜利，

我们的子孙也将永远铭记中国人民给予我们的友爱和帮助。

[链接：1992年应邀赴美的5位中国老人中就有陈慎言和赵小宝。72岁的塞勒老人在见到了同样已年近古稀的赵小宝，立即热情地上前与救命恩人拥抱，并激动地告诉她：当年那个晚上，她做的饭菜是他一生中吃得最香的，他至今记忆犹新。]

在海游镇，他们也见到了郑财富，得知7号机组人员重伤，已转往临海的恩泽医院。怀特即与史密斯商定要赶往临海。

这时，三门县长陈诚也已从临海返回，为了庆祝营救美国战友的成功，也为了鼓舞三门军民抗日的士气，4月23日，三门县各界隆重地举行了“欢送美国飞将军”大会，并赠送锦旗一面。这也是十几个机组中颇为特殊的一次经历。会后，15号机组人员，就由三门县派人送往临海。

下面两张照片记录了当时的盛况。中山台上，15号机组人员手拿锦旗坐在正中。该照片上方还专门用繁体字写着：

“三门县各界欢送美国飞将军留影，民国三十一年四月二十三日”

锦旗还专门用英文书就“真诚朋友”。

虽然字拼错了，但更显露出偏僻小城对战友的一片热忱。

4月24日，15号机组人员到达恩泽医院，与7号机组人员会合。两组人员劫后重逢，不免一番庆幸。史密斯和怀特与劳森商量，怀特留下为伤员治伤。其他非伤员，包括15号机组除怀特外的4人、再加上7号机组的撒切尔，第二天由临海转赴预定目的地：衢州。

他们于4月30日到达衢州第十三航空总站，这时杜立特与其他9个机组的人已经离开，只有2号机组的人员与他们会合，他们这10位后期到达衢州的人员，还参加了牧师伯奇主持、为法克特举行的悼念仪式。

经过怀特和陈家父子等人的精心诊治，达文波特、克利维尔和麦克卢尔伤日渐好转，唯劳森伤势仍未控制。5月3日怀特终于在老陈医生配合下，为劳森做了截肢手术。

欢送战友

三门县举行了盛大欢送会。台上前排正中的5人是15号机组人员，其中4人穿白衬衣，仅怀特穿飞行夹克。左起为塞勒、怀特、史密斯、威廉姆斯和西斯勒

（来源：bbshom.com）

据劳森回忆，手术那天，可谓“阵容庞大”。手术室中，除了怀特医生外，还有小陈医生、陈夫人，菲茨杰拉德夫人、玛丽和两位中国护士。但限于条件未作全麻，只作半麻。他勇敢地看着怀特拿手术锯的手在自己腿部晃动……

多年以后，怀特还在遗憾：如果当初药箱未丢，也许劳森的腿，可以保住。

当怀特在恩泽医院为劳森动手术之日，已是空袭东京半月之后了。这期间，中国东南沿海局势已有很大变化。被杜立特空袭激怒的日本人，不仅紧锣密鼓地搜索降落在中国东南沿海的美军空袭队员，而且展开对营救这些队员的中国军民进行疯狂的报复。在4月20日，日本的裕仁天皇就签署了一项命令，指令在中国的日军摧毁敌人可能用来空袭日本本土的所有航空基地。部队在占领区内至少停留一个月，以彻底摧毁所有机场、

英雄劳森失去了左腿，也为电影观众们留下了感人泪下的场面。特别是劳森与他的夫人埃伦（Ellen），在华盛顿的陆军医院会面的情景，我相信，凡是看过该电影的人，都会为之感动、难以忘怀。

军事设施、重要交通线……

为此，日军不仅立即展开对浙江、江西的机场（特别是衢州、丽水、玉山等机场）狂轰滥炸，而且迅速从上海、武汉等地急调兵力向浙江集结，向浙赣铁路沿线发起攻击。这就是抗日战争中期，日军与中国军队进行的大型战役之一："浙赣战役"。

5月15日，日军共出动了55个联队的10万官兵，发动了"浙赣战役"。6月6日、6月12日、6月24日衢州、玉山、丽水机场均相继沦陷。对杜立特空袭队员获救之处进行疯狂的报复，不仅彻底破坏机场，而且洗劫村庄、屠杀百姓，甚至丧心病狂地使用了细菌武器！有25万中国军民惨遭毒手。这又是日寇欠下中国人民的，堪与南京大屠杀相比的血债！

在杜立特的回忆录中，特别引述了蒋介石给罗斯福的电文：

在东京意外地遭受美国轰炸之后，日军在美国飞行员着陆的中国沿海地区展开报复攻击。这些日军屠杀了这些地区的男女老幼。我再重复一次，这些日

15号机组接受锦旗

前排左第二人起为：塞勒、西斯勒、史密斯、威廉姆斯和怀特。怀特身旁是三门县县长陈诚（来源：www.showchina.org）

军屠杀了这些地区的每一个男人、女人和儿童。

另外，飞虎队的陈纳德将军也在他的回忆录中这样写道：

为了进行报复，日军从沿海向内陆推进了200英里，扫荡了20000平方英里①的中国占领区；机场彻底被毁；成百的村庄，只要有一点被怀疑是营救过我们飞行员的，都遭洗劫；靠近机场的城镇均被夷为平地……3个月内，25万中国军人和平民惨遭屠杀。

就在动手术期间还有日机来袭，只不过他们的主要目标是机场，而且并不知道这里有个医院正在救助美军伤员。要不然不仅这手术做不成，而且，人员会被炸死，医院也会被夷平。

5月15日，日军开始大规模进攻浙西。为了美军伤员安全，浙江省政府决定派人将劳森等人和怀特一起送往重庆。

5月18日，星期一，正是空袭东京一个月之后，劳森他们就在陈慎言医生陪同照顾和武装小分队护送之下，踏上西进的旅途。

他们还不知道，杜立特也正好在5月18日当天乘飞机抵达了美国首都华盛顿。

一路上动用了各种交通工具（滑竿、轿子、汽车），从仙居经金华，20日到达衢州。这时的衢州，已远非杜立特他们离开时的情景，一片临战景象，机场已完全破坏。又恐日军逼近，不宜久留。于是，稍事休息，21日凌晨3:00，他们又匆匆出发，乘汽车、走山路，一路颠簸，向江西南昌进发。22日，他们还惊险地从据说曾是日寇施放腺鼠疫病原体的“无人区”旁通过。看见满目疮痍，更增加了对日寇的痛恨。24日凌晨2点终于到达南昌。

在南昌，他们遇上一个爱尔兰籍天主教传教士，他有一架收音机，收听到旧金山电台的广播，知道杜立特已经回到美国，而且升为准将，并获颁国会勋章。更使他们高兴的是，广播中说，每个杜立特空袭队员（当然也包括他们），均获颁陆军飞行优异十字勋章。传教士还告诉他们，一个月前他曾在此见到沃森中尉（9号机驾驶），他肩部受了伤。

由于南昌机场也被破坏，所以，他们继续乘汽车西进。26日早晨6点出

① 1平方英里＝2.589981平方千米

发，前往吉安。下午6点到达。吉安曾是飞虎队的基地之一，但如今机场也已破坏，他们还得继续乘汽车前往衡阳。27日早晨，吉安县长前来为他们送行，据劳森回忆，县长还专门赠送他们中式的绣花衬衣、衬裤。当晚9点半，他们到达衡阳。一个月前，杜立特等人也曾到此。中国空军的接待军官还给他们看了杜立特、格雷、沃森、霍尔斯特朗等人在当地的留影。看见战友那些憔悴的模样，不胜唏嘘。那位军官还告诉他们，撒切尔和15号机组人员途经这里之时，日寇正连续3天轰炸衡阳。

5月28日下午，他们在那里换乘火车前往桂林。对重伤的劳森而言，坐火车并不比乘汽车好受多少。旧的蒸汽机车在老式铁轨上费力地拉着列车，颠簸爬行了一夜，才把他们送到桂林。不过，桂林却给了他意外的舒适感。他们“享受”到了为飞虎队置办的“家当”，第一次坐上正规的救护车，把他们从火车站接到整洁舒适的空军招待所，又喝上了热腾腾的咖啡。而且中国空军的上校告诉他们：明天就会有飞机来接他们去昆明。

可是，第二天来的却是12架日本轰炸机。躲过警报之后，倒是有一架美制DC-3飞来，但却在机场上空绕了一圈又飞走了。因为，刚刚被日机空袭过的机场，满目疮痍，使它不敢贸然降落。也使翘首以待的他们空欢喜一场。

次日（5月31日，星期日），飞机未来。6月1日、6月2日飞机还是未来。原因是连日暴风雨，机场关闭。

6月3日下午，终于把DC-3盼到了。而且驾驶员居然还是劳森在航校的同班同学卡尔顿上尉（Tex Carleton）。同来的人就更让他们喜出望外，竟是琼斯上尉（5号机驾驶）和麦克洛依中尉（13号机驾驶）。

劳森听到琼斯的声音，顿时热泪盈眶。他想起了他刚做完截肢手术，正在内心挣扎之时，收到了琼斯委托中方人员转来的信。当时，劳森还不能自己看信，是菲茨杰拉德夫人念给他听的。琼斯在信中鼓励他要坚强，对他说“国内还有好多事等着我们去做”，并告诉他一个好消息：琼斯的夫人和霍尔斯特罗姆的夫人都刚生了小宝宝。最后，还特别“叮咛”一句：“老弟，你还要努力呵！”这封信使他的情绪好了起来。

如今骤然相遇，两人相拥而泣。加之，这又是劳森经过一个多月周折之后，与同队战友的首次欢聚。正是：

异地重逢增惊喜，

千言万语涌心头。

他们畅谈了一夜。琼斯和麦克洛依除了讲述自己的遭遇外，还告知许多劳森闻所未闻的消息，从8号机飞苏联，到6号、16号机组被捕；从“香格里拉”传说，到许多机组人员的下落。劳森在《东京上空三十秒》中这样回忆：

“我书中所写有关其他机组之事，除了那些后来打听到的之外，不少是当晚他们告诉我的”。

6月4日凌晨5点，他们从桂林机场起飞。1小时后，接到地面传来的无线电讯：日寇轰炸了桂林机场！上午9点半他们到达昆明。在那里他们见到了飞虎队员和他们画着飞虎队图标的P-40战机。同时，又遇到劳森的两位同班同学，这两位飞虎队员，随即向他们描述了与日寇空战的激烈情景。

这时，怀特进来告诉他们，他已向上级建议并获批准，鉴于劳森等人的伤势，决定不去重庆，而直接回美。既然如此，他们就急着要去与日以继夜地照顾他们的小陈医生告别。但却已找不到小陈医生了，陈慎言已悄然离去，到重庆军中服务去了。劳森在书中无限深情地说：

“我再也未见到小陈医生，我既未来得及向他道别，也未来得及向他致谢。他是我所见过的最真诚的人，他无微不至地为我们工作，夜以继日地关照我们，却不求报偿，无怨无悔。”

［链接：陈慎言的敬业精神，深受怀特赏识。怀特专门给驻重庆的美军总部去函表彰，并经美军总部将陈推荐给国民党的航空委员会，派至空军第二总站任军医。陈慎言1945年3月受邀赴美深造，1947年7月学成回国。先在浙江嘉兴医院任外科主任，一年多后回恩泽医院接父亲的班。解放（中华人民共和国成立）后，他把恩泽医院捐给政府，转任浙江省立台州医院副院长。1992年曾参加五老人访美团赴美访问，那时他已是79岁高龄了。］

6月5日早晨，他们从昆明飞往印度新德里（New Delhi）。当飞机越过喜

马拉雅山脉之时，望着世界屋脊那雄伟起伏的驼峰，他们无比激动而深情地挥手，向给了他们那么多关照的国度告别：

再见，可爱的中国！

再见，亲爱的战友们！

然后，他们降落在美军第10航空队在印度的新基地。在那里，他们喜逢格雷（3号机驾驶）和乔伊斯（10号机驾驶），他们已改驾运输机。当天黄昏，他们住进新德里的帝国饭店。迎接他们的是史迪威将军派来的两位军医官，他们也刚从缅甸那边赶过来。

6月9日，又是一个星期天，上午9点，他们离开新德里到卡拉奇（Karachi）。在那里，又是一次喜相逢。他们见到了格里宁（11号机驾驶）、希尔格（14号机驾驶）、史密斯（15号机驾驶）、霍尔斯特朗（4号机驾驶）、威尔德（5号机副驾驶）和奥扎克（3号机领航）等一批同队战友，将与他们一起同机回国。

当晚11点，一行人登机，飞了一夜抵达巴格达（Baghdad）。短暂停留，用过早饭之后，继续飞往开罗（Cairo）。

10日午后，到达尼罗河边的美军基地。在那里他们见到一本6月1日出版的《生活》杂志（LIFE），上面刊出了全体杜立特空袭队员的照片。劳森对着镜子，把自己现在憔悴的伤病形象与照片上的英姿对照了一下，引起阵阵感伤。

在开罗，奥扎克患阑尾炎，怀特将他送往开罗医院。其他人于当晚继续飞往尼日利亚（Nigeria），11日早晨到达。在那里，他们又有幸与西姆斯（14号机副驾驶）、威廉姆斯（15号机副驾驶）、西斯勒（15号机领航兼投弹手）相逢。

你看多巧！劳森他们这一路之上，有多少次不期而遇，那份惊喜，是用言语难以表达的。正是：

同生共死冲敌阵，

一夕失散各东西。

人生何处不相逢，

相逢犹如在梦中。

但这不是梦，是活生生的现实。只可惜，千言万语难尽意，相聚时短离情长。短暂欢聚之后，又各奔前程。劳森他们继续飞往黄金海岸（Gold Coast）的美军新基地。在那里休整了两天，集蓄精力，准备飞越大西洋，飞向美洲，飞向阔别已久的故国。

6月13日下午，转场到西非机场。在那里用过晚餐之后，就向美洲飞去。

飞机在南大西洋上空飞行，机舱内战友们都已进入梦乡，但劳森却思绪万千，想着伤腿、想着艾伦、想着前程……令他辗转难眠。他撑着拐，慢慢地走到驾驶室，站在驾驶员尼斯旺得（Niswander）身后，这时副驾驶员克拉土维尔（Kratovil）起身离去，尼斯旺得示意劳森坐上去。劳森在尼斯旺得的帮助下坐到了副驾驶座位上。这是空袭东京之后、也是重伤之后，劳森第一次坐在他曾经异常熟悉的位置上，透过机窗，看到繁星万点的夜空，热爱飞行，而又感到将离开飞行生活的他，无比感动地回忆当时的心情：

“尼斯旺得真是个好小伙子，他非常理解我的心情。当我正在想：‘要是我能操纵一下飞机，那将是什么感受’之时，他说：‘我知道你的心思，握住操纵杆试试。’他关掉了自动驾驶仪。我飞了差不多一小时，真是太棒了！这感受使我心醉。”

午夜，到了巴西的纳塔尔（Natal），在那里加油后，用下半夜飞到了巴西的贝伦（Belem）。6月14日在那里待了一天。下一站是特立尼达（Trinidad），6月15日上午到，当天下午又飞往波多黎各（Puerto Rico）。

6月16日早晨，他们飞抵美国佛罗里达州靠近棕榈滩（Palm Beach, Florida）的机场。在那里用早餐后，继续向北飞去。当天下午，他们终于到了首都华盛顿的波林空军基地（Bolling Field）。

漫长的“环球”之旅结束了。救护车把劳森等伤员接到了美国顶尖的医疗中心：沃尔特里德陆军总院（Walter Reed General Hospital）。（**注：该院位于美国首都华盛顿，这里也是美国总统、副总统和国会议员们保健的地方。**）

劳森和麦克努尔住进了5号病房，先回来的沃森也住在该院。怀特去战争部向杜立特汇报了他们的伤势。杜立特当即到医院来看他们，并向他们颁发飞行优异十字勋章。同时，安排艾伦来与劳森团聚。

下面这张照片，就是杜立特等人在沃尔特里德陆军总院为劳森等伤员颁发飞行优异十字勋章的情景。

照片中，从左到右，前排为：麦克卢尔中尉（7号机领航）、沃森中尉（9号机驾驶）、劳森中尉（7号机驾驶）、哈门中将（Willard F. Harmon，陆军航空队参谋长，颁奖者）和杜立特准将（右，他站在哈门中将身后）；后排为：财政部长摩根汉（Henry Morgenthau）、沃森之母、沃森夫人、沃森之父、劳森夫人艾伦、皮卡德中尉（Wallance Pickard）、派克中尉（9号机副驾驶）和

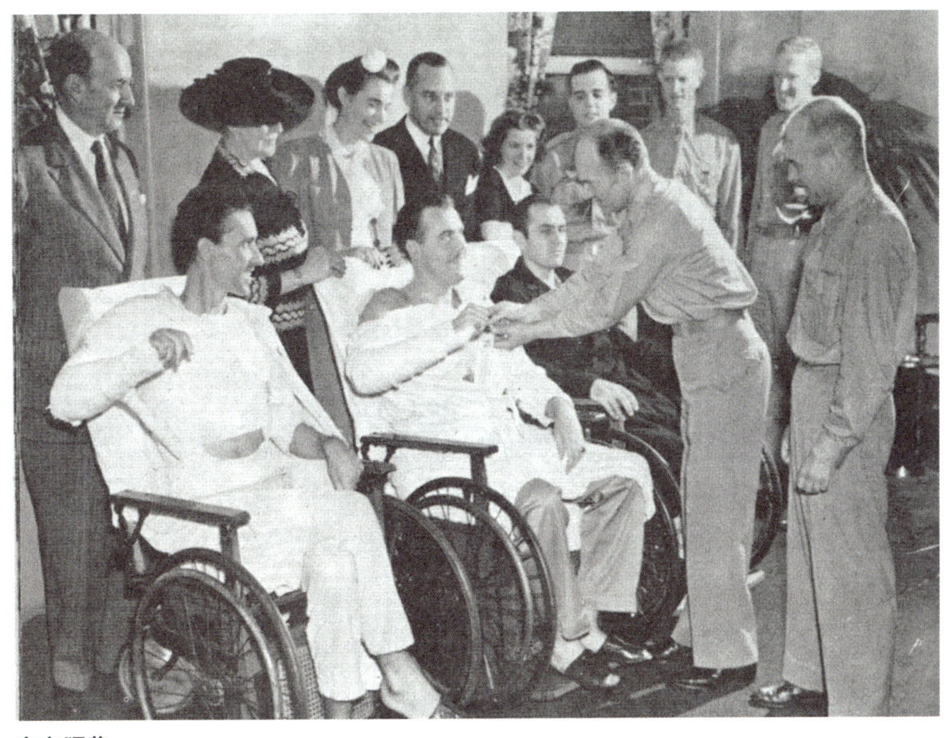

病房颁奖

这是杜立特等人在沃尔特里德陆军总院，为劳森等伤员颁发飞行优异十字勋章。

（来源：Thirty Seconds over Tokyo）

劳森及其夫人艾伦

（来源：Thirty Seconds over Tokyo）

西斯勒中尉（15号机领航）。

《东京上空三十秒》影片中，有一段动人的场面：劳森不想艾伦看到他伤残的形象，因而对杜立特表示他不想见面……但杜立特离开后，痴情的艾伦突然推门进来，劳森惊喜而忘形地从轮椅上扑去，却摔倒了……艾伦急奔向前，扶着他……两人相拥、悲喜交加……劳森动情地说：

“你为何总是那么漂亮！”

艾伦深情地回应：

“因为我是英雄飞行员的妻子……”

那般眷恋，令人生羡！正是：

问世间情是何物，……

欢乐趣，离别苦，就中更有痴儿女。

杜立特走后，留在重庆的杜立特空袭队员，均根据中方和美军的周到安排陆续离开重庆。小部分留在中缅印战区，继续与中国军民并肩抗日；大部分回国和转赴欧洲战场。

在美国国内，继病室颁奖之后，6月27日，美国陆军航空队的领导，又为当时已返美的23名空袭队员，在华盛顿举行颁奖仪式，授予他们飞行优异十字勋章，为这个永载史册的杜立特空袭画上了句号。

当美国人和中国人都对杜立特空袭日本盛赞不忘之时，日本人却对杜立特空袭“嗤之以鼻”。他们把杜立特的英文名字从中断开，即把“Doolittle”改成“Do Little”。他们说：“Do”的英文意思是“做”或“干”，而“Little”的英文意思是“少”或“一点儿”，连起来讲意思就是只“干了一点儿”或“成效甚微”。比起“大日本皇军”的“丰功伟绩”来，简直“微不足道”、“没有什么了不起”。一句话，“不过瘾！”

纪念挂图之一

上为英雄机：杜立特空袭队轰炸日本用的B-25B，下为英雄谱：16架B-25B轰炸机机组人员名单

纪念挂图之二

上为英雄舰：运载杜立特空袭队去轰炸日本的“大黄蜂号”航空母舰，下为英雄谱：16架B-25B轰炸机机组人员名单

其实，这些早在预料之中。本来嘛，小学生也算得出来，16架飞机，投64颗炸弹，又不准炸居民区和皇宫，那能死几个人、能毁几间房？所以，事实上，杜立特空袭从物质效果上来讲的确是不大。日本人宣布的损失是：50人死亡、252人受伤和90座建筑被毁。

但是，美国人，从总统到军事领袖，再到普通老百姓，看中的是这个行动本身，也就是罗斯福说的“心理”作用；看中的是在忍了4个月零10天之后，杜立特终于为日本偷袭珍珠港报了仇；看中的是它戳穿了日本本土不会被袭击的神话；看中的是它打乱了日军参谋本部的战略部署，为太平洋战场上节节败退的盟军打了一剂“强心针”。

很快，1942年上半年日本人不可一世的“胜利”场面就将过去，接下来则是他们挨揍的日子。而杜立特空袭只不过是一段开场锣鼓而已。好戏还在后头呢。

日本人也许真的未意识到，也许是为了颜面和安慰惊慌的人民，因而故意贬低这次空袭。

那么，美国人又感觉如何呢？

常言道："世界上没有无缘无故的爱，也没有无缘无故的恨"。知道了美国人对"杜立特空袭"的英雄事迹的崇拜之盛，也就理解了美国人对制造"珍珠港事件"的日本痛恨之深。

"杜立特空袭" 虽然大快人心，却只能干一次，这对美国人而言，当然也觉得"不过瘾"。美国人、特别是身为陆军航空队领导的阿诺德上将，并不希望"杜立特空袭"成为绝响。他们希望把轰炸东京、轰炸日本变为常态，即对日本进行大规模的、连续的战略轰炸。不仅要把"微不足道"变为"成效巨大"，而且希望以此来摧垮日本军国主义者的战争意志，迫使其投降。怎么能达成这个愿望呢？

为此，阿诺德专门组建了一个第20航空队，由他亲自挂帅、兼任该航空队司令。

这个第20航空队组建来干什么？

不干别的，只一门心思去干美国陆军航空队的"头等大事"——战略轰炸。

炸哪里？日本本土！

用什么飞机？B-29超级空中堡垒！

用什么去炸？先用普通炸弹！后用燃烧弹！最后用原子弹！

这样一来，不管是日本人还是美国人，大概就会都"过足了瘾"。

欲知详情，请看作者的另一本书：

《B-29来了：从成都到天宁岛》。

尾声

忆在东京炸敌顽

2012年4月18日，选在当年杜立特空袭东京的同一时间，B-25轰炸机在美国俄亥俄州代顿市的美国国家空军博物馆上空，做模拟轰炸东京的纪念飞行。椅上就是那4位与会的杜立特空袭东京的队员（来源：navytimes.com）

天边，突然出现几个黑点。

接着，人群听见了震耳的轰鸣。

抬头仰望，发现是一队轰炸机来临。

他们飞得是那样的低，不仅看得清螺旋桨转动，甚至能察觉驾驶的身影。

但是，这既不像执行任务，又不像飞行表演。因为，在21世纪的蓝天，哪还有这么老旧的战机施展的空间。

那他们是在干什么？

啊，想起来了，这是在回放历史，在唤醒那永恒的怀念。

怀念谁？怀念什么？

怀念杜立特和他的战友们！

科尔中尉，26岁

格里芬中尉，24岁

塞勒中士，22岁

撒切尔中士，20岁

怀念那东京上空的三十秒！

怀念那神州大地的五十天！

这是几架已是“古董”的B-25轰炸机，在回味它们如何飞临东京湾……

是啊，如今已是2012年的春天，那一切已经过去了七十年！昔日的青春少年，如今再加上个“古稀之年”。你看，他们走过来了：

96岁的科尔（Richard E. Cole），他是杜立特1号机组的副驾驶；

94岁的格里芬（Thomas C. Griffin），他是9号机组的领航员；

92岁的塞勒（Edward J. Saylor），他是15号机组的机械师兼枪炮手；

90岁的撒切尔（David J. Thatcher），他是7号机组的机械师兼枪炮手，即写《东京上空三十秒》的劳森的机组成员中唯一受伤最轻的20岁小伙子。

请看，上面是他们当年（1941年）空袭日本时的英姿。

他们忘不了这个日子，忘不了那些已经走了的战友们！

岂止他们，还有更多的人，同样忘不了这个日子！

是的，正因为美国人永远记得12月7日那个蒙受耻辱的日子，所以美国人也永远不会忘记4月18日这个报仇雪恨的时辰。于是，每年纪念它。幸存的空袭队员还成立了一个“杜立特东京空袭者协会”，约定年年当天相聚。

2012年，是70周年，当然更不会例外。先后在东部和西部举行了纪念聚会：

4月18日，在俄亥俄州代顿市（Dayton, Ohio）的国家空军博物馆

（National Museum of the United State Air Force）举行；

5月5日，在旧金山湾区的阿拉米达市（Alameda, California，这是杜立特的出生地，也是轰炸东京的出发地）的“大黄蜂号航空母舰博物馆”（USS Hornet Museum，它就停泊在当年运载杜立特空袭队的大黄蜂号航母停泊的3号码头）举行。

为什么不在同一天？因为“硕果仅存”、年逾九十的空袭队员们无法分身。6年前聚会时，还有16人，今年已只剩下5人，而且还有1人名叫海特（Robert L. Hite, 他是16号机组的副驾驶，是被日军俘虏未遭杀害而幸存下来的）已因健康原因不能与会了。

他们曾经有个约定，哪怕是只剩下两个人的那一年，他们还是要聚会，而且还要开一瓶1896年（杜立特的出生年份）的白兰地、庆贺永生！

前文曾经提到，1992年，纪念杜立特空袭东京50周年时，主办方特邀参加营救杜立特空袭队员的“五老人”访美。

2012年，纪念杜立特空袭东京70周年时，主办方仍然忘不了邀请救过他们的中国人。他们邀请了浙江省的一个代表团访美。

在这个代表团中，有两个人与营救杜立特空袭队员有关。一个是直接救过杜立特和他的1号机组人员的浙西行署主任贺扬灵的女儿贺绍英；另一个是救过3号机组导航员奥扎克的廖诗原的儿子廖明法。贺、廖两人的父亲均已作古，主办方邀请他们的子女来美共襄盛举；另一方面，又有许多杜立特空袭队员的子女和家人与会。可见主办方用意甚深：让中美两国人民的友谊世代传承下去。

下面两张照片纪录了这次欢聚。

第一幅是杜立特东京空袭者协会和美国国家空军博物馆赠送给代表团成员郑伟勇的水晶纪念匾；第二幅是杜立特空袭东京70周年纪念会期间，硕果仅存5位杜立特空袭队员中的4位老人，与参加营救过他们的中国人的子女以及受邀来美的浙江代表团成员的合影。前排坐的4人由左起，分别为塞勒、格里芬、撒切尔和科尔；后排右边两人就是廖明法和贺绍英。

中美友谊世代传承（来源：衢州网站）

中美两国人民的友谊，像山一样坚定、水晶一样纯洁

请听： 96岁高龄的科尔，在杜立特空袭东京70周年纪念会上这样说：

在我的人生中，有很多事情我已经记不清楚了，但中国军民营救我的那一幕幕，我至今记忆犹新。这是一段非常令我动情的历史。我永远感谢你们，伟大的中国人民！

请看： 美国国家空军博物馆、杜立特空袭东京70周年纪念会的水晶赠匾上这样写着：

The People of China Forever Our Friends

中国人民永远是我们的朋友

2011年7月7日开篇

2012年9月2日定稿

于美国旧金山湾区寓所

在本书出版之际，我要感谢科学普及出版社社长苏青先生和总编辑颜实先生对本书的垂青，正是他们的欣赏和关心才使本书得以迅速地出版。

我要感谢本书的责任编辑、科学普及出版社副总编辑杨虚杰女士，以及其他我尚不知名的科学普及出版社的同仁们，由于他们耐心细致、精益求精的工作，才使本书能光彩地呈现在读者面前。

我还要感谢本书的特邀编辑、《科技日报》主任编辑、中国科普作家协会副秘书长尹传红先生，正是他对本书编辑和序言撰写的热情尽力，为本书增色。

总之，我认为本书是大家共同努力的结果。所以，我在此深深地向以上各位鞠上一躬。

谢谢了，朋友们！

甘本祓

图书在版编目（CIP）数据

航母来了：从珍珠港到东京湾 / 甘本祓著. —北京：科学普及出版社，2013.5

ISBN 978-7-110-08256-0

Ⅰ. ①航… Ⅱ. ①甘… Ⅲ. ①日军偷袭珍珠港（1941）—史料 Ⅳ. ①E195.2

中国版本图书馆CIP数据核字（2013）第091807号

策划编辑 苏 青 杨虚杰
特邀编辑 尹传红
责任编辑 杨虚杰 鞠 强
版式设计 水长流文化
责任校对 凌红霞
责任印制 李春利

出　　版 科学普及出版社
发　　行 科学普及出版社
地　　址 北京市海淀区中关村南大街16号
邮　　编 100081
发行电话 010-62173865
传　　真 010-62179148
投稿电话 010-62103165
网　　址 http://www.cspbooks.com.cn

开　　本 720mm×1000mm 1/16
字　　数 262千字
印　　张 17.25
版　　次 2014年1月第1版
印　　次 2014年10月第2次印刷
印　　刷 北京科信印刷有限公司

书　　号 ISBN 978-7-110-08256-0 / E·36
定　　价 45.00元

甘本祓新作

即将由本社推出

《硅谷轶事：浪涌山景城》

The Story of Mountain View

追寻硅谷轶事

评述科技发展